APOS Theory

APOS 이론

Ilana Arnon · Jim Cottrill · Ed Dubinsky · Asuman Oktaç
Solange Roa Fuentes · María Trigueros · Kirk Weller 지음

조정수 · 이승아 · 劉雯婷 옮김

KM 경문사

APOS Theory; A Framework for Research and Curriculum Development in Mathematics Education
by Ilana Arnon, Jim Cottrill, Ed Dubinsky, Asuman Oktaç, Solange Roa Fuentes, María Trigueros and Kirk Weller, edition: 1

옮긴이 머리말

본성적으로, 인간은 주변에서 일어나는 여러 가지 다양한 현상을 이해하려고 노력합니다. 이해는 현상에 대한 주체자의 해석이 먼저 있어야 가능합니다. 그런데 이 해석 활동은 그 현상을 관념conception수준에서 깨달은 것이 개념concept수준으로 확장되어야 일어납니다. 쉽게 말해, 이름을 갖춘 개념이 없으면 아무리 자주 관찰하고 경험하는 현상일지라도 그 현상을 해석할 수 없습니다. 새로운 개념의 획득은 지금과 다르게 그 현상을 해석할 수 있게 합니다. 또한 새로운 개념의 획득은 지금까지 가지고 있던 개념들로는 해석할 수 없던 현상을 해석할 수 있게 해 줍니다. 그리고 새로운 개념의 획득은 기존 개념들의 비효율적 해석 활동에서 벗어나 효율적이고 쉬운 해석 활동을 가능하게 해 줍니다.

수학에서도 개념에 대한 학습은 수학 학습의 출발점입니다. 그 중요성에 걸맞게 수학교육의 여러 이론들이 오래 전부터 개념에 대한 학습을 강조하고 연구해오고 있습니다. 피아제Piaget는 스키마schema 형성으로, 비너Vinner와 톨Tall은 개념이미지concept image로, 스켐프Skemp는 도식적인 학습schematic learning으로, 딘즈Dienes는 놀이playing를 통해, 그리고 스파드Sfard는 개념 형성을 통해 개념 학습을 주장했습니다. 이에 더하여 더빈스키Dubinsky와 동료 연구자들은 Action(행동), Process(과정), Object(대상), Schema(스키마)인 APOS 이론으로 수학 개념을 학습하고 연구하는 방법을 제시하였습니다.

개인의 수학 개념과 지식의 정신 구조가 어떤 메커니즘을 거쳐 형성되고, 구성되어 발달하는가에 대한 현상을 APOS 이론은 설명합니다. 정신 구조의 메커니즘인 내면화, 집약화, 협응, 반전, 탈집약화에 대해 실제 연구로부터 논의하여 이러한 추상적 용어에 대한 구체적 이해를 가능하게 합니다. 특히 이 책은 수학과 교육과정을 개발하고 수업 설계와 수업 실행에 대한 연구에 기반이 되는 “발생적 분해”에 대해 자세히 설명하고 있습니다. 발생적 분해는 어떤 수학 개념을 학습하는 데 필요한 정신 구조를 A－P－O－S에 따라 경로 계획도를 설계하게 해 줍니다. 이를 통해 APOS 이론이 수학 개념에 대한 학습 이론이면서 동시에 교실 실행 이론임을 보여줍니다.

이 책을 번역하면서 APOS 이론에 대해 “이론 수준이라 할 수 있을까?”, “피아제 이론하고 뭐가 다르지?”, “A, P, O, S 구분이 너무 추상적이고 쓸모없지 않나?”, “수학 교실 활동이나 수업에 도움되는 게 뭐 있을까?" 등 여러 선입견을 다시 돌이켜볼 시간이었습니다. 이 책은 APOS 이론의 이론적 측면, 정신 구조의 메커니즘, 인지 이론의 수학 교실 수업의 적용 등을 궁금해하는 수학교육 연구자와 수학 학습에 관심 있는 수학 교사에게 도움이 될 것으로 기대합니다. 또한 수학교육의 이론과 실제가 어떻게 공존하면서 발전할 수 있는지 그 현상을 배우고자 하는 수학교육 전공 대학원생들에게 좋은 학문적 길잡이가 될 것으로 기대합니다.

수학교육 이론서를 번역하는 작업은 항상 고통과 함께 불안감을 줍니다. 수십 번을 읽어도 뜻이 통하지 않을 때 느끼는 고통과 완전한 이해 없이 옮겨지는 번역 문장들이 주는 불안감은 이번 APOS 이론서를 번역할 때도 역시 되풀이되었습니다. 이 책을 읽으면서 독자들이 느끼는 이해의 어려움이 있다면 역자들의 부족한 이론 공부 탓으로 질책을 아끼지 마시기 바랍니다. 더딘 번역 작업에도 불구하고 좋은 책 만들기를 위해 모든 지원을 해 주신 경문사 여러분께 깊은 감사를 드립니다.

2024년 1월

공동 역자

조정수 이승아 **劉雯婷**

지은이 머리말

수학교육 분야의 대학원생과 젊은 연구자들에 대한 APOS 이론의 교육이라는 관심으로 이 책을 저술하게 되었습니다. 몇 년 전 이 책의 저자들 사이에 있었던 대화에서 마리아 트리게로스María Trigueros는 APOS 이론에 관한 세미나와 워크숍을 진행하면서 얻은 경험을 바탕으로 이들의 교육에 관한 문제를 제기했습니다. 이 초보 연구자들이 왜 APOS 이론을 이해하고 적용하는 것이 어려운지에 대한 내용이 대화의 중심이었습니다. 그녀의 견해에 따르면, 출판된 논문들은 이론을 효과적으로 가르치기에는 부족하다고 했습니다. 그녀는 APOS 이론에 관한 책을 쓰는 것이 문제의 해결책이 될 것이라고 믿었습니다. 그 이후로 이 책의 저자들은 이 프로젝트에 대해 상당한 고찰을 했습니다. 이를 토대로 상세한 계획이 수립되었으며, 기나긴 글쓰기와 수정 과정을 거쳐 최종적으로 Springer와의 계약을 통해 본 책이 완성되었습니다.

APOS 이론의 창시자인 에드 더빈스키Ed Dubinsky와 그와 연구 프로젝트를 함께 진행하면서 더빈스키로부터 이론을 직접 배운 그의 두 제자를 포함한 RUMEC 회원들(2장에서 자세히 설명함), 그리고 이 책 저자 중 한 명의 지도 아래 박사 학위를 마친 신진 연구자인 솔랑제 로아 푸엔테스Solange Roa－Fuentes까지 이 모든 분들이 저술에 참여하여 이 책에 특별함을 더했습니다. APOS 이론을 공부하고 적용하는 사람들끼리 지속적인 상호작용을 통해 이 이론을 가르치고 배우며 서로의 경험에서 학습하기를 바랍니다.

이 책의 목적은 APOS 이론의 '전체적 조망'을 제시하는 것입니다. 이론을 자세히 설명하고 기본 원리와 다양한 구성 요소를 설명하며, 이론 개발을 위한 연구가 어떻게 진행되어왔는지와 현재도 어떻게 계속해서 진행되고 있는지를 설명합니다. 또한 APOS 이론이 어떻게 교육과 수업에서 사용될 수 있고 지금까지 어떻게 사용되어왔는지를 보여주며, APOS 이론 기반 교수법의 효과를 보고한 연구들을 제시합니다. APOS 이론의 교수 전략에서 가장 자주 언급된 협력 활동의 정신에 따라 이 책의 저자들은 협력 작업하였으며, 저자들은 각 장마다 글을 쓰고 검토하고 수정하는 과정에 직접 참여하였습니다.

저자들은 이 한 권의 책 속에 학생의 사고와 교수와 관련된 지난 25년 이상의 연구를 포괄하는 방법을 찾아내기 위해 토론, 글쓰기, 수정, 발견, 때로는 논쟁까지도 하는 공동 프로세스에 참여하였습니다. 이 협력 작업을 통해 포괄적으로 통일성 있는 문장들이 완성되었으므로 APOS 이론을 이해하고 활용하려는 학생, 연구자, 교사, 교육자, 그리고 교육정책을 세우는 사람 등 누구에게나 도움이 되기를 바랍니다.

이 프로젝트에 참여해 준 모든 분들께 감사드리며, 항상 질문을 통해 우리에게 도전해 온 대학원생들에게 특히 감사드립니다. 특별히 주석이 달린 참고문헌의 일부 정보를 제공해 준 신베스타프(Cinvestav)의 대학원생인 Yanet Gonza´lez에게 감사의 말씀을 드립니다. 또한 이 책 초고를 읽고 많은 도움 되는 제안을 해 준 Annie Selden에게도 감사드립니다.

목차

01 서론

02 Piaget 이론에서 APOS 이론으로

03 정신 구조와 메커니즘

04 발생적 분해

05 APOS 이론에 따른 수학 지도

06 연구와 교육과정 개발을 위한 APOS 패러다임

07 Schemas, 그 발달과 상호작용

08 APOS 이론의 새로운 단계와 수준의 자격을 갖춘 Totality

09 APOS 이론을 사용한 초등학교 수학 지도

10 자주 묻는 질문

11 결론

12 추가된 참고문헌

CHAPTER 01

서론

1.1 APOS 이론을 읽는 방법

APOS는 Action(행동), Process(과정), Object(대상), Schema(스키마)의 약자이다. APOS 이론은 수학 개념을 학습하는 방법에 대한 이론이다. 장 피아제 Jean Piaget의 연구에 기반한 이론으로 이 이론의 기본 아이디어는 1980년대 초에 처음으로 소개되었고 (Dubinsky, 1984), 그 이후 전 세계의 연구자와 교육과정 개발자, 교사에 의해 넓은 범위에서 개발 및 적용되었다.

APOS 이론은 어떤 개인이 수학 개념을 학습하려고 할 때 개인의 마음속에서 일어나는 일에 대한 모델에 초점을 둔다. 이 모델을 사용하여 수업 자료를 설계하거나 학생이 수학적 문제 상황을 성공적으로 다루었는가를 평가한다. APOS 이론은 개발 도구(예 Breidenbach et al., 1992)로 또는 분석 도구(예 Dubinsky et al., 2013)로 또는 둘 다(예 Weller et al., 2011)로 사용될 수 있고, 많은 연구에 성공적으로 사용되었다. APOS 기반 연구와 교육과정 개발은 주로 중등과 그 이후 학생의 수학 학습에 초점을 둔다. 그러나 9장에 설명된 연구는 초, 중등 관점에서 수행되었다. APOS 이론을 컴퓨터공학 같은 수학 이외의 분야에 적용하는 것에 관한 예비 연구도 있다.

APOS 이론은 구성주의 이론으로 2장에서 그 의미를 설명한다. 그리고 2장에서는 피아제의 반영적 추상화와 APOS 이론의 발달에서 반영적 추상화의 역할을 설명한다. APOS 이론의 발달을 초창기 연구, RUMEC(Research in Undergraduate Mathematics Education Community, 대학수학교육연구회)의 연구, 독립적 소규모 연구팀들의 연구로 나누어 설명한다.

3장에서는 APOS 이론을 구성하는 정신 구조(Action, Process, Object, Schema)와 그러한 정신 구조가 구성되는 메커니즘의 일부(내면화, 집약화, 협응, 반전, 탈집약화)에 대해 논의한다. 이 장에서는 APOS 이론을 사용하여 개인의 수학 지식 구성에 대한 가설을 어떻게 세울 수 있는지에 대하여 특정 수학 개념의 예로 설명한다. APOS 기반 연구에서 고려해야 할 몇 가지 일반적인 문제에 대해서도 논의한다.

4장에서는 APOS 기반 연구와 교육과정 개발에 사용되는 주요 도구 중 하나인 발생적 분해 genetic decomposition에 대한 심층 설명을 제시한다. 발생적 분해는 수학 개념을 학습하기 위해 학생이 구성해야 하는 정신 구조의 가설 모델이다. 이 장에서 발생적 분해가 무엇이며, APOS 기반 연구에서 발생적 분해의 역할에 대해 논의한다. 발생적 분해의 비고유성, 예비 발생적 분해와 그 정교화 사이의 관계, 그리고 발생적 분해의 설계에 대한 일반적인 오해와 같은 발생적 분해와 관련된 몇 가지 문제도 고려된다.

5장은 APOS 기반 수업 설계와 실행에 관한 내용이다. 수업은 대개 발생적 분해에서 요구하는 정신 구조의 발달을 지원하는 수업 방법인 Activities(활동), Classroom Discussion(교실 토론), 연습(Exercises)으로 구성된 ACE 교수 사이클을 사용하여 실행된다. ACE 사이클에는 일반적으로 ISETL(Interactive SET Language)과 같은 수학적 프로그래밍 언어를 사용하는 협동 과제 활동이 포함된다. ACE 교수 사이클의 모든 구성 요소와 ISETL의 특징을 몇 가지 설명하고, 수학 전공자를 위한 추상 대수의 군(groups)에 대한 APOS 기반 수업과 예비 초등 및 중등 교사 과정을 위한 순환소수에 대한 APOS 기반 수업의 예를 제시한다.

6장에서는 APOS 이론과 연계된 연구 기조를 패러다임으로 제시하는데, 이론적 접근, 방법론, 결과 유형 등에서 대부분의 수학교육 연구 동향과는 차이가 있다. Kuhn(1962)의 아이디어에 따라 이 패러다임에는 밀접하게 연관된 이론적, 방법론적, 교수학적 구성 요소가 포함된다. APOS를 이론적 프레임워크로 채택한 모든 연구가 이 장에 언급된 패러다임의 구성 요소를 모두 사용하지 않는다는 점을 지적하고 있다. 오히려 그것은 APOS 기반 연구의 '이상적인' 조직의 역할을 한다.

Schema와 Schema의 주제화는 7장의 주요 주제다. 이 장은 Schema에 대한 일반적 설명과 몇 가지 예로 시작한다. 그런 다음 Schema가 발달하는 방법과 새로운 정보의 도입이나 한 Schema와 다른 Schema의 상호작용을 통한 Schema의 변화로 발생하는 결과에 관해 설명한다. 이 장은 Schema가 Object로 구성되는 메커니즘인 주제화 문제를 다루면서 끝난다.

8장에는 APOS 단계 사이 진척과 그와 관련된 교수학적 전략에 대한 일반적 논의, 피아제의 연구와 APOS 기반 연구에 나타나는 용어인 **단계**[stages]와 **수준**[levels]에 대한 설명, 단계 사이 수준 및 Process와 Object 사이 새로운 단계로서 Totality의 필요성을 제안한 $0.\dot{9}$에 관한 연구의 요약이 포함되어 있다.[1] 이 시점에서 이 장에서 Totality의 지위와 수준의 사용은 잠정적인 것에 지나지 않는다. 왜냐하면 독립된 단계 및 수준의 필요성에 대한 증거가 단 두 연구에서, 즉 8장에서 논의하는 $0.\dot{9}$와 1 사이 관계에 관한 연구와 9장에서 고찰하는 분수에 관한 연구에서 나온 것이기 때문이다. 따라서 Totality를 독립된 단계로 간주할 수 있는지, 이 맥락에서 정말로 수준이 필요한지를 결정하고, 그것들을 구성하는 정

1 소수 표현에서 숫자 위의 점은 순환소수에서 반복되는 숫자를 의미한다.

신 메커니즘이 무엇인지를 탐구하는 후속 연구가 필요하다. 유한 과정과 무한 과정이 모두 포함된 다른 맥락에서 Totality와 수준의 역할을 결정하기 위한 연구도 필요하다.

9장에서는 4, 5학년 분수 수업에 피아제와 APOS 아이디어를 도입한 1990년대 프로젝트에 대해 논의한다. 이 장에서는 그 프로젝트와 관련된 세 연구의 데이터와 결론을 설명한다(Arnon, 1998; Arnon et al., 1999, 2001). 대부분의 APOS 기반 연구와 달리 이 연구에서는 초등학교 수학학습에 APOS 이론을 적용할 가능성을 탐구한다. 대부분의 초중등 학생은 피아제가 정의한 구체적 조작기이다. 이는 행동을 가하는 대상이 반드시 구체적(예 블록, 종이 등을 잘라 만든 조각, 그림)이어야 함을 의미한다. 즉 감각을 통해 지각되어야 한다(Piaget, 1975; 1974/1976). 그러나 높은 학년에서 행동을 가하는 대상은 반드시 물리적 세계에 속하는 구체적 대상일 필요는 없고 오히려 개인의 마음에 존재하는 추상적 대상(예 명제, 함수)이 될 수 있다. 따라서 APOS 이론의 관점에서 행동이 가해지는 대상의 구체성은 초중등과 중고등의 주요한 차이다. 또한 이 장에서는 어린 아동의 Action에서 Process로의 내면화에서 상상력이 어떠한 역할을 하는지 설명한다. 9장에서 논의된 또 다른 연구(Arnon et al., 2001)는 APOS 원리를 따르는 구체적 표상을 사용하여 초등학교 정규 교육과정 밖 추상적 수학 개념을 5학년 학생들이 어떻게 학습할 수 있었는지를 다룬다.

10장에서는 출판물이나 개인 의견교환을 통해 APOS 이론에 대해 이 책의 저자들에게 제기한 질문한 몇 가지 질문과 그에 대해 답을 하고 있다. 이 장에서 다루는 주제는 이론의 구체적 구성 요소, 피아제의 연구와의 관계, 수학 강좌에서 특정 개념 다루기 등 다양하다. 맥락, 인식론, 직관, 메타인지, 은유, 표상 등 수학 교육 연구의 여러 주제가 논의된다.

11장은 주제와 공통된 맥락을 탐구하여 책 전체를 요약한다. 개발적, 평가적 이분법의 개념, 이론에서 사용된 메커니즘과 유사한 메커니즘을 통한 성장, APOS 이론의 미래 등이 논의된다. 이 장은 'APOS 이론 요약' 및 몇 가지 최종적인 생각으로 끝을 맺는다.

마지막으로 12장에는 APOS 이론과 관련된 간행물에 대한 주석이 포함된 광범위한 참고문헌 목록이 수록되어 있다.

이 책을 가능한 최신 내용으로 업데이트하려고 노력했으나 성공적이지는 못했다. 왜냐하면 APOS 이론은 수학을 학습하는 학생에 대한 경험적 연구에서 얻은 데이터를 가지고 APOS 이론의 출처인 피아제의 생각을 현재와 미래 연구자의 생각과 종합하려고 시도하므로 살아있고 성장하는 아이디어의 집합체이기 때문이다. 그 결과, APOS 기반 연구자 및 교육과정 개발자들은 이론의 다양한 측면을 지속적으로 재고하고 수정한다. 이는 피아제가 “피아제의 이론은 현재 완성되지 않았으며, 이 페이지의 저자는 항상 자신을 피아제의 주요 수정론자 중 한 명으로 간주해 왔다”(Piaget, 1975, p. 164)라고 쓴 것과 일치한다. 이는 이 책이 APOS 이론의 ‘맺음말’로 간주할 수 없고, 그렇게 되어서도 안 됨을 의미한다. 향후 연구를 통해 추가 수정이 이루어질 것이다. 실제로 독자는 이 글에서 이런 일이 이미 일어났음을 알 수 있다. 첫 30년간 APOS 이론에서 수행된 거의 모든 연구는 여전히 서로 관련되어 있다. 그리고 이 책에는 이론의 변화된 측면에 대한 생각과 그러한 변화로 인해 수정된 여러 서술을 몇 가지 예를 통해 설명하고 있다. 어떤 경우에는 간행물에 나타난 APOS 이론에 대한 자료를 사용하지만, 현재 생각과 APOS 기반 연구 결과를 반영하여 수정하고 있다. 이론의 주요한 변화를 소개한 하나의 예(8장의 Totality에 대한 논의 참고)도 있다. APOS 이론의 이러한 역동적 특성이 연구자, 교사, 그리고 학생들에게 더욱 도움이 되기를 바란다.

CHAPTER

02

Piaget 이론에서 APOS 이론으로:

수학 학습에서 반영적 추상화와 APOS 이론의 발달 역사

2장에서는 APOS 이론이 언제 어디서 유래되었는지 설명한다. APOS 이론은 Action, Process, Object, Schema라는 정신적 구조와 내면화, 협응, 반전, 집약화, 주제화라는 메커니즘으로 구성되어 있다. 이러한 정신 구조와 메커니즘들이 처음 등장한 시기와 그 의미가 어떻게 발달했는지에 대하여 논의한다. 더빈스키[Dubinsky]의 초창기 동료와 제자, RUMEC(Research in Undergraduate Mathematics Education Community, 대학수학교육연구회) 회원들의 APOS 이론 발달에 대한 연구를 간단히 소개하고, 다음 장에서 상세히 설명한다.

이 장에서는 APOS 이론의 발달과 학생들이 수학 개념을 이해하도록 돕는 APOS 이론의 적용에 대해 알아본다. APOS 이론은 1980년대 초부터 발달하기 시작하여 현재 수학교육 연구와 교육과정 개발에 중요한 역할을 하고 있다. 이 장은 피아제의 반영적 추상화 개념에 대한 설명(2.1절)과 그것이 APOS 이론 발달에 미친 영향에 대한 설명(2.2절)으로 시작한다. 그리고 APOS 이론의 초창기 생각들(2.3절)과 첫 번째 주요 발달기(2.4절)에 대해 살펴본다. 두 번째 주요 발달기는 RUMEC의 설립으로 시작되었고, RUMEC는 교육 연구로 전향한 수학자들에 의해 많은 공동연구를 수행하였다(2.5절). 세 번째 주요 발달기는 공식적인 조직으로서 RUMEC가 끝난 후부터 현재까지이다. 이 기간에는 여러 팀이 APOS 기반 연구와 그것을 수업 실행과 설계에 실제로 적용하기 위한 연구를 독자적으로 수행하고 있다(2.6절). 마지막으로 APOS 이론과 관련된 두 이론(스파드[Sfard]와 톨[Tall]의 관점)에 대해 간단히 설명한다(2.7절).

2.1 피아제의 반영적 추상화

피아제의 중요한 아이디어 중 하나는 반영적 추상화이다. 그는 반영적 추상화를 사고발달에서 정신적 구조에 대한 주요 메커니즘이면서 동시에 개인의 모든 논리-수학적 구조를 발달시키는 정신 메커니즘으로 보았다. 피아제의 이러한 관점은 다른 상황에서도 여러 번 반복해서 나타난다. 예를 들어, 사고발달에 대해 피아제는 "인지구조의 발달은 반영적 추상화에 의한 것이다"라고 했다(Piaget, 1975/1985, p. 143). 수학에 관해 피아제는 모든 논리-수학적 구조가 구성되도록 하는 정신 메커니즘이 반영적 추상화라고 생각했으며(Piaget, 1967/1971), "반영적 추상화만이 거대한 논리-수학적 구조를 지탱하고 살아 숨쉬게 한다"고 했다(Piaget, 1974/1980, p. 92). 수학자였던 더빈스키는 1982년부터 수학(함수해석학) 연구에서 학생들의 수학 학습과 관련된 정신 활동에 관한 연구로 연구 주제를 전환하였다. 위에 나타난 수학 구조에 대한 피아제의 글을 읽고, 더빈스키는 반영적 추상화에 대한 아이디어와 이를 수학적 사고에 적용하는 데 관심을 가지게 되었다.

"반영적 추상화란 무엇인가?" 피아제는 여러 책에서 반영적 추상화는 두 부분으로 구성되어 있다고 말한다. 첫 번째 부분은 반사^reflection^로써 무언가를 자각하고 곰곰이 생각해본다는 의미이다. 여기서 무언가는 피아제가 말하는 내용과 그 내용에 가하는 여러 조작^operations^이다. 결국 반사는 인식 주체 스스로 어떤 내용을 자각하고 그 내용에 행하는 조작이 어떤 의미인지를 숙고하는 정신 작용을 말한다. 그리고 낮은 인지 단계의 내용과 조작을 더 높은 인지 단계로(즉, 과정에서 대상으로) 이행시키는 정신 작용을 말한다.

두 번째 부분은 높은 수준에서 일어나는 내용과 조작의 재구성^reconstruction^과 재조직화^reorganization^로 되어있다. 이 재구성과 재조직화에 의해 그 조작 자체는 새로운 조작을 적용할 수 있는 내용이 된다(Piaget, 1973). 이 두 번째 단계는 더빈스키에게 어떤 수학적 아이디어와 매우 비슷하게 보였다. 많은 예 중 하나는 함수이다. 함수는 정의역(집합)의 한 원소를 치역(집합)의 한 원소로 변환시키는 조작으로 처음에 구성된다. 그 후 더 높은 단계에서 함수공간의 원소로써 함수는 새로운 조작이 적용되는 내용이 된다. 정수가 또 다른 예이다. 어떤 인지 단계의 경우 정수는 단위들을 묶어 집합으로 만들고, 이 집합의 대상들을 세고, 순서를 정하는 조작이나 과정이다. 이제 더 높은 인지 단계에서 정수는 새로운 조작(예 사칙연산)의 대상이 된다(Piaget, 1965). 이러한 예로부터 더빈스키는 반영적 추상화가 고등 수학 개념의 정신 발달을 설명하는 강력한 도구가 될 수 있다고 확신하게 되었다.

2.2 반영적 추상화와 APOS 이론의 기틀

피아제가 제시한 반영적 추상화의 예를 살펴보고, 반영적 추상화가 APOS 이론의 기틀을 마련하는 데 어떤 영향을 주었는지 알아보는 것은 위 아이디어를 명확히 하는 데 도움이 될 것이다.

피아제에 따르면 일반적이고 유용한 추상적 아이디어는 여러 현상의 공통적 성질을 끌어내는 것에서 나오지 않는다. 고등 수학의 예에 대해 피아제는 다음과 같이 말했다.

> 군 개념이나 군에 관한 성질은 (공통 성질을 추출하는) 추상화가 아니라 현대 수학과 논리의 사고 방식인 '반영적 추상화'에 의해 획득된다. 여기서 반영적 추상화는 대상에서 성질을 도출하지 않고, 우리가 대상에 가하는 행동으로부터, 우리가 대상에 수행하는 조작으로부터 … (중략) … (Piaget, 1968/1970, p.19)

다시 말해, 정신적 대상이든 물리적 대상이든 어떤 대상에 대한 지식의 발달은 대상과 그 대상에 행동을 가하는 주체가 둘 다 필요하다. 이러한 피아제 관점에서 인식 주체와 대상은 분리될 수 없다. 즉, 어느 쪽이든 다른 한쪽 없이는 말할 수 없다. 피아제는 어린 아동들이 구성하는 기초 개념부터 수학자들이 구성하는 고등 수학까지 수학 전 범위에 이 아이디어를 적용했다. 내용과 내용에 가하는 조작, 그리고 이 조작에 의해 새로운 내용이 구성된다는 일반적 틀은 물리적 행동과 내면화된 조작의 미묘한 차이를 구별하는 토대가 된다. 이러한 차이는 행동과 과정의 정신 구조의 차이를 만들고 내면화^interiorization^와 집약화^encapsulation^같은 정신 메커니즘이 어떻게 A → P → O → S의 발달 단계를 구성하는 서로 다른 여러 개념의 구성을 가져오는지를 설명하는 토대가 된다.

피아제는 다음과 같이 말했다.

> … (중략) … 아이가 어떤 행동의 결과를 경험으로 알게 되었을 때, 예를 들어, 덧셈한 결과는 세는 순서와 무관하다는 사실을 발견했을 때, (합이나 순서는 대상의 속성이 아니라 더하고 순서를 정하는 행동의 속성이며, 대상에 수행하는 행동과 독립적으로 부여될 수 없는 속성이다.) 반영적 추상화는 일련의 물리적 행동들을 내면화된 조작의 체계로 전환할 때 일어나며, 이 조작의 법칙들은 물리적 행동에 동시에 내포되어 있다. (Beth & Piaget, 1966/1974)

이 인용문에서 피아제가 말하는 의미는 대상의 속성이 대상 안에 존재하지 않고 오히려 그 대상에 가해지는 행동에 있다는 것이다. 따라서, 대상의 속성은 그 대상과 인식 주체의 영향을 모두 받는다. 더빈스키는 위 인용문의 '물리적 행동'을 인식 주체가 수행하는 행동이지만 그 인식 주체의 외부에 있다고 해석했다. 위 인용문에서 (2와 3을 더하는 경우 – 역자주) 물리적 행동은 물체 대상을 두 집합으로 만들어 변환하는 것으로 구성된다. 즉, 한 집합에 속하는 대상을 세고, 다른 집합에 속하는 대상을 센 후, 두 결과를 더해서 대상의 총 개수를 구한다. 그리고 두 집합의 구성 순서를 바꿔서 이 행동을 반복하여 구한 결과가 이전 행동의 결과와 같음을 확인한다. 여기서, 대상은 수(물리적 대상의 집합으로 표현되는 정수)이고, 이 대상에 가해진 행동은 덧셈이고, (수가 아니라 조작의) 속성은 교환법칙이다. APOS 이론으로 말하면 피아제의 "내면화된 조작interiorized operaions"은 APOS 이론의 Processes가 된다.[1] "전환translation"은 APOS의 정신 메커니즘인 "내면화"가 된다. 내면화는 외적, 물리적 Action(구체적 물체에 가하는 행동)이 내적, 정신 구조인 Process(내면화된 조작)로 재구성되는 것을 말한다. 이때, Process는 Action과 같은 것이지만 완전히 주체의 머릿속에서 수행된다. 더빈스키는 피아제의 "체계system"를 "스키마"라고 했다. 이 경우에 스키마는 교환법칙에 해당한다. 그리고 피아제의 "행동에 동시에 내포되어 있다"라는 말은 "일관성coherence"이라는 아이디어의 근원이 되었다. 일관성에 의해 인식 주체는 특정한 수학 문제 상황에 대해 그 상황에 대응하는 특정 스키마를 적용할 수 있는지 결정할 수 있다.

피아제의 반영적 추상화 개념은 APOS 이론에서 정신 메커니즘인 집약화를 통해 Process(내면화된 조작 또는 내면화된 Action)가 Object(높은 단계에서 새로운 조작을 적용할 수 있는 조작)로 변환되는 방법의 발달에도 영향을 미쳤다. 피아제는 "비율은 동치 관계이다. 즉 관계 사이의 동치에 대한 특별한 예이다(Piaget et al., 1968/1977, p. 186)."라고 하면서, 반영적 추상화를 비율 개념에 적용하였다. 그 이유는 비율이 두 대상의 관계로 시작하기 때문이다. 예를 들어, 양의 정수 a를 양의 정수 b로 나눈 것을 $\frac{a}{b}$라 쓰고, b가 a 안에 묶어지는 횟수라고 한다. 이것은 a와 b의 하나의 관계이다. 그리고 다른 두 양의 정수 c와 d에 대해서도 같은 관계가 있고, $\frac{c}{d}$라 쓴다. 이 두 관계는 양의 정수의 쌍 a, b와 c, d에 적용된 행동이다. 따라서, 이 관계들은 대상에 가하는 학습자의 행동

---

1 피아제의 용어와 더빈스키의 용어를 구별하기 위해 첫 글자를 대문자로 하여 Action, Process, Object, Schema로 쓴다.

에서 비롯된 것이므로 반영적 추상화의 예이다. 반영적 추상화가 깊어지면 이 행동은 분수로 변환되어 수치를 부여할 수 있는 대상이 된다.

이 설명에 대해 더빈스키는 관계 $\frac{a}{b}$와 $\frac{c}{d}$는 집약화된 과정으로 비교comparison라는 또 다른 관계를 적용할 수 있는 대상이 된다고 한다. 이 비교 관계는 비율을 의미한다. 비율은 물리적 대상이 아니라 집약화 메커니즘을 통해 정신 Object가 된 관계 $\frac{a}{b}$와 $\frac{c}{d}$에 가하는 Action이다.

피아제의 반영적 추상화와 인지 발달 연구에서 APOS 이론이 어떻게 발생하였는지를 나타내는 다른 예는 스키마, 스키마의 주제화thematization, 스키마들의 협응과 관련이 있다. 양의 정수 개념을 다시 생각해보자. 피아제(1965)는 양의 정수 개념은 오랜 기간에 걸쳐 발달하며, 7살 정도에 완성된다고 했다.[2] 이 개념의 발달은 여러 스키마의 구성과 관련이 있다. 이를 구성하는 주요한 두 스키마는 피아제가 말하는 서열화seriation(순서 정하기)와 유목화classification(집합을 만들고 비교하는 것)이다.

유목화 스키마는 아동들이 여러 대상이 갖는 개별 속성을 무시하고 서로 구별할 수 없는 공통 단위(속성)로 어떤 대상(예 여러 과일)들을 보게 하는 구조이다. 이 스키마의 적용에서 아동은 두 집합의 원소 개수가 같음을 결정하기 위해 (이전에 또는 동시에 구성된) 일대일 대응 스키마를 사용하거나 한 집합이 다른 집합보다 원소의 개수가 많음(또는 적음)을 결정하기 위해 (이전에 또는 동시에 구성된) 집합의 포함관계 스키마를 사용한다. 한 집합이 다른 집합보다 원소가 많거나 적다는 것을 이해하는 것은 아동이 다음과 같은 집합의 수열을 상상할 수 있도록 하는 서열화 스키마의 발달을 위한 토대가 된다.

$$\{1\},\ \{1+1\},\ \{1+1+1\},\ \{1+1+1+1\},\ \cdots$$ [3]

이러한 구성이 이루어지면 아동들은 이 집합들을 하나, 둘, 셋, 넷 등으로 이름을 붙일 수 있고, 순서대로 첫째, 둘째, 셋째, 넷째 등으로 순서를 붙일 수도 있다. 마지막으로 유목화(집합 만들기)와 서열화(순서 매기기)의 두 스키마가 주제화되고 그런 다음 협응하여 새로운 스키마가 만들어진다. 협응의 핵심 단계는 아동이 위 수열에서 네 개의 원소를 가진 집합이 네 번째 집합임을 알아차렸을 때이다. 결과적으로 만들어지는 스키마는 양의 정수 개념이다. 피아제는 이러한 모든 구성이 반영적 추상화의 예라고 생각했다.

2 Piaget(1972)도 인정한 것과 같이 후속 연구에서 다양한 인지 발달이 일어나는 나이가 아동의 문화와 적성, 흥미 같은 다른 요인들에 따라 달라질 수 있다는 것이 밝혀졌다.

3 피아제는 여기서 "+"기호를 덧셈 기호가 아니라 "and"의 의미로 사용했다.

피아제가 말하는 협응은 두 개의 스키마에 대한 행동이다. 이것은 협응[coordination]이라는 단어를 가장 일반적으로 사용한 경우로, 한 스키마를 먼저 사용하고 그 다음 다른 스키마를 사용하는 것과 같이 두 스키마를 사용한 모든 구성을 의미한다. 협응이 일어나려면 먼저 두 스키마가 주제화되어야 한다. 즉, 주제화는 (과정이 대상으로 집약화되는 것처럼) 협응된 행동을 적용할 수 있는 대상이 만들어짐을 의미한다.

행동에서 과정으로, 과정에서 대상으로 일어나는 정신적 이동은 피아제의 함수 개념 발달에 대한 논의에 잘 표현되어 있다. "함수의 가장 일반적 특징은 기초적인 '적용'으로부터 조작적으로 정량화할 수 있는 공변량[covariation]으로의 전이, 그런 다음 변화의 변화로의 전이 등에서 비롯된다"(Piaget et al., 1968/1977, p. 186). 피아제의 말은 사상(寫像, 적용)으로서의 함수는 처음에는 행동이고, 조작적으로 정량화 가능한 공변량으로써 함수는 과정이며, 그리고 변화에 변화를 적용할 수 있게 만드는 대상이 된다고 해석할 수 있다.

더빈스키는 이러한 과정을 인지 발달로 보는데, 행동(기초적인 '적용')으로 시작되고, 이 행동이 내면화되어 과정(조작적으로 정량화할 수 있는 공변량)이 되고, 그런 다음 이 과정이 집약화되어 새로운 행동을 적용할 수 있는 대상(변화의 변화)이 된다고 해석했다. 이 함수 발달의 예는 피아제의 반영적 추상화에 근간을 둔 것으로, 행동 → 과정 → 대상 → 스키마 발달 단계의 예이며 APOS 이론의 핵심이다. 부득이 발달 단계를 선형으로 나열하였으나 발달은 항상 순서대로 선형적 단계로 일어나지는 않는다. 오히려 주어진 상황에 따라 단계들이 앞뒤로 이동하기도 한다.

이 절에서는 피아제의 반영적 추상화가 APOS 이론의 기틀 마련에 어떤 영향을 주었는지 예를 통해 살펴보았다. (정신 구조인 행동, 과정, 대상, 스키마와 정신 메커니즘인 내면

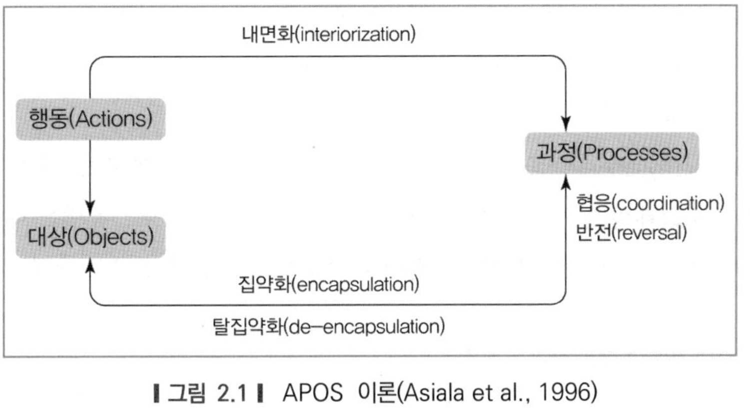

❙ 그림 2.1 ❙ APOS 이론(Asiala et al., 1996)

화, 협응, 반전, 집약화, 주제화, 그리고 A → P → O → S 발달 단계 형성에 영향을 주었다.) [그림 2.1]은 APOS 이론의 구조와 메커니즘으로 이러한 발달 단계를 나타낸 것이다. 이 그림에서 행동은 대상에 가하는 조작이다. 행동은 과정으로 내면화되고, 과정은 대상으로 집약화된다. 대상은 탈집약화de-encapsulation되어 원래 과정으로 되돌아간다. 이 전체 시스템은 스키마의 일부이다. 이 그림과 변형된 그림이 이 책 전체에서 사용된다.

2.3 APOS 이론에 대한 초창기 생각(1983~1984)

더빈스키는 1983년에 피아제의 반영적 추상화를 고등 수학에 적용하는 방법을 생각하고, 훗날 APOS 이론의 기초가 되는 아이디어를 개발하기 시작했다. 이러한 아이디어가 포함된 최초 출판물은 더빈스키가 강연자로 초청되었던 1984년 핀란드 헬싱키에서 열린 컨퍼런스의 프로시딩이다(Dubinsky, 1984). 이 강연에서 함수를 과정으로 생각하는 것과 대상으로 생각하는 것의 차이점에 대해서 논하였으며, 학생들이 이 차이점을 이해하도록 돕기 위해 컴퓨터 프로그램을 사용하는 것에 대해 말했다. 그는 개인이 정신 대상에 행동을 적용하는 방법에 대해 논의하면서, 수학적 귀납법을 이용한 증명이 제시된 파스칼 프로그램을 예로 제시하였다. 학생들이 이러한 프로그램을 작성해보고 디버그[4] (debug)하는 경험을 통해 수학적 귀납법에 대한 이해가 향상될 것이라고 했다(이러한 견해는 나중에 Dubinsky(1986a, 1989)에서 공식적으로 조사하였다).

그 당시 더빈스키는 학생들이 수학적 개념을 이해하는 데 도움이 되도록 컴퓨터를 사용하는 것에 관심이 많았다. 예를 들어, 더빈스키는 특정 방법으로 컴퓨터를 사용하는 활동이 학생들의 반영적 추상화에 도움이 되는지 궁금했다. 더빈스키는 컴퓨터 프로그램을 작성, 디버깅, 실행하는 활동이 프로그래머의 생각을 알아내는 데 도움이 됨을 관찰하였다. 더빈스키는 신중히 선택한 컴퓨터 활동이 학생들의 사고 방식을 수학 학습에 도움이 되도록 변화시킬 수 있다고 생각했다. 잭 슈워츠Jack Schwartz는 미국국립과학원(US National Academy of Sciences)의 수학 및 컴퓨터 과학 분야에 뽑힌 몇 안 되는 사람 중 한 명이며, 프로그래밍 언어 SETL[5]의 창시자이다. 그는 SETL 프로그래밍을 배우는 데 필요한 수학적 배경지식은 대학 1학년 과정의 이산수학 내용밖에 없다고 했다. 더빈스키는

4 컴퓨터 프로그램의 결함을 찾아 고치다

5 나중에 SETL은 G. Levin이 개발한 해석형 프로그래밍 언어인 ISETL로 대체되었다.

이산수학 학습에서 성공하는 사람보다 컴퓨터 프로그램을 성공적으로 학습하는 사람이 더 많다는 사실에 주목했다. 그래서 더빈스키는 슈워츠의 발견을 역설하려고 학생들에게 이산수학을 배우기 위해 SETL 프로그래밍을 배우게 했다. 헬싱키 강연에서 이러한 아이디어를 바탕으로 개발된 이산수학 강좌를 제시했다.

2.4 APOS 이론의 첫 번째 발달기(1985~1995)

더빈스키는 1985~1988년 동안 여러 공동연구자와 함께 학생들이 행동을 과정으로 내면화하고, 과정을 대상으로 집약화하여, 수학 개념 학습을 위해 정신 구조를 적용하는 데 프로그래밍을 사용하는 교수법을 개발하였다. 이 연구를 계기로 APOS 이론에 기초한 최초의 교과서가 발간되었고, 컴퓨터 프로그래밍을 교육적 도구로 사용하게 되었다(Baxter et al., 1988). 이 책은 대학 이산수학 교과서로 집합과 명제에 관한 미분적분학, 함수, 조합론, 행렬, 행렬식, 수학적 귀납법, 관계와 그래프 등의 내용을 다루고 있다. 이 책에서 사용한 교수학적 전략은 저자들이 각 개념에 대한 **발생적 분해**[genetic decomposition]를 개발하는 것이다. 발생적 분해는 그 개념을 이해하는 데 학생들이 사용할 수도 있는 Action, Process, Object의 정신 구조와 이러한 구조들을 구성하는 내면화와 집약화 같은 정신 메커니즘(즉, 특정 반영적 추상화)에 대한 설명이다. 이 교과서에는 ISETL을 사용하는 짧은 컴퓨터 프로그램 작성 활동이 포함되어 있는데, 이 활동은 발생적 분해에서 요구하는 정신 구조를 만드는 데 도움이 되도록 설계되었다. (4장에서 발생적 분해에 대해 자세하게 알아본다.) 가장 중요한 두 프로그래밍 활동은 행동에서 과정으로의 내면화(적당한 입력값에 대한 행동을 수행하는 프로그램을 작성하는 활동)와 과정에서 대상으로의 집약화(그 프로그램을 다른 프로그램의 입력값이나 출력값으로 사용하는 활동)와 관련이 있다. 이 프로그램의 예는 5장에서 알아본다.

1989~1995년 동안 더빈스키와 여러 공동연구자는 그 후 APOS 이론으로 알려지게 된 이론적 틀을 개발하였다. 개념의 본질(인식론)은 개인의 정신에서 그 개념이 발달하는 방법(학습)과 불가분의 관계에 있다는 피아제의 말에 따라, 모든 수학 인식론 연구는 교수 이론을 대학 수업에 실제로 적용하는 것과 함께 이루어졌다. 이러한 초기 APOS 기반 연구와 교육과정 개발은 수학적 귀납법, 컴팩트성, 함수, 미분적분과 같은 수학 개념에 관한 학술지 출판으로 이어졌다. APOS 기반 교수 전략의 효과는 1989~1997년 동안 여러

컨퍼런스 발표와 논문을 통해서 발표되었다. 이에 관한 내용은 6장에서 자세히 소개한다. 이 교수 전략은 5장에서 자세하게 다루는 ACE 교수 사이클의 발달로 이어졌다.

두 기간(1983~1984와 1985~1995) 동안 APOS 이론의 주요 구성 요소는 잘 소개되고 개발되어 오늘날에 이르렀다. 이 구성 요소에는 정신 구조인 행동, 과정, 대상, 스키마와 이 구조들을 구성하는 정신 메커니즘인 내면화, 협응, 반전, 집약화, 주제화가 있다. 이 연구에 대한 첫 번째 공식 발표인 헬싱키 컨퍼런스에서 더빈스키는 행동, 과정, 대상과 특히 과정에 행동을 적용하는 것에 관해 발표했다(Dubinsky, 1984). 과정에서 정신 대상으로의 변환을 설명하는 정신 메커니즘인 집약화라는 용어는 약 일 년 후에 공식적으로 소개되었다(Dubinsky, 1985). 얼마 후, APOS 관점에서 행동이 과정으로 변환되는 메커니즘으로서 내면화를 처음으로 언급하였다(Dubinsky, 1986b). 그러나 정신 대상에 행동을 적용하는 것과 마찬가지로 외부적 행동이 내부적 과정으로 변환하는 아이디어는 APOS 이론 개발될 때부터 존재했다(Dubinsky, 1984). 또한 그 기간 동안 스키마가 대상으로 변환되는 아이디어를 논의했는데, 여기서 대상은 다른 스키마에 의해 행동이 가해진다(Dubinsky, 1986b). 그 시기에 이 변환은 집약화로 간주되었지만, 그 후 Asiala et al.(1996)에서 Piaget & García(1983/1989)와의 일관성 유지를 위해 현재 사용하는 주제화로 이름을 바꿨다.

이 시기에 이루어진 APOS 관련 연구는 정신 구조인 스키마에는 많이 주목하지 않았다. 스키마는 "행위 주체가 대상에 가할 수 있는 행동 그리고 일관성 있는 대상들의 집합체"(Dubinsky, 1986b, p. 2)라고 언급되었다. 그러나 이 시기에 "일관성 있는" 스키마의 의미에 대하여 아무런 설명이 없었고, 스키마 개념을 비너[Vinner]와 그 동료들(Vinner, 1983; Vinner & Dreyfus, 1989)의 "개념 이미지[concept image]"와 구별하기 위한 어떤 시도도 없었다. 사실 스키마와 개념 이미지는 세 가지 측면에서 다르다. Vinner & Dreyfus(1989)의 논문에 첫 번째 다른 점이 설명되어 있다.

> 대부분의 경우, 학생들은 개념 이미지를 바탕으로 결정한다. 개념 이미지란 학생의 마음속에서 개념 이름과 관련된 모든 심상에 포함된 속성들의 집합이다. (심상은 사진, 기호, 다이어그램, 그래프 등과 같은 모든 종류의 표상을 의미한다.) 학생이 가지고 있는 정신 이미지는 그 개념의 예와 반례에 대한 경험의 결과이다. 따라서 학생들이 그 개념의 예로 간주하는 수학적 대상의 집합은 정의에 의해 결정된 수학적 대상의 집합과 항상 같지는 않다. (p. 356)

이 인용문에서 알 수 있듯이, 개념 이미지는 개념과 관련된 수학에 관심을 두지만, 스키마는 수학을 이해하려고 하는 개인의 마음속에서 일어나는 일에 관련된 정신 구조를 설명한다. 두 번째 다른 점은 스키마는 행동을 가할 수 있고, 다른 스키마의 일부분이 될 수 있는 대상으로 주제화될 수 있지만, 개념 이미지에 관한 논문에는 이러한 정신 활동에 대한 어떠한 언급도 없다는 것이다. 세 번째 다른 점은 일관성에 관한 것으로 수학적 문제 상황을 처리할 때 스키마의 사용과 관련된다. 개념 이미지에 대한 논문에서는 이를 고려하지 않았다. 2.5절과 7장에서는 APOS의 스키마와 개념 이미지의 차이점과 스키마의 본질에 대해 더 자세히 알아본다.

더빈스키는 이 기간 동안 여러 곳에서 행동 → 과정 → 대상 → 스키마 순의 연속적인 발달에 대해 언급하였지만, APOS는 다음 발달기까지 소개하지 않았다(Cottrill et al., 1996).

2.5 RUMEC(1995~2003)

1988~1996년 동안 더빈스키는 NSF(US National Science Foundation)로부터 대학 학부생을 위한 수학 교육과정 개발 연구비를 받았다. 이 연구비로 반영적 추상화에 대한 연구(Dubinsky, 1991)와 미분적분학에 대한 APOS 이론과 직접적으로 관련이 없는 몇 개의 연구를 진행하였다. 그렇지만 APOS 기반인 미분적분학, 이산수학, 추상 대수 강좌에서 수학 개념을 학습한 대학생을 인터뷰하여 APOS 이론과 관련된 많은 데이터를 수집하였다. 이 모든 데이터를 혼자서 또는 2~3명의 연구자로 구성된 한 팀이 분석하고 그 결과를 보고하는 것은 불가능했다. 그래서 그 자료는 분석하지 못하고 남겨졌다.

그러던 1995년, 협동학습에 대해 더 알고자 하는 수학 교수들 대상의 전문성 신장 여름 워크숍을 위한 5년간 연구비를 NSF로부터 받았다. 이 프로젝트의 타이틀은 '대학 수학교육에서 협동학습(CLUME, Cooperative Learning in Undergraduate Mathematics Education)'이었다. 1995년 여름 워크숍의 한 세션에서 더빈스키는 그가 교육과정 개발 프로젝트에서 사용한 협동학습을 설명하는 가운데 앞에서 말한 분석하지 못한 데이터에 대해 언급했다. 참가자들은 이 데이터가 만들어진 연구에 대해 관심이 많았다. 그래서 대학 수학교육 연구에 관한 토론을 하려고 비공식적인 '오프라인' 저녁 세션을 열었다.

CLUME의 참석자 대부분은 자신의 연구 활동을 수학에서 대학 수학교육으로 바꾸려고

하는 수학자였다. 그래서 공식적 조직으로 RUMEC가 만들어졌다. 이 조직의 목적은 수학자들이 교육연구를 시작할 수 있도록 돕는 것이다. 협동학습의 정신에 입각하여 3~5명으로 이루어진 작은 팀에서 더빈스키의 데이터를 분석하고, 연구논문 발표를 위한 공동연구를 하였다. 연구는 1996년에서 2001년까지 5년간 Exxon Educational Foundation에서 연구비를 두 번 받아 진행되었다.

RUMEC 연구는 수학교육 연구에서 중요한 특징이 있다. 각 팀에서 연구하여 나온 논문 초안을 약 25명인 모든 회원에게 메일로 보낸다. 모든 회원이 이 초안을 검토하여 수정 사항을 저자에게 보냈다. 그리고 연례 회의에서 전체 토론을 했다. 이 과정을 내부 검토라고 했다. 저자는 이러한 제안에 대해 최종 결정을 하고, 최종 원고를 작성하여 발표용 논문을 제출하므로 이 내부 검토 과정은 자문일 뿐이다. 1995~2003년 동안 RUMEC는 논문 14개를 제출하였고, 몇 개는 수정되기도 했지만 RUMEC가 제출한 모든 논문이 출간된 것으로 보아 이 과정은 분명히 효과적이었다.

이 논문들은 APOS의 발달(Asiala et al., 1996; Clark et al., 1997; Dubinsky & McDonald, 2001; Weller et al., 2003)과 특정한 수학 개념의 학습에 대해 다루고 있다. 여기서 다루어진 수학 개념은 무한(Cottrill et al., 1996), 그래프와 미분(Asiala et al., 1997a; Baker et al., 2000), 미분적분학의 연쇄법칙(Clark et al., 1997), 잉여류와 정규군 및 상군(Asiala et al., 1997b), 이항 연산, 군과 부분군(Brown et al., 1997), 순열과 대칭(Asiala et al., 1998), 수열과 급수(McDonald et al., 2000), 분수(Arnon et al., 2001), 정적분(Czarnocha et al., 2001)이다. 또한 APOS 이론에 기반한 교수법을 경험한 학생들의 태도에 관한 연구(Clark et al., 1999)도 있다. 이들 연구에 대한 자세한 내용은 다음 장에서 알아보겠지만 두 논문은 자세히 소개하고자 한다. 첫 번째 논문(Asiala et al., 1996)은 그 시기의 APOS 이론과 ACE 교수 사이클에 대한 완전하고 논리적인 설명을 담고 있다. ACE 교수 사이클은 APOS 기반 수업에서 사용하는 중요한 교수학적 전략이며 APOS 기반 연구를 할 때 사용하는 연구방법론이다. 두 번째 논문(Weller et al., 2003)에는 그때까지 APOS 기반 연구와 ACE 교수 사이클의 결과가 요약되어 있다.

2.6 RUMEC 그 이후(2003~현재)

2001년 Exxon 연구비 지원이 끝나게 되어 RUMEC 회의를 개최할 수 없었다. 한동안 내부검토는 이루어졌지만, 2003년 공식 조직으로서 RUMEC는 존재하지 않았다. 그런데도 RUMEC의 회원들은 개별 연구를 위한 연구팀을 계속 운영했다. 이러한 "포스트-RUMEC" 연구 중 APOS 이론을 더욱 발전시킨 두 연구가 있다.

첫 번째 발전은 스키마 구조와 관련이 있다. 스키마가 과정이나 다른 스키마에 의해 행동을 가할 수 있는 대상이 된다는 아이디어가 APOS 이론의 발달 초기에 발현되었지만(Dubinsky, 1986b), **스키마의 주제화**thematization of a schema라고 현재 불리는 이 아이디어에 관하여 Cooley et al.(2007) 이전에는 널리 연구하지 않았다. 이러한 스키마의 발달과 상호작용에 대해서는 7장에서 자세히 알아본다.

두 번째 발전은 무한 개념에 대한 학생들의 이해 발달에 관하여 APOS 기반 연구를 한 논문들과 관련이 있다(Weller et al., 2004; Dubinsky et al., 2005a, b, 2008, 2013; Stenger et al., 2008; Brown et al., 2010; Weller et al., 2009, 2011). 이 연구들에 의해 APOS 이론의 새로운 단계로 가능성 있는 전체성이 도입되었는데, 이 단계는 과정과 대상의 사이에 있다. APOS 이론의 초기부터 "전체성totality"과 "전체적 실체total entity"라는 용어가 사용되었으나(Dubinsky, 1984), 대상 단계의 일부로 간주되었을 뿐이다. 분리된 하나의 단계로서 전체성과 그것을 도입한 이유에 대해서는 8장에서 자세히 알아본다.

멕시코 연구팀이 선형대수 개념(벡터공간, 기저, 선형변환, 생성집합, 연립일차방정식)의 학습과 관련된 정신 구조를 연구하고, 이 주제들과 관련된 교육과정 개발을 위한 교수학적 제안점을 만들기 위한 APOS 기반 프로젝트를 현재 수행 중이다(예 Kú et al., 2008; Oktac & Trigueros, 2010; Parraguez & Oktac, 2010; Roa-Fuentes & Oktac, 2010; Trigueros & Oktac, 2005).

2.7 관련된 이론(스파드와 톨의 관점)

더빈스키가 행동, 과정, 대상, 스키마에 관해 발표한 직후, 스파드는 조작적 개념(화)operational conception과 구조적 개념(화) structural conception에 관해 논의를 시작했다(Sfard, 1987). 이것은 나중에 과정과 대상으로 바뀌었다(Sfard, 1991). 그 이후 그레이Gray와 톨은 프로셉트procept개념을 도입하였다. 프로셉트는 세 가지 구성 요소, 즉 과정, 과정에 의해 만들어지는 대상, 그리고 그 과정이나 대상의 표현을 위한 기호의 혼합물이다(Gray & Tall, 1994). 이들 두 이론은 APOS 이론과 공통점이 있지만, 중요한 차이점도 있다. 예를 들면, 이 두 이론 중 어느 것도 행동 또는 (행동에서 과정으로의 내면화처럼) 과정의 구성을 다루지 않는다. 또한 2.4절에서 지적한 것처럼 스키마와 매우 비슷하지만 약간 차이점이 있는 개념 이미지에 대해 Tall & Vinner(1981)는 논의하였으나, 이들 두 이론은 스키마 같은 어떤 것도 언급하지 않는다.

마지막으로 이들 두 이론은 그들의 이론을 수업 설계와 실행에 적용하는 데 중점을 두지 않았다.

CHAPTER

03

정신 구조와 메커니즘: APOS 이론과 수학 지식의 구성

3장에서는 APOS 이론의 정신 구조와 이러한 정신 구조를 구성하는 메커니즘(내면화, 집약화, 협응, 반전, 탈집약화, 주제화, 일반화)의 특성에 대해 논의한다.

3.1절에서는 정신 구조와 정신 메커니즘의 일반적 측면과 개인이 수학 개념을 이해하는 데 요구되는 이들의 역할에 대해 알아본다. 3.2절에서는 이들 정신 구조와 메커니즘을 설명하고, 어떻게 APOS 이론이 개인의 수학 지식 구성을 설명하는지 예를 들어, 알아본다. 3.3절에서는 이 아이디어들을 요약한다.

3.1 예비 지식과 용어

APOS 이론은 수학 개념을 학습하는 방법을 설명하는 한 가지 모델이다. 즉, 개인이 수학 개념에 대한 이해를 정신적으로 구성하는 방법을 설명하는 데 사용되는 이론적 틀이다. 인지적 관점에서 보면 특정 수학 개념은 그것의 **발생적 분해**[genetic decomposition]로 나타나는 구조에 의해 틀이 정해지는데, 여기서 발생적 분해는 개인의 머릿속에서 그 개념이 구성되는 방법을 설명한다. 발생적 분해는 개념의 수학적 형식화와 다르다. 개념의 수학적 형식화는 그 개념이 어떻게 수학적 영역에 위치하게 되었는지, 즉 하나의 수학적 아이디어로서의 역할을 다룬다.

개인은 어떤 정신 **구조**[structures](또는 **구성**[constructions])를 구성하여 사용함으로써 수학적 개념을 이해한다(Piaget & García, 1983/1989). APOS 이론에서 정신 구조는 수학 개념의 학습 단계로 간주된다. 이러한 구조들은 (2장에서 논의한 것처럼) 반영적 추상화에 의해 생겨난다. APOS 이론에서 반영적 추상화[reflective abstraction]는 내면화[interiorization], 집약화[encapsulation], 협응[coordination], 반전[reversal], 탈집약화[de-encapsulation], 주제화[thematization]같은 정신 메커니즘으로 구성되어 있다. 발생적 분해는 이론적으로 가설화 되어 경험적으로 검증되었기 때문에 개인의 수학 사고를 설명하고 예측할 수 있는 강력한 도구로 사용될 수 있다. 발생적 분해는 특정 개념의 학습과 관련된 구조를 자세히 설명함으로써 학습 과정에서 발생하는 어려움의 원인을 교사가 밝히는 데 도움을 준다. 그리고 발생적 분해는 개인의 머릿속에서 개념이 발달하는 방법에 대한 설명을 제공함으로써 수업 설계에 도움을 준다. 4장에서는 발생적 분해에 대해 더 자세하게 알아보고, 5, 6장에서는 수업과 연구에서 발생적 분해의 역할에 대해 자세히 알아본다.

APOS 기반 연구에서 **개념 작용**[conception]과 **개념**[concept]이란 단어를 자주 볼 수 있다. 이 두 용어는 서로 관련 있지만, 다른 아이디어다. McDonald et al.(2000)에서 다음과 같이 구별하고 있다.

> Conception은 개인의 마음속에서 생기는 것(개인의 아이디어나 이해)이고, concept은 공동체에 의해 만들어지는 것(수학자들의 동의를 얻은 개념)으로 둘은 구별된다.(p.78)[1]

1 이 구분에 따라 본 번역서에서는 conception은 개인의 개념 형성을 위한 인지 작용의 의미로 '개인 개념', concept은 '공적 개념'으로 사용한다.-역자주

수학 내용의 특정 부분에 대한 conception은 개인의 반영적 활동의 결과로 생겨난다. concept이란 용어는 수학자 공동체에 의한 그 내용에 대한 집단적 이해를 말한다. 따라서 발생적 분해는 concept과 동일 선상에 있는 개인적 conception의 발달에 대한 모델이다.

3.2 정신 구조와 메커니즘에 대한 설명

이 절에서는 APOS 이론에서 사용하는 정신 구조와 정신 메커니즘에 대해 전반적으로 설명한다. 대수, 미분적분학, 통계학의 여러 수학 개념이 구성되는 과정을 사용하여 어떻게 그 구조와 정신 메커니즘이 발달하는지 설명한다.

Dubinsky(1991)는 정신 구조(행동, 과정, 대상, 스키마)의 구성을 이끄는 5가지 반영적 추상화 또는 정신 메커니즘(내면화, 협응, 반전, 집약화, 일반화)에 대해 설명하고 있다. (2장에서 보았던) [그림 3.1]은 이러한 구조와 메커니즘의 관계를 나타낸다. 8장에는 전체성이 고려된 이 그림의 새로운 버전이 제시되어 있다.

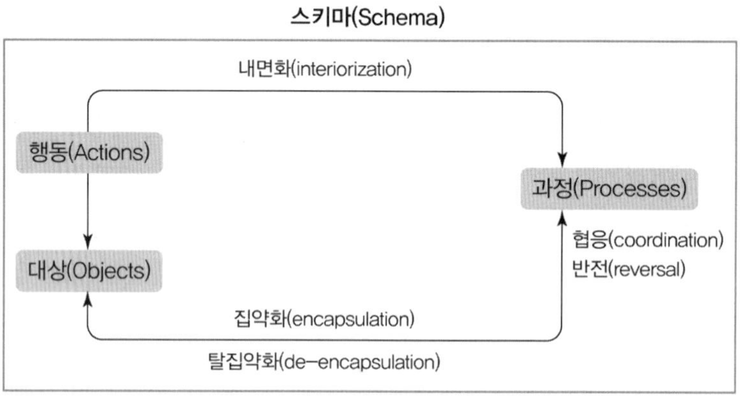

I 그림 3.1 I 수학 지식 구성에 대한 정신 구조와 메커니즘

[그림 3.1]에서 그 구성 요소 사이 상호작용에 대해 다음과 같이 설명할 수 있다.

> … (중략) … 수학 개념의 이해는 이미 구성된 정신적 또는 물리적 대상을 조작하여 행동을 구성하는 것으로 시작된다고 생각한다. 그런 다음 행동은 내면화되어 과정으로 구성되고, 그런 다음 과정은 집약화되어 대상으로 구성된다. 대상은 탈집약화 되어 원래 과정으로 돌아갈 수 있다. 마지막으로 행동, 과정, 대상은 스키마로 구성될 수 있다. (Asiala et al., 1996, p.9)

Dubinsky(1991)는 이 구성 요소들 사이 전반적 관계를 "순환 피드백 체계"로 특징지었다(p.106). 수학 지식이 선형적으로 구성되지는 않지만(4장에서 더 자세히 설명함), APOS 이론은 수학 개념에 대한 정신 구성을 위계적 방식으로 설명한다. 어떤 개념에 대한 이해의 깊이와 복잡성은 그 개념을 구성하는 정신 구조들을 연결하는 개인의 능력에 따라 다르다. 이러한 연결은 스키마의 토대를 형성한다(3.2.5절과 7장에서 자세히 설명함). (3.2.5절과 7장에서 간단하게 설명할) 스키마의 일관성은 그 개념과 관련된 수학적 상황을 이해하는 개인 능력에 좌우된다.

피아제가 사용한 메커니즘인 동화assimilation, 조절accommodation과 일반화 메커니즘은 [그림 3.1]에 나타나 있지 않다. 지식의 동화 작용은 하나의 메커니즘으로, 주체가 이전에 다루어 본 적 없는 새로운 인지적 대상을 이해하기 위해 자신의 인지 구조는 변화시키지 않은 채 그 대상을 인지 구조로 받아들이는 정신 작용을 말한다. 조절 작용은 메커니즘의 하나로, 새로운 상황을 다루기 위해 정신 구조를 재구성하고 변형하는 정신 작용을 말한다. 이들 두 메커니즘은 APOS 이론의 일반화와 관련이 있다.

이 절의 나머지 내용은 각 구조와 그것이 구성되는 방법의 예를 설명한다.

3.2.1 행동

피아제와 APOS 이론에 따르면 개인은 어떤 개념을 처음에는 행동으로 받아들인다. 즉, 이미 수용된 대상에 대한 외부 지향적 변환이다. 행동이 외부 지향적이란 의미는 변환의 각 단계는 외부 지시에 의해 안내되고 명시적으로 수행되어지기 때문이다. 또한 각 단계는 다음 단계의 시작과 연결되어 있으므로 행동의 각 단계는 아직 상상될 수 없고 그 단계를 뛰어넘을 수도 없다. 예를 들면, 함수 개념의 경우 "함수 개념을 생각하려면 명확한 식을 필요로 하고 그 식의 변수에 대입이나 식 조작 정도밖에 할 수 없는 사람은 함수에 대해 행동 수준으로 이해했다고 간주된다"(Dubinsky et al., 2005a, p.338). 따라서, 함수식은 특정한 값을 대입하여 그 행동을 어떻게 수행해야 하는지 단계별로 지시하는 외부 신호와 같은 역할을 한다. 두 함수의 합성을 다루는 경우, 행동 개인 개념을 가지고 있는 사람은 각 함수의 명확한 식을 필요로 하며, 특정한 값에 대한 합성만 생각할 수 있다. Breidenbach et al.(1992)는 "함수가 분할된 정의역을 가지거나 함수식이 주어지지 않은 경우처럼 더 일반적인 상황에서 이런 개인은 두 함수를 합성하지 못할 것이다"라고 한다

(p.251).

행동은 가장 원시적인 구조지만(전통적 교수법에서 유일하게 강조하는 것), APOS 이론에서는 없어서는 안될 기본 구조이다. 행동 개념은 다른 구조의 발달에 반드시 필요하다. 특히, 내면화된 행동에서 과정이 발달하고 행동의 적용에 의해 정신 대상이 발생하기 때문이다. 새로운 행동은 더 높은 구조의 발달로 이어진다. 함수의 경우, 함수에 대해 연산을 수행 하는 것은 대상으로의 함수 개념 집약화를 촉진한다.

행동은 주어진 맥락에 따라 기초적이거나 복잡하다. 예를 들어 알아보자.

- **선형대수에서:** n－tuple의 개념은 지정된 수량의 수를 가져와 특정한 순서대로 수들을 나열하는 행동을 수행함으로써 구성되기 시작한다.

- **통계에서:** 평균의 경우, 주어진 데이터 집합의 평균을 계산하는 행동은 데이터 집합의 정의에 따라 결정된다. 특정 데이터 집합의 평균을 계산하는 방법을 학습한 학생들은 공식으로 지시된 행동에 따라 평균을 구한다. 즉, 각 데이터의 총합을 구하고 데이터의 개수로 총합을 나누는 행동을 한다.

- **미분적분학에서:** 정적분 값을 곡선 아래 넓이로 구하려면 행동이 필요하다. 예를 들면, 정적분 구간을 일정한 크기로 나누고 나눈 구간마다 곡선 아래에 직사각형을 만들어 각 직사각형 넓이를 구하여 그 넓이들을 다 합한다.

3.2.2 내면화와 과정

과정은 내면화 또는 협응 중 하나의 메커니즘에 의해 구성된다. 이들 각 메커니즘은 새로운 과정을 생성한다. 내면화는 이 절에서 설명하고, 협응은 3.2.4절에서 알아본다.

행동을 반복하고 그 반복 행동을 반성하는 경험의 증가에 따라, 개인은 외부 지시에 의존하던 것을 내부적으로 통제할 수 있게 된다. 실제로 해보지 않고도 각 단계를 수행하는 것을 상상할 수 있고 단계를 건너뛰고 역순으로 할 수 있다면 내부적으로 통제할 수 있다고 한다. 내면화는 이러한 정신적 이동을 가능하게 하는 메커니즘이다.

> 행동은 내면화되어야 한다. 우리가 말한 것처럼, 내면화는 행동과 관련된 어떤 내부 구조가 구성되었음을 의미한다. 내면화된 행동은 과정이다. 내면화가 되면 행동을 의식

> 하게 되고, 행동에 대해 반성하게 되고, 다른 행동과 결합할 수 있게 된다. (Dubinsky, 1991, p.107)

같은 의미로 Dubinsky et al.(2005a)는 과정에 대해 다음과 같이 설명하고 이를 함수에 적용하였다.

> 개인이 행동을 반복하고 반성하면서 행동은 정신 과정으로 내면화될 수 있다. 과정은 내면화되는 행동과 동일한 조작을 수행하지만 완전히 개인의 머릿속으로만 조작을 수행하는 정신 구조이다. 따라서 과정은 각 단계를 명시적으로 수행하지 않고도 개인이 변환을 상상할 수 있게 한다. 따라서 예를 들어, 함수에 대해 Process 수준으로 이해한 개인은 주어진 함수에 대해 임의의 입력과 이 입력의 변환에 의한 출력을 생각하는 정신 과정을 구성한다. (p.339)

특정 개념과 관련된 행동과 과정은 같은 변환을 포함할 수 있지만, 행동은 그 변환을 (물리적이든 정신적이든) 실제로 수행해야 하고 과정은 각 단계를 거칠 필요 없이 그 변환을 수행할 수 있다는 점이 다르다. 예를 들어 알아보자.

- **선형대수에서**: n−tuple의 구성과 관련된 행동이 과정으로 내면화되면, 그 개인은 n이 구체적이지 않더라도 정신적으로 n−tuple을 구성할 수 있다. 그리고 무한 차원 공간을 포함하는 어떤 벡터공간에서 n−tuple의 구성을 생각할 수도 있게 된다. 또한 개인은 tuple의 원소가 반복되더라도 그 순서는 변하지 않는다는 점을 고려할 수 있게 된다.

- **통계에서**: 평균의 경우 학생들이 어떤 데이터 집합의 평균을 구하는 방법을 설명할 수 있고, 평균이 그 수 집합의 전체적 특성을 나타낸다는 아이디어를 이해할 수 있을 때, 주어진 자료의 평균을 구하는 행동이 과정으로 내면화되었다고 할 수 있다(Mathews & Clark, 2003).

- **미분적분학에서**: 정적분에서 임의의 부분에 대한 리만합을 구하는 방법을 설명할 수 있고, 부분 구간의 최대길이를 아주 작게 줄이는 과정을 상상할 수 있을 때, 특정 부분의 리만합을 구하는 행동이 과정으로 내면화되었다고 할 수 있다.

3.2.3 집약화와 대상

집약화는 과정에 행동을 적용할 때 일어난다. 즉, 동적 구조(과정)를 행동이 적용되는 정적 구조로 볼 때 일어난다. Dubinsky et al.(2005a)는 다음과 같이 설명한다.

> 개인이 과정을 하나의 전체로 인식하게 되면, 그리고 변환을 그 전체에 행할 수 있음을 깨닫고 이러한 변환을 (명시적으로 또는 상상 속에서) 실행할 수 있다면, 그 개인은 과정을 인지적 대상으로 **집약화**encapsulation한 것이다. 함수 개념의 경우, 함수 개념이 집약화되면 개인은 여러 함수로 집합을 만들고, 이 집합에 연산을 정의하고, 이 집합에 대한 위상을 구성하는 등 함수에 대한 변환을 적용할 수 있다. (p.339)

다음은 과정을 집약화하는 예이다.

- **선형대수에서**: n－tuple을 비교하고, n－tuple에 대해 이항 연산을 하는 것은 n－tuple에 대한 행동이라 볼 수 있다. 이러한 행동들을 성공적으로 적용하려면 n－tuple을 구성하는 과정은 대상으로 집약화되어야 한다.
- **통계에서**: 평균을 데이터에 대한 정보를 제공하는 여러 대푯값(중심경향치) 중 하나로 생각해서 평균의 성질(행동)들을 알아내기 위해서는 평균을 구하는 과정은 정신 대상으로 집약화되어야 한다(Mathews & Clark, 2003).
- **미분적분학에서**: 폐구간에 대한 함수 그래프 아래의 넓이는 리만합의 극한(리만합 과정에 적용된 행동)이다. 이 극한의 존재를 결정하고 이 값을 계산하려면 리만합 과정을 대상으로 집약화할 필요가 있다.

여러 APOS 기반 연구에 따르면 집약화 메커니즘이 가장 어렵다. 예를 들어, 통계학 기본 정리에 대한 학생들의 개인 개념에 대한 연구에서 Clark et al.(2007)는 다음과 같이 결론 내렸다.

> 그렇지만 평균에 대한 Process 수준의 이해를 넘어서는 것은 훨씬 더 어렵다. 이 연구에 참여한 학생 3명은 평균에 대한 Process 수준의 이해를 넘어서지 못했다. 이 학생들은 필수 행동들을 수행할 수 있었고, 평균을 계산하는 과정을 설명할 수 있었고, 또한 그 과정을 거꾸로 하는 것도 가능했지만, 평균을 하나의 실체로 생각하지는 못한 것 같다. 이 학생들은 과정을 통해 나온 결과에 어떠한 행동도 가할 수 없었고, 자신들이 구한 평균과 평균의 의미 있는 성질을 관련짓지도 못했다. (p.5)

Trigueros & Martínez-Planell(2010)의 이변수함수에 대한 정신 구조 연구에 참여한 학생 중 대상에 대한 개인 개념을 구성한 학생은 딱 한 명이었다.

스파드도 '실재화(reification, APOS 이론의 집약화와 비슷함)에 내재된 어려움'에 대해 다음과 같이 말했다.

> 익숙한 무언가를 완전히 새로운 시각으로 보는 능력은 결코 쉽게 얻어지지 않는다. 과정이 대상으로 전환될 때 발생하는 어려움은 어떤 의미에서 어떤 과학적 패러다임에서 다른 패러다임으로 전환되는 동안 경험하는 어려움과 같다. (Sfard, 1991, p.30)

5장에서 볼 수 있듯이 APOS 기반 수업은 이러한 어려움을 극복하는 데 상당한 성공을 거두었다.

3.2.4 탈집약화, 과정의 협응과 반전

일단 과정이 정신 대상으로 집약화되고 나면 필요한 경우 대상은 원래 과정으로 **탈집약화**[de-encapsulated]될 수 있다. 다시 말해, 탈집약화 메커니즘에 의해 개인은 대상을 그 대상이 생성되었던 이전 과정으로 되돌릴 수 있다.

일부 대상의 구성에서 **협응**[coordination]메커니즘은 없어서는 안 된다. 두 대상은 탈집약화를 통해 과정이 되고, 그 과정들의 협응으로 구성된 과정은 집약화되어 새로운 하나의 대상이 된다.

이런 일이 일어나는 경우가 함수의 합성에서이다. $F \circ G$를 구하기 위해서 두 함수 F와 G를 합성하려면, 대상인 두 함수는 그 대상이 생성되었던 과정으로 탈집약화되어야 한다. 이렇게 탈집약화된 두 과정은 함수 G 과정을 적용하여 구한 식이나 값에 함수 F 과정을 적용함으로써 협응된다. 협응의 결과인 과정은 새로운 대상으로 집약화된다.

[그림 3.1]에서 보듯이 과정은 반전될 수 있다. 예를 들면, Dubinsky(1991)는 역함수를 구하기 위해 어떻게 함수 과정의 순서를 반대로 바꾸어 역함수를 구할 수 있는지 설명하였다.

> 개인이 전사 함수를 이해하는 것은 함수 Process의 전체성에 대한 반성으로 가능하다. 함수 Process에 대한 반성과 그 Process의 반전은 일대일함수 아이디어와 관련되어 있다고 볼 수 있다. (p.115)

전단사함수 아이디어가 정신에 구성되고 반전 메커니즘이 작동하여 역함수 아이디어가 생긴다.

함수의 합성과 관련된 다음 세 문제는 수학적으로 비슷하다.

1. 함수 F와 G에 대하여 $H = F \circ G$가 성립한다. 이때 함수 H를 구하시오.
2. 함수 G와 H에 대하여 $H = F \circ G$가 성립한다. 이때 함수 F를 구하시오.
3. 함수 F와 H에 대하여 $H = F \circ G$가 성립한다. 이때 함수 G를 구하시오.

그렇지만 인지적 관점에서 이 문제들은 다르다.

Ayers et al.(1988)는 2번과 3번 문제 풀이에서 "과정의 반전이 필요하다"(p. 254)고 한다. 더빈스키는 그 차이에 대해서 다음과 같이 설명한다.

> 문제 1은 개인에 내면화된 두 과정의 협응만 필요하다.
>
> 그렇지만 문제 2는 함수 H의 정의역의 각 x에 대하여 다음을 수행해야 한다.
>
> 2a. $H(x)$를 구하기 위한 함수 H의 x를 결정하시오.
> 2b. $G(x)$를 구하기 위한 함수 G의 x를 결정하시오.
> 2c. $G(x)$를 $H(x)$로 변환시키는 과정을 서술하시오.
>
> 문제 3은 함수 H 정의역의 각 x에 대하여 다음과 같이 수행하여 해결될 수 있다.
>
> 3a. $H(x)$를 구하기 위한 H의 x를 결정하시오.
> 3b. 함수 F의 과정에 의해 y는 $H(x)$에 대응된다. 이때 y의 값을 구하시오.
> 3c. 임의의 x를 이러한 y로 변환시키는 과정을 구성하시오.
>
> 문제 2b를 문제 3b와 비교하면 2b는 함수 G의 과정을 그대로 적용하는 반면 문제 3b는 함수 F 과정의 순서를 거꾸로 바꾸어야 한다. 경험적으로 볼 때, 그리고 인식론적으로 볼 때 두 문제(문제 2와 3)에서 나타나는 어려움의 차이가 두 문제에 대한 수학적 분석과 상관없다는 사실이 흥미롭다. 이 두 문제는 각각 $H \circ G^{-1}$와 $F^{-1} \circ G$의 계산이므로 수학적 관점에서 보면 이들 문제는 어려움에 차이가 없다. 이는 한 문제에 대한 심리적 특성과 수학적 특성이 같지 않음을 나타내는 또 다른 중요한 예이다 (cf. p. 113).

> 아동들의 산수 능력 발달에서 생기는 상대적 어려움도 과정의 반전으로 설명될 수 있다. Riley, Greeno & Heller(1983, p. 157)에 따르면, "첫 번째 수(?+a=b)나 두 번째 수(a+?=b)를 구해야 하는 문장제 문제가 연산 결과(a+b=?)를 구하는 식으로 표현된 문제보다 더 어렵다" 처음 두 문제는 세 번째 문제에서 바로 적용할 수 있는 과정의 반전과 관련이 있다. (Dubinsky, 1991, p.118)

반전의 또 다른 예로 Dubinsky(1991)는 적분과 관련된 예를 통해 반전 메커니즘에 의한 새로운 과정의 생성을 설명하였다.

> 미분적분학을 공부하는 학생들은 어떤 함수의 도함수 구하는 행동을 내면화했을 수 있으며 미분적분학 강좌에서 배운 다양한 기법들을 사용하여 여러 함수의 도함수를 성공적으로 구할 수 있을 것이다. 도함수 구하는 과정이 내면화되면, 그 학생은 함수가 주어진 문제를 해결하기 위해 도함수 구하는 과정의 순서를 거꾸로 할 수 있으며 이것은 주어진 함수가 도함수인 함수를 찾고자 하는 것이다. (p.107)

협응 메커니즘에 대해, 특히 협응이 어떻게 정신적으로 일어나는지에 대해 현재 연구가 진행 중이다. 두 과정 P_A와 P_B의 협응을 P_B에 P_A를 적용하는 것으로 생각할 수 있다는 가설이 세워졌다(그림 3.2). 이런 적용이 가능하려면 학습자는 먼저 과정 P_A를 적용할 수 있도록 과정 P_B를 대상 O_B로 집약화해야 한다. 이렇게 집약화가 되면, 협응은 다음과 같은 방식으로 계속 진행된다. O_B가 동화되어 O_B에 P_A를 적용할 수 있게 되거나, 그 학습자가 O_B에 P_A를 적용할 수 있도록 P_A를 조절하여 협응이 일어난다. 비슷한 방식으로 P_A에

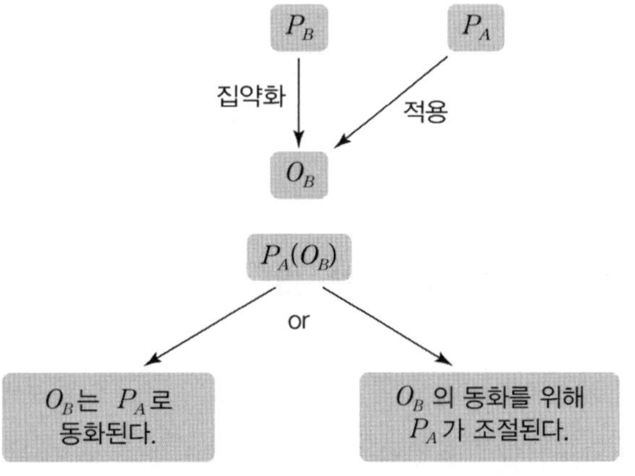

❙ 그림 3.2 ❙ 두 과정 P_A와 P_B의 협응

P_B를 적용할 수도 있다. 협응이 실제로 이러한 방식으로 발생하는지는 앞으로 연구해야 할 주제이다.

3.2.5 주제화와 스키마

3.2절의 [그림 3.1]은 스키마를 발생시키는 구성 요소들의 상호작용을 나타내고 있다. Dubinsky(1991)에 따르면, 스키마는 역동성과 연속적 재구성을 특징으로 하는데, 이러한 특징은 수학적 상황에서 주체의 수학적 활동에 의해 결정된다. 스키마의 일관성은 특정한 수학적 상황을 다루기 위해 그 스키마를 사용할 수 있는가를 판단하는 능력으로 결정된다. 일단 구조들(행동, 과정, 대상, 다른 스키마)이 망으로 연결되어 일관성 있는 집합체로 스키마가 구성되면, 스키마는 정적 구조(대상)로 변환될 수 있고, 관련된 다른 대상이나 스키마와 동화될 수 있는 동적 구조로 사용될 수도 있다.

예를 들면, 벡터공간에 대한 스키마에는 대상인 n−tuple과 행렬이, 그리고 과정으로 다항식과 함수가 포함되어 있다. 이러한 모든 구조는 일부 성질을 공유한다는 점에서 서로 연계되어 있다. 여기서 서로 공유하는 것으로는 벡터공간을 정의하는 공리 집합을 만족하는 성질 등이 있다. 그 스키마를 주어진 상황에 적용할 수 있는지 결정하기 위해 개인이 사용하는 벡터공간의 수학적 정의에 따라 이 스키마의 일관성이 좌우된다. 정신 대상으로서 스키마의 형성는 주제화 메커니즘을 통해 이루어진다. 이 주제화 메커니즘으로 개인은 스키마 구조를 변환시킬 수 있다.

따라서 스키마는 수학 개념과 관련하여 개인이 구성한 정신 구조를 설명하고 조직하고 그 개념의 예들을 가지고 있는 하나의 구조이다. 스키마 발달에 관한 연구는 많지 않으며 스키마가 어떻게 발달하고 적용되는지를 이해하기 위해 더 많은 연구가 필요하다. 스키마의 발달과 적용뿐 아니라 스키마의 주제화에 대해서는 7장에서 더 자세히 알아본다.

3.3 구조와 메커니즘에 대한 개요

수학 개념은 추상적이므로 직접 경험을 통해 구성되지 않기 때문에 개인은 수학 개념을 이해하기 위해 그 개념에 해당하는 정신 구조의 구성이 필요하다(Piaget & García, 1983/1989). APOS 이론에 따르면 개인은 수학 개념을 이해하기 위해 정신 구조를 구성하고 적용함으로써 수학적 문제 상황을 다룬다. 이를 위해서 기존에 형성한 구조를 (행동이나 과정을 통해) 변환하는 정신 활동이 일어난다. 그리고 이들 변환은 집약화 메커니즘을 통해 새로운 Object가 된다. APOS 이론은 개념의 이해에 필요한 구조가 구성된다면 개인은 어떠한 수학 개념도 학습할 수 있다는 전제를 바탕으로 한다(Dubinsky, 1991).

APOS 이론을 구성하는 각각의 구조는 정신 메커니즘을 통해 구성된다. 다시 말해, 행동은 정신 과정으로 내면화되고, 과정은 인지 대상으로 집약화된다. 과정이 반전되어 다른 과정을 구성할 수 있고 두 과정이 협응하여 새로운 과정을 형성할 수 있다. 이렇게 함으로써 스키마는 인지 대상으로 주제화된다고 할 수 있다. 비가산 무한 Process에 대한 연구에서 Stenger et al.(2008)는 구조와 메커니즘이라는 용어와 이 두 용어 사이 관계에 대해 다음과 같이 설명한다.

> 정신 구조는 개인이 수학적 상황을 이해하는 데 사용하는 상대적으로 안정화된(발달하기도 하지만) 구조(즉, 머릿속에 구성된 어떤 것)이다. 정신 구조는 그 구조가 어디에서 시작되었는가를 기원으로 한다. 정신 메커니즘은 개인이나 집단의 머릿속에 정신 구조가 발달하게 하는 수단이다. (p.98)

이 장에서 설명하는 수학 지식의 구성은 가장 기초적 구성을 만드는 것이 더 튼튼한 구조의 구성에 얼마나 필수적인지 보여준다. 정신 구조와 구조의 구성 메커니즘은 기존 구조에 행동을 가하여 새로운 구조를 구성하는 나선형 방법을 따른다. 이러한 아이디어는 2.1절과 2.2절에서 자세히 설명되어 있다. Dubinsky(1997)는 피아제의 아이디어를 언급하며 다음과 같이 말했다.

> 일단 구성된 대상은 더 높은 수준의 행동을 만들기 위해 변환될 수 있고, 그 행동은 과정이 된다. 그리고 이는 무한히 반복된다. 또한 더 높은 수준의 새로운 문제 상황을 경험하면서 더 정교한 행동을 내면화하고 더 풍부한 과정을 집약화하여 모든 행동, 과정, 대상은 재구성된다. 더 낮은 수준의 구성은 사라지지 않고 더 풍부한 개념의 일부로 남는다. (p.98)

CHAPTER 04

발생적 분해

과학적 연구의 궁극적 목적은 다양한 현상들을 설명하거나 예측하기 위한 이론이나 모델을 개발하는 것이다(Woodward, 2003). 앞 장에서 논의한 것처럼 학생의 수학 학습에 관한 연구는 학생들이 특정한 수학 개념에 대해 무엇을 학습하는지 그리고 어떤 조건에서 학습이 일어나는지 예측하는 데 도움이 된다. 이는 수학교육 연구에서 중요한 측면이며, APOS 이론의 역할 중 하나이다.

일단 이론을 구성하는 주요 개념이 정의되면 모델은 그 개념들이 어떻게 관련이 있고 발달하는지를 설명한다. 모델은 실험을 통해서 검증될 수 있는 작업 가설을 세우는 기초를 제공한다. APOS 이론에서 발생적 분해는 이러한 역할을 한다.

4장에서는 특정 수학 개념 학습에 필요한 정신 구조에 대한 가설 모델로서 발생적 분해의 역할에 대해 알아본다. 4.1절에서는 발생적 분해가 무엇인지, 그것의 중요성과 가치에 대해 소개한다. 4.2절에서는 발생적 분해 설계의 복잡성에 대해, 4.3절에서는 연구에서 발생적 분해의 역할에 대해 알아본다. 4.4절에서는 특정 개념에 대한 발생적 분해가 유일한지에 대해 알아본다. 4.5절에서는 수업 활동 설계(5장에서 더 논의함)와 진단 도구로서 발생적 분해가 어떻게 사용되는지 알아본다. 4.6절에서는 발생적 분해의 정교화에 대해 설명한다. 그리고 이 장은 발생적 분해에 대해 일반적인 오류와 오해의 몇 가지 예로 끝을 맺는다.

4.1 발생적 분해란?

발생적 분해는 특정 수학 개념을 학습하기 위해 학생이 구성해야 하는 정신 구조와 메커니즘을 설명하는 가설 모델이다. 어떤 개념에 대한 발생적 분해는 그 개념을 학습하고 가르친 연구자의 경험과 APOS 이론에 대한 지식 및 수학적 지식, 그 개념에 대한 선행 연구, 그리고 그 개념에 대한 역사발생적 지식에 기초한 가설에서 시작한다. 실험으로 검증되기 전까지 발생적 분해는 가설이며 **예비 발생적 분해**preliminary genetic decomposition라 부른다.

새로운 수학 개념은 대부분 기존 개념을 변환하여 만들어진다. 그렇기 때문에 발생적 분해는 학생이 기존의 정신 대상에 수행해야 할 필요가 있는 행동들을 설명하고, 어떻게 이 행동들이 과정으로 내면화될 수 있는지에 대한 기술로 이루어져 있다. 이때까지도 그 개념은 개인이 행하는 어떤 것의 수준에 머물러있다. 그 어떤 것이 그 자체로 하나의 실체로 인식되고, 변환될 수 있으려면 과정은 정신 대상으로 집약화되어야 한다. 한 가지 개념이 서로 다른 여러 행동, 과정, 그리고 대상으로 구성될 수 있다. 발생적 분해는 이들 구조가 어떻게 스키마라는 더 큰 정신 구조와 관련되어 조직되는지에 대해 설명할 수 있다. 스키마에 대한 설명은 어떻게 스키마가 대상으로 주제화되는지를 설명한다. 또한 학생들의 정신 구성 발달에서의 차이는 이들의 수행 예측 정도로 나타나는데 발생적 분해는 이 차이 정도에 대한 모든 것을 설명한다.[1]

어떤 개념이 정신적으로 구성되는 방법에 대한 설명뿐 아니라 발생적 분해는 미리 구성해야할 필요가 있는 선행요건 구조에 대한 설명을 포함하고 있어 학생들의 수학적 수행에서 나타나는 다양한 변이를 학생들의 정신 구성의 발달 차이로 설명해준다. 따라서, 발생적 분해는 수학 개념에 대한 인식론적, 인지적 모델이다(Roa－Fuentes & Oktac, 2010).

예비 발생적 분해를 참고로 수업안을 개발할 수 있다(5장 참조). 이 예비 발생적 분해

1 일부 연구자들은 수학 개념을 학습할 때 학생들이 따라야 할 특정한 순서를 설명하기 위해 '인지 경로cognitive path'라는 용어를 사용한다. 인지 경로는 학생들로부터 수집된 자료를 바탕으로 만들어진 특정한 통계적 방법으로 찾는다(Vinner & Hershkowitz,1980). 인지 경로는 그 개념의 수학적 관점에 초점을 두고 학습 과정을 설명한다. '인지 경로'와 '발생적 분해'는 서로 비슷해 보이지만 초점과 내용 면에서 다르다.
인지 경로는 그 개념을 수학적으로 분석하여 선형적 인지 발달 진행을 제시한다. 선형적 단계 대신 APOS 이론의 발생적 분해는 그 구조를 구성하는 정신적 구조와 메커니즘에 대해 설명한다. 인지 경로와 혼동하는 것에 대해 이 장의 마지막에 설명한다.

에 따라 수업 실행 후 서면 측정 도구나 심층 면접을 통해 이 분해의 개선에 대한 다양한 자료를 수집할 수 있다. 자료 분석에서 두 문제가 제기된다. (1) 학생들은 발생적 분해에서 요구하는 정신 구조를 만들었는가? (2) 연구 참여 학생들은 그 수학 내용을 얼마나 잘 학습하였는가? 이 질문에 대한 답에 따라 발생적 분해와 수업 또는 둘 중 하나가 수정될 수 있다. 이 시점이 되면 발생적 분해는 더 이상 예비적인 분해가 아니다. 이 분해에 대한 각각의 수정은 수업에 대한 수정으로 이어진다. 이 수정된 수업은 다시 새로운 데이터를 분석할 기회를 제공한다. 이론적으로 말해, 정교화 → 수정 → 자료 분석의 사이클을 통해서 많은 개인이 소유한 그 개념의 인지 구조에 매우 가까운 형태의 발생적 분해를 얻을 수 있고, 이 발생적 분해는 학생들의 학습에 긍정적인 영향을 주는 수업을 설계하는 데 사용될 수도 있다.

몇 가지 분명히 할 점들이 있다. APOS 이론에서 말하는 학생은 어떤 특정한 학생을 언급하는 것은 아니다. 그 개념을 학습하는 학생 집단의 대표인 '일반 학생'쯤으로 생각한다. 또한 발생적 분해가 유일한 것처럼 느껴질 수 있다. 그러나 4.4절에 밝힌 것처럼 어떤 수학 개념에 대한 발생적 분해는 유일하지 않다. 중요한 점은 발생적 분해는 실험 설계에서 수집된 데이터의 분석을 통해 추론된 정신 구조를 예측한다는 점이 중요하다 (Dubinsky, 1991).

어떤 개념의 발생적 분해를 선형적으로 설명하기 때문에 그 개념이 선형적으로 발달한다고 생각할 수 있다. 그러나 이는 단지 설명을 위한 것으로 학습의 다른 경로를 반영한 것은 아니다. 또한 일단 발달 되고 난 정신 구조라 하더라도 필요할 때마다 항상 사용하지 못할 가능성이 있음을 APOS 이론이 보여준다. 따라서, 발생적 분해는 개인의 머릿속에서 어떤 일이 발생하는지는 아무도 알 수 없으므로 이를 설명하지 않는다. 다시 말해, 필요한 상황에 맞게 해당 정신 구조를 학생이 적용할지 여부를 예측하는 것도 아니고 수학이 어떻게 학습되는지에 대해 유일무이한 이론적 분석을 제공하는 것도 아니다. APOS 이론은 학생들이 다른 학습 경로를 찾거나 다른 궤도를 따를 수 있음을 인정한다. 그 이유는 학생들 각자에 따라 과정에서 행동으로 가서 다시 원래 과정으로 돌아가기도 하고 대상에서 과정으로 갔다가 다시 원래 대상으로 돌아가기도 하기 때문이다. 개인마다 학습 경로가 이렇게 다름에도 불구하고 발생적 분해는 그들이 어떤 개념을 학습할 때 구성해야 하는 구조를 설명하는 것이 발생적 분해이다. 경험적으로 검증될 때, 발생적 분해는 유용한 인지 모델을 제공하게 된다. APOS 이론이 학생들의 개인 개념을 설명하고 효과적인 수업을 설계하는 도구로서 얼마나 효과적인지는 많은 경험적 연구를 통해 실제로 입증되었다(Weller et al., 2003).

이 장의 나머지 부분에서 발생적 분해의 예를 제시한다. 이 절에서는 예비 발생적 분해의 예를 제시하고, 연구 자료를 바탕으로 발생적 분해의 몇 가지 정교화에 대해 알아본다.

4.1.1 함수에 대한 발생적 분해 (Dubinsky, 1991)

함수 개념의 구성은 집합에 대한 Action에서 시작한다. 순서쌍, 점 또는 비수치적 대상과 같은 여러 종류의 집합에 이들 Action이 수행되기 때문에 개인은 그 행동들을 반성하고 그 Action들을 동적 변환으로 인식한다. 이 시점에서 함수를 정의역 집합의 원소와 치역 집합의 원소로 쌍을 만드는 유형의 변환으로 보기 시작하면서 내면화가 시작된다. 이는 개인이 동일한 변환을 행동으로 수행하는 정신 구조를 완전히 머릿속에 구성했다는 의미이다.

함수에 대해 과정 단계의 이해를 구성한 개인은 입력값을 가지고 약간의 식 조작을 하고 분명한 계산 없이 출력값을 구한다는 것으로 함수를 생각할 수 있다. 함수 과정에 대한 반전(역대응)이 필요한 역함수의 존재를 결정하는 능력의 여부 그리고 함수 과정의 협응이 요구되는 두 함수의 합성 방법을 설명하는 능력의 여부가 함수에 대한 과정 단계의 이해를 구성했음을 입증한다.

함수 Process에 행동이나 다른 과정을 적용하는 것은 함수 Process에서 인지적 Object로의 집약화를 이끈다. 집약화 메커니즘은 함수 개념에 대한 학습자의 초점을 동적 실체에서 정적 실체로 이동시킨다. 집약화가 되었다는 지표에는 함수의 집합을 만드는 능력, 함수의 연산을 하는 능력, 함수열의 극한을 구성하는 능력이 등이 있다. 처음에 개인은 함수를 하나의 원소로 취급하고, 두 번째는 이항 연산을 적용할 수 있는 대상으로 취급하고, 그리고 세 번째 함수열을 만드는 무한 과정의 무한 대상으로 다룬다. 이러한 각 경우에 함수는 행동이 적용되는 정적 실체로 다루어진다.

두 실체 사이 관계를 함수 관계로 정의할 수 있는지 판단할 수 있고, 함수의 정의역과 치역을 결정하기 위해 여러 과정을 협응할 수 있는 개인은 함수 Schema를 구성했다는 증거로 볼 수 있다. 함수 Schema의 일관성은 특정한 수학 상황을 함수 관계로 정의할 수 있는 능력 여부로 알 수 있다.

4.1.2 귀납법에 대한 발생적 분해(Dubinsky, 1991, pp.109~111)

귀납법에 대한 발생적 분해는 함수와 논리에 대한 Schema가 사전에 구성되어 있다고 가정한다. 함수 Schema에는 정의역의 어떤 값에 대한 함숫값을 계산하는 Process가 포함되어 있다. 논리 Schema에는 일차 명제 계산에서 문장을 구성하는 능력이 포함되어 있다. 예를 들어, 개인은 논리적 필연성에 대한 Process를 구성한다. 즉, 특정 상황에서 개인은 A가 참이면 B도 참이라는 것을 이해한다. [그림 4.1]은 귀납법에 대한 정신 발달을 첫 시작점부터 보여주고 있다. 이 절의 남은 부분에서 더 자세히 알아본다.

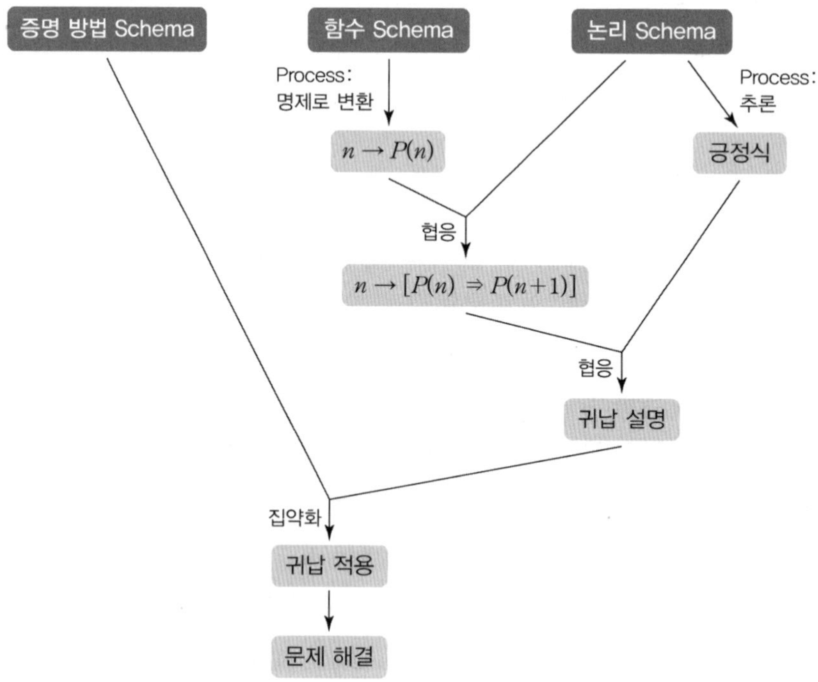

▎그림 4.1 ▎ 수학적 귀납법 개념에 대한 발생적 분해(Dubinsky & Lewin, 1986)

일반적으로 위에서 설명한 논리 Schema의 일차 명제는 선언문(대상)에 대한 행동(논리곱, 논리합, 함의, 부정)이 내면화되어 형성된 과정이다. 예를 들어, 논리합 $P \vee Q$는 두 선언문 P, Q에 대한 행동으로 설명될 수 있다. 그 행동은 논리합 기호를 단순히 넣는 것을 뛰어넘어 두 선언문의 정신 이미지를 구성하고, 여러 상황에서 그 논리합의 참, 거짓을 판단하는 것까지 포함한다. 내면화를 통해 그 행동은 두 선언문의 논리합을 구성하는

Process로 변환된다. 이 행동이 내면화된 후에 더 이상 아무것도 하지 않는다면 그 논리합이 다른 선언문과 결합하는 것은 불가능하다. 구체적으로 말하면, 논리합 $P \vee Q$와 선언문 R을 결합시켜 선언문 $(P \vee Q) \wedge R$을 만들려면, 선언문 R과 결합시킬 수 있는 새로운 대상 $(P \vee Q)$를 구성하기 위해 논리합 과정이 집약화되어야 한다. 따라서, 일반적으로 선언문에 적용하는 논리곱, 논리합, 함의, 부정의 행동은 내면화되어야 하며 더 복잡한 일차 명제를 구성하기 위해 대상으로 집약화되어야 한다[여기서 집약화에 해당하는 수학 기호인 괄호의 사용에 주의 필요(Dubinsky & Lewin, 1986)]. 이 절차를 반복하는 가운데 주체의 논리 Schema가 강화되고 이로써 임의의 복잡성을 가지는 일차 명제를 구성하는 여러 새로운 대상을 구성하게 된다.

함수 Schema는 양의 정수를 명제로 변환시키는 과정을 구성할 수 있도록 조절되어야 한다. 즉, 양의 정수에 대한 명제함수를 구할 수 있도록 조절되어야 한다. 예를 들어, "3달러 칩과 5달러 칩만으로 주어진 금액을 나타낼 수 있다"라는 명제에 대해 생각해보자. 이 명제의 의미를 이해하기 위해서 주체는 명제에서 '주어진 금액' 대신에 n을 두는 Process를 구성할 수 있어야 한다. 이는 명제함수이다. 함숫값(명제의 참 또는 거짓)을 구하기 위해 주체는 주어진 n에 대하여 $n=3j+5k$를 만족하는 음이 아닌 정수 j, k를 찾을 수 있는가를 판단하는 또 다른 과정을 구성해야 한다. 이 과정은 주체가 이 함수의 함숫값이 $n=3, 5$일 때 참이고, $n=2, 4, 6, 7$일 때 거짓이며, 그 이상의 모든 수에 대해서 참이라는 사실을 발견하는 데 유용하다.

수학적 귀납법에 의한 증명 구성하는 단계들에는 함의 과정의 집약화가 필요한데 이 집약화는 함수의 정의역과 치역의 대상이다. 그런 다음 함의함수뿐만 아니라 양의 정수에 대한 명제함수에서 이 명제함수에 대응하는 함의함수로 옮겨 가는 과정의 내면화가 함수 Schema의 후속 동화 작용에 의해 진행된다.

논리 Schema에는 긍정식이라는 과정이 포함되어야 한다. Object로 집약화된 이 Process는 함의에 적용한 행동의 내면화이다. 그 행동은 가정에서 시작해서 가정이 참인지 판단하고 그 다음 그 결론이 참임을 주장하는 순서로 일어난다. 이 과정이 구성되면 학생들은 (명제함수 P로부터 구한) 함의함수 Q에 적용되는 함수 Schema와 긍정식 과정에 적용되는 논리 Schema를 협응시킬 수 있다. 이는 함수 $n \rightarrow Q(n)$의 구성으로 이어진다. 여기서, n은 양의 정수이고 Q는 n을 $P(n) \Rightarrow P(n+1)$로 변환시키는 함의함수이다. 양의 정수를 정의역으로 하는 양의 정수 n에 대하여 함수 Q의 값을 결정한다. 이 경우에는 $P(n) \Rightarrow P(n+1)$의 참, 거짓을 판단하는 것과 관련이 있다. 만약 Q가 참이라고 확인되면 이 새로운 Process의 첫 단계는 1에서 P값을 정하고, $P(1)$이 참임을 결정한다(또는 더 일반적으로 말하자면 $P(n_0)$가 참인 경우가 성립하지 않는 n_0를 찾는다). 그런 다음 $P(1) \Rightarrow P(2)$를 얻기 위해 1에 대한 함수 Q의 값을 정한다. 긍정식과 $P(1)$이 참이라는 사실을 적용하면 주장 $P(2)$가 만들어진다.

함숫값을 정하는 Process를 함수 Q에 다시 적용하는데 이번에는 $n=2$에 대해 $P(2) \Rightarrow P(3)$를 구한다. 긍정식에 의해 다시 주장 $P(3)$가 나온다. 이 사이클은 긍정식 Process와 함숫값 결정 Process를 번갈아가며 무한 반복된다. 이는 무한 Process로 이어지는 두 Process의 다소 복잡한 협응을 만든다. 이 무한 Process는 집약화되고, 새로운 대상(수학적 귀납법을 이용한 증명)으로서 증명 Schema에 추가된다. 이 발생적 분해에 대한 설명에서 더빈스키는 학생들이 이들 Schema를 반드시 인지할 필요는 없다고 지적했다. 즉, 주체는 그 결과가 참인 명제인가를 알아보기 위해 그 문장에 양의 정수를 넣어보는 관점에서 생각할 수 있으면 된다. 자신이 명제함수나 함의함수를 가지고 활동하고 있다는 사실을 반드시 인지할 필요는 없다는 것이다. 학생의 함수 Schema 발달은 학생의 Action으로만 추론할 수 있다(Dubinsky, 1991). 비슷한 맥락에서 더빈스키는 "이러한 구성을 설명할 때, 이 이론의 맥락에서 우리가 존재하는 Schema에 대해 말하고 있는지, 지금 (재)구성되고 있는 Schema에 대해 말하고 있는지 확실하지 않다는 점을 반복해서 말하고 있다"고 강조한다(p. 112).

이 발생적 분해는 수학적 귀납법을 순수 수학적 관점에서 고려할 때는 드러나지 않는 인지적 단계를 밝혀준다는 점에서 흥미롭다. 이렇게 드러나지 않는 인지적 단계가 학생들에게 심각한 어려움을 초래한다고 연구자들은 지적한다. 구체적으로 말해, P가 증명할 명제함수라면 $P(n)$은 임의의 명제가 될 수 있으며 특히, 함의가 될 수도 있다. 수학적 관점에서 명제함수 Q를 다음과 같이 정의하는 것은 전혀 새롭지 않다.

$$Q(n) = P(n) \Rightarrow P(n+1)$$

즉, P를 이해했다면 특별한 경우로 Q를 이해하면 된다. 그러나 인지적 관점에서는 그렇지 않다. 함의는 학생들에게 가장 어려운 명제이며 일반적으로 제일 마지막에 집약화된다. 게다가 주어진 명제로부터 명제함수 P를 구성하는 것과 P로부터 함의함수 Q를 구성하는 것에는 차이가 있다. 인지적 관점에서 P로부터 Q의 구성은 "반드시 해야 하는 단계이다"(Dubinsky, 1991, p. 109).

4.2 발생적 분해의 설계

발생적 분해에 대해 궁금한 점은 발생적 분해의 설계이다. 특히, 발생적 분해를 어떻게 설계하고, 설계할 때 무엇이 필요한가? 여러 방법으로 예비 발생적 분해를 설계할 수 있다. 특정 개념에 대한 예비 발생적 분해는 그 개념에 대한 연구자의 수학적 이해, 교사로서 그 개념을 가르친 경험, 그 개념에 대한 학생들의 사고를 연구한 선행 연구, 그 개념의 발달에 대한 역사적 관점, 그 개념과 관련된 교과서나 수업자료 분석을 기반으로 설계할 수 있다. 다음은 예비 발생적 분해에 대한 예이다.

몇 가지 예비 발생적 분해는 연구자가 그 개념을 학습하고 가르친 경험과 그 개념에 대한 수학적 설명을 고려하여 설계된다. 4.1.2절에서 설명한 수학적 귀납법에 관한 발생적 분해가 이 경우이다. 다른 예비 발생적 분해는 수학교육에 관한 선행 연구를 기반으로 설계되는데 APOS 기반 연구일 필요는 없지만 특정 개념 학습에 대한 학생들의 어려움에 관한 연구이면 된다. 4.2.1절에서 설명하는 생성집합과 생성에 관한 발생적 분해가 이 경우에 해당된다. 4.1절의 수학적 귀납법에 관한 발생적 분해에서 분명히 설명한 것처럼 발생적 분해에 포함된 설명은 개념의 수학적 도입과는 같지 않다는 점을 다시 상기할 필요가 있다.

수학 개념을 학습하는 학생을 관찰하여 얻은 자료에 기반한 발생적 분해도 있다. 관찰 자료를 분석하여 그 개념에 대한 인지 구조가 설명되는데, 이 구조는 경험적으로 검증되어진다. Trigueros & Martínez－Planell(2010)은 이러한 방법으로 학생들의 이변수함수 학습에 관해 연구하였다. 이 연구자들은 학생 활동 관찰 자료를 사용하여 이변수함수에 관한 예비 발생적 분해를 개발하였다. 그런 다음 그 Process를 이수한 학생들과 인터뷰를 했고 그 인터뷰 자료를 사용하여 예비 발생적 분해를 정교화하였다.

특정 개념의 역사적 발달에 기반하여 발생적 분해를 설계할 수도 있다. 어떤 개념의 역사적 발달에 관한 연구는 한 개인에게서 구성되는 정신 구조를 말해준다. 실무한의 존재에 대한 역사적 논쟁에 대한 반응으로 Dubinsky et al.(2005a, b)는 APOS 이론을 기반으로 잠재적 무한과 실무한을 집약화 메커니즘과 관련된 서로 다른 두 개념화로 나타내는 방법을 설명하였다. 이러한 설명이 수학적 무한에 관한 발생적 분해로 직접 이어지지는 않았으나, 이는 순환하는 무한 소수의 발생적 분해를 설계하는 데 큰 영향을 주었고(Weller et al., 2009, 2011; Dubinsky et al., 2013), Brown et al.(2010)의 무한 반복 Process에 관한 연구에 영향을 주었다. 전자의 예비 발생적 분해는 가설이었다. 이는 나중에 그 발생적 분해에 기반하여 설계된 수업을 받은 학생들로부터 얻은 자료를 분석하여 경험적으로 검증되었다. 후자의 예비 발생적 분해는 경험적이었다. 이는 집합론 관련 문제 해결에서 학생들의 인터뷰 자료를 분석하여 설계되었다. 문제 상황을 이해하려는 노력으로 학생들은 다양한 반복 Process를 구성하였다. Brown et al.(2010)는 수학적 무한 개념에 대한 역사적 발달 관점에서 인터뷰를 분석하여 무한 반복 Process의 발생적 분해를 만들었다.

교과서 자료도 예비 발생적 분해의 설계에 도움을 준다. 구체적으로 보면, 교과서에 제시된 특정 개념에 대한 교수학적 접근법은 학생들이 그 개념을 이해하는 방법을 알아내려는 연구자에게 도움이 된다. 이러한 분석은 그 개념들의 성공적 학습을 위해 학생들이 구성해야 하는 정신 구조에 대한 연구자의 설명을 보완해준다. 이는 4.4절의 선형변환에 대한 논의에서 예시된다.

마지막으로 자료로부터 발생적 분해를 개발할 수 있다. 이 경우 학생 인터뷰를 하고 인터뷰 녹취록을 작은 부분으로 나눈다. 이 부분들을 비교하여 특정 과제에 대한 학생들의 수행에서 다른 점을 찾는다. 수행에서 나타나는 차이를 보면 구성해야할 할 특정 정신 구조가 드러날 수도 있다. 과제를 완수하지 못한 것은 학생이 필요한 정신 구조를 만들지 못했다는 사실을 말하는 데 반해 과제의 완수는 필요한 정신 구조를 구성했다는 증거를 보여준다. 이런 유형의 분석에 의해 얻어진 결과는 발생적 분해를 구성하는 정신 구조를 조직하게 된다.

4.2.1절에서 설명한 것처럼 이러한 방법들로 설계된 발생적 분해는 연구자들이 특정 개념 학습에 필요하다고 생각하는 주요 구조를 나타내는 간단한 모델이 될 수 있다. 또한 그 개념의 구성과 관련된 복잡성을 설명하는 모델이 될 수도 있다. 이는 4.2.3 절에서 설명한다.

4.1절에는 발생적 분해의 두 예가 제시되었다. 그 목적은 발생적 분해가 무엇이며, 그리고 APOS 구성이 어떻게 특정 개념 학습과 관련된 정신 구조 설명과 관련되는지를 설명하는 것이다. 4.2.1절에 제시된 생성집합 및 생성 개념과 관련된 예는 선행 연구를 기반으로 어떻게 예비 발생적 분해를 개발할 수 있는지를 보여주기 위해 소개된다.

4.2.1 생성집합과 생성에 대한 발생적 분해(Ku et al. 2011)

이 발생적 분해는 기저와 생성집합의 학습에 대한 문헌, 기저 개념 학습에서 학생들이 겪는 어려움에 관한 보고서(Kú et al., 2011), 그리고 학생들이 구성한 생성집합과 생성 개념에 대한 정신 구조의 차이를 나타내는 증거에 관한 보고서(Kú et al., 2008)의 세 가지 자료 출처에 기반하여 설계되었다.

Kú et al.(2008) 연구를 검토한 결과, 벡터공간과 관련된 기저 개념이 중요하며 학생들은 기저를 생성집합의 개념 이미지로 가지고 있는 경향이 있었다. Kú et al.(2008)는 학생들은 기저 개념과 생성집합 개념을 구별하지 못하고 R^2와 R^3 외의 벡터공간을 다루기 어려워하며 생성 개념 학습에서 분투한다고 하였다. 이 결과는 특정 선행요건 구조가 필요함을 시사했다. 구체적으로 말하면, 생성집합과 생성 개념을 구성하기 위해서는 n−tuple, 다항식, 행렬 등과 같은 여러 유형의 집합들이 벡터공간이 되며 한 벡터공간은 다른 크기의 생성집합에 의해 생성될 수 있다는 사실을 알아야 할 필요가 있다.

또한 Kú et al.(2008)의 분석에서 기저에 대한 Action을 구성한 학생은 주어진 벡터에 대한 일차결합을 만드는 Action을 수행할 수 있으나 기저 벡터의 모든 일차결합의 집합으로 생성을 해석하지 못한다는 사실도 알 수 있었다. 생성집합과 생성의 발생적 분해 설계에서 이러한 사실을 고려해야 했다. 구체적으로 말하면, 일차결합을 만드는 것과 관련된 Action부터 시작한다. 이들 Action이 Process로 내면화 되어 개인은 주어진 벡터 집합의 모든 일차결합을 추측할 수 있게 된다. 이 Process의 반전에 따라 개인이 벡터공간에 속하는 임의의 벡터를 주어진 집합에 속하는 벡터들의 일차결합으로 나타낼 수 있는지 결정된다.

Kú et al.(2008)는 연구에 참여한 많은 학생이 집합 개념을 어려워하며 특히 매개변수가 포함된 벡터 집합에 대한 Action을 수행하기 어려워한다는 사실을 알게 되었다. 연립방정식 풀이에서 이 학생들은 연립방정식의 해를 구하기 위해 등식 조작과 관련된 Action은 수행할 수 있었으나 매개변수 방정식에 있는 수와 연립방정식의 미지수를 구별하지 못했다. 기저에 대한 Process를 구성한 학생들은 이 개념을 벡터공간과 관련시킬 수 있었고, 연립방정식의 해집합을 해석하는 데 문제점이 더 적게 나타났으며 기저를 형성하는 Process를 내면화하였다. 그러나 후자에 있어 학생들은 어려움에 직면하였다. 특히, 기저의 개념을 생성집합의 개념과 구별하지 못했고 주어진 기저의 생성을 해석하는 데 어려움을 겪었다. 이러한 어려움의 원인은 b가 일반적 수나 식을 원소로 가질 때 방정식 $Ax=b$의 해를 이해하지 못하기 때문이다. 발생적 분해를 설계할 때 이러한 어려움들이 고려되어야 함을 알 수 있었다. 구체적으로 말하면, 해집합과 변수에 대한 Object가 선행요건 개념으로 구성될 필요가 있음이 명시적으로 진술되었다.

4.2.2 선행요건 구조

생성집합과 생성에 대한 정신 구성은 벡터공간, 변수, 일차방정식의 해집합 개념이 구성되어 있다는 가정에서 출발한다. 벡터공간에 대해서 보면, 학생들은 실수로 이루어진 n−tuple 공간(R^n) 같은 친숙한 벡터공간을 다룰 수 있어야 하고 다항식 집합과 행렬 집합과 같은 집합들이 벡터공간이라는 사실을 알고 있어야 한다. 연립방정식의 해집합은 생성집합과 생성 개념 발달에 중요한 역할을 한다. 구체적으로 말하면, 한 벡터공간의 부분공간이 벡터공간의 주어진 부분집합에 의해 생성되는지를 판단하거나 특정 벡터가 그 부분집합에 의해 생성된 공간에 속하는지 확인하려면 연립방정식을 풀어야 한다. 그러므로 학생들은 생성집합과 생성 개념을 학습하려면 먼저 연립방정식의 해집합에 대한 Object를 구성해야 한다.

변수 개념은 해집합을 생성집합과 생성으로 해석하는 데 중요한 역할을 한다. 구체적으로 말하면, 벡터공간의 부분집합으로 만든 부분공간은 변수를 사용한 일반화된 벡터로 나타낼 수 있다. 따라서 변수를 미지수, 일반적 수, 매개변수, 또는 함수 관계에서 변수로 이해할 수 있어야 하고 이들로 유연하게 해석할 수 있으려면 학생들은 변수를 수학적 Object로 다룰 수 있어야 한다(Trigueros & Ursini, 2003).

4.2.3 정신 구조

특정 스칼라 체 K를 가지는 벡터공간 V가 주어졌을 때, 학생들은 V의 부분집합 S에 대한 Action들을 수행한다. 특히, K의 스칼라와 S의 벡터의 일차결합을 만드는 Action의 수행이 필요하다. 이 Action들은 벡터에 스칼라 곱을 한 후 그 스칼라 곱의 결과들을 더해서 V의 새로운 벡터를 구하는 것으로 구성된다. 이 Action들이 내면화되면 그 벡터공간의 원소인 새로운 벡터를 구하는 Process가 구성된다. 즉, 일차결합을 만드는 Process가 구성된다. 이 Process의 반전을 통해 주어진 벡터를 주어진 벡터 집합의 일차결합으로 나타낼 수 있는지를 검증하게 된다. 이 Process들을 구성했음을 보이는 학생은 일차결합에 대한 Process를 구성했다고 간주된다.

V의 부분집합 S에 속한 벡터들의 모든 일차결합의 집합을 구성하는 Process의 반전과 연립방정식의 해집합을 찾는 Process가 협응함으로써 학습자는 V의 부분집합 T에

속하는 벡터를 S의 일차결합으로 표현 가능한 스칼라가 K의 존재를 입증할 수 있다. 간단히 말해, 이러한 협응에 의해 학습자는 V의 부분집합 T가 부분집합 S에 의해 생성되는지를 판단할 수 있다.

벡터집합 T의 생성집합이 되는 서로 다른 집합들을 비교할 때 위에서 언급한 협응된 Process는 생성집합이라는 Object로 집약화된다. 생성집합에 대한 Object를 구성한 학생은 이러한 비교를 통해 주어진 벡터공간이 원소와 크기가 서로 다른 생성집합들에 의해 생성될 수 있는지를 판단할 수 있다.

S에 의해 생성된 집합 T를 구성하는 Process가 벡터공간 Process와 협응할 때 학습자는 T가 벡터공간임을 입증할 수 있다. 이 마지막 Process는 벡터집합 S의 생성 또는 생성된 공간이라는 Object로 집약화된다. 이러한 Object가 구성되면 학생들은 생성과 생성집합을 구별할 수 있게 된다.

이러한 분석은 일차독립, 일차종속, 기저, 그리고 차원 같은 생성집합과 관련된 개념들을 간과하지 않는다. 생성집합의 구성이 그와 관련된 이러한 개념들을 학생들이 이해하는 데 어떻게 도움을 줄 수 있는지 또는 생성집합 개념을 다른 선형대수 개념과 관련지을 때 장애가 되는 어려움은 없는지 등도 이 분석에서 고려된다(Kú et al., 2011).

발생적 분해는 Object의 구성으로 끝나지 않는다. 발생적 분해에는 서로 다른 Actions, Processes, 그리고 Objects의 연결이 Schema로 발달할 수 있는 방법에 대한 설명도 포함되어야 한다. Schema의 발달은 7장에서 논의된다.

연구가 점차 진행되면서 전 세계 저자들이 여러 발생적 분해를 발표하였다(12장의 주석 참고 문헌 참고). 일반적으로 이러한 발생적 분해는 실험을 통해 검증되거나 정교화된 다음 새로운 연구나 교수 활동 설계에 사용되고 있다. 발생적 분해의 정교화는 4.5절에서 자세히 알아본다.

4.3 연구에서 발생적 분해의 역할

발생적 분해는 APOS 기반 연구에서 중요한 역할을 한다. 그 이유는 학생으로부터 구한 자료를 수집하고 분석하는 이론 기반 도구 설계의 기초가 되는 가설을 연구자에게 제공하는데 이론적 모델이 필요하기 때문이다. 예비 발생적 분해에서 예측되는 것에 기초하여 학생 활동과 인터뷰 질문에 대한 응답에서 학생들의 구성을 추론한다. 연구자는 발생적 분해를 회절격자[2](diffraction grating)처럼 렌즈로 사용하여 어떻게 학생들이 수학적 개념에 대한 이해를 발전시키는지 또 어떻게 이해를 발전시키는 데 실패하는지 설명한다. 예를 들어, 주어진 과제에 대해 어떤 학생은 과제를 정확하게 수행하고 어떤 학생은 어려움을 겪고 어떤 학생은 완전히 실패한다. 발생적 분해는 이러한 수행의 차이를 설명할 수 있다. 성공한 학생은 발생적 분해에서 요구하는 정신 구조를 하나 이상 성공적으로 구성했다는 증거를 보여줄 것이다. 제한된 진척을 보이는 학생으로부터는 그 정신 구조가 구성되기 시작했다는 증거를 볼 수 있을 것이다. 실패한 학생은 필요한 정신 구조를 전혀 구성하지 못했거나 성공적으로 구성하지 못했다는 증거를 보여줄 것이다. 만약 발생적 분해로 학생 수행의 차이를 설명할 수 없다면 발생적 분해의 정교화가 필요할 수도 있다. 따라서, 한편으로 발생적 분해는 분석을 안내하고 다른 한편으로는 발생적 분해는 개인의 정신에서 개념이 발달하는 방법에 대한 연구자들의 이해 차이를 가리킨다. 어느 쪽이든 발생적 분해는 연구자들이 학생들의 개념 학습 방법을 이해하고, 학생이 겪는 어려움에 숨겨진 이유를 설명하기 위한 도구이다. 더구나 이론적 모델의 사용은 분석의 신뢰도를 높이고 학생의 사고를 설명하는 수단을 제공하고 진단과 예측의 도구가 된다.

발생적 분해를 사용할 때 여러 연구자가 같은 데이터를 분석하여 서로 비교되는 결과를 얻을 수 있다. 협동 연구에서 연구자들은 모델의 관점에서 결과를 해석할 수 있다. 모델이 없으면 연구자들은 해석을 합의하거나 협의하는 데 어려움을 겪을 수도 있다. 따라서 발생적 분해 같은 이론적 모델을 기반으로 자료를 분석했을 때 그 분석에 대한 신뢰성이 높아진다.

Asiala et al.(1996)에서 논의된 것처럼 발생적 분해는 실험을 통해 검증되어야 한다. 실험의 목적은 모델의 타당성 검증이다. 학생들이 이론적 분석에서 요구하는 정신 구조를 구성하였는가를 검증하는 것이다. 발생적 분해에서 제시한 구조를 학생들이 구성한 것으로 관찰된다면 그 모델이 검증된 것이다. 학생들이 발생적 분해에서 제시한 것과 다른 방법으로 개념을 구성하는 것처럼 보인다면 그 모델은 수정되고 그 차이가 너무 다르다면 새로운 발생적 분해를 위해 그 모델은 폐기된다.

다음 예는 자료 분석이 어떻게 발생적 분해의 정교화로 이어지는지를 설명한다. 생성

2 회절격자는 별빛을 분석하는 도구이다. 이는 색이 있는 선들의 패턴을 찾기 위해 회절을 이용하여 빛을 분해한다. 이 패턴은 연구자들이 그 별의 화학적 구성을 알 수 있게 해준다.

집합과 생성에 대한 학생 이해 연구(Kú et al., 2011)의 인터뷰에서 많은 학생이 생성집합의 벡터들이 그 집합에 의해 생성된 부분공간의 원소라는 사실을 이해하지 못함이 관찰되었다. 이러한 어려움은 예비 발생적 분해에서 설명되지 않은 정신 구조에서 기인한 것이다. 다음은 선형대수 교과서에서 인용한 인터뷰 문항이다. 이 문항에 대한 학생 응답에서 이러한 어려움이 관찰되었다.

$v_1 = \begin{bmatrix}1\\0\\0\end{bmatrix}$, $v_2 = \begin{bmatrix}0\\1\\0\end{bmatrix}$, 그리고 $H = \left\{ \begin{bmatrix}s\\s\\0\end{bmatrix} \middle| s \in R \right\}$이라 하자.

$$\begin{bmatrix}s\\s\\0\end{bmatrix} = s\begin{bmatrix}1\\0\\0\end{bmatrix} + s\begin{bmatrix}0\\1\\0\end{bmatrix}$$

이므로 H의 모든 벡터는 $\{v_1, v_2\}$의 일차결합이다.

$\{v_1, v_2\}$는 H의 생성집합인가?

Calos[3]는 이 문항을 어려워하는 학생 중 한 명이다. 다음 발췌문에 이러한 어려움이 잘 나타나 있다.

> Calos: 네. v_1과 v_2의 가능한 모든 일차결합에 의해 H가 생성됩니다. v_1이나 v_2로 세 번째 원소(마지막 0)를 생성할 수 없는데 H에도 세 번째 원소가 없습니다. 그래서 그것은 필요 없습니다⋯ (그리고 그는 설명한다) 그것은 H의 생성집합입니다. 실수에서 가능한 일차결합을 모두 구해보면 그것이 어떤 수든 될 수 있다는 것을 명확히 알 수 있기 때문입니다. 그래서 H의 어떤 수는, 예를 들어, H는 가지지 않는⋯ 그것의 세 번째 원소는 0입니다. 그래서, 아니, 그러니까⋯ 그것이 필요없을 거라는 것을 알 수 있죠⋯ v_1과 v_2 세 번째 원소를 가지고 있지 않다는 뜻입니다. 그래서⋯ 예를 들어, H가 (벡터$(s,s,0)$에서) 또 다른 s를 가진다면, 그것은 H의 생성집합이 될 수 없고 또 다른 벡터가 필요한데, 예를 들면, 잘 모르겠습니다. 그것이 일차독립이고 마지막 위치에 원소를 가지고 있다면 그런데 이 둘은 그것을 가지고 있지 않고, H도 그렇고, 그래서 H는 이 두 벡터에 의해 생성될 수 있습니다.

---

3 학생들의 이름은 모두 가명이다. 인터뷰 발췌문에서 "I"은 인터뷰어를 나타낸다. "I"가 어떤 개인을 지칭하는 것은 아니다. 다른 연구에서 다른 인터뷰어가 있고 때로는 같은 연구에서 여러 인터뷰어가 또는 같은 인터뷰에 여러 인터뷰어가 존재하기도 하기 때문이다.

Calos는 '가능한 모든 일차결합'에 의해 형성되는 어떤 집합의 생성 아이디어를 가지고 있다고 볼 수 있다. 그렇지만 벡터 v_1과 v_2가 H에 속하는지를 고려했는지는 명확하지 않다. Calos에게 더 많은 반성이 일어나도록 하기 위해 다음 문제에 대한 인터뷰가 계속 되었다(그림 4.2).

I: 다른 생성집합을 구할 수 있어요?

Calos: (적는다)

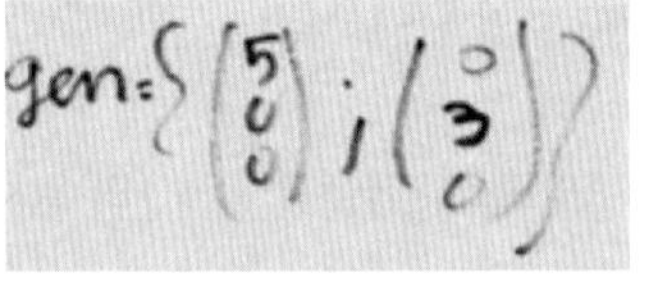

❙ 그림 4.2 ❙ Calos가 찾은 다른 생성집합

I: 봅시다. 이것이 왜 생성집합인가요?

Calos: 이들 두 벡터는 일차독립이고 만약 어떤 수가 있다면… 이 수는 실수이고, 그래서 H에서 어떤 수를 가지고 H에서 예를 들면, 잘 모르겠습니다. 그것은 1과 1이 되게 하는. 하나에 1/5를 곱하, 하나에 1/3을 곱해서 더하면 H를 생성하게 됩니다.

그런 다음 인터뷰어는 Calos에게 집합 $\{v_1, v_2\}$가 문제에 제시되지 않았다면 어떻게 H에 대한 생성집합을 구해야 하는지를 설명하도록 하였다. Calos는 다음과 같이 답했다.

Calos: 만약 이것이 없다면? 글쎄요, s는 실수니까 그것은 어떤 수도 될 수 있습니다. 벡터 두 개면 충분할 것입니다. 그 두 벡터로 첫 번째 실수와 두 번째 실수를 생성할 수 있고 그러면 충분하다고 생각합니다.

많은 학생처럼 Calos도 생성집합의 원소가 그 생성에 반드시 속해야 한다는 사실을 아직 이해하지 못했다. 연구자들은 Calos뿐 아니라 다른 여러 학생이 그 벡터들이 H에 반드시 속해야 한다는 사실과 관련된 구조를 구성하지 못했음을 관찰하였다. 그러한 어려움은 다른 생성집합에 대한 생성을 찾는 Action과 생성집합의 원소가 그 생성에 포함되어 있는지를 결정하는 Action 수행의 실패에 기인한다고 연구자들은 결론지었다. 이러한 관찰은 인터뷰나 수업에서 학생들의 필수 구조 구성을 연구자들에게 안내하는 데 도움이 되었다. 이 결과를 바탕으로 연구자들은 예비 발생적 분해를 수정하였다.

수학 개념을 학습할 때 학생들에게 필요한 구성에 대한 예측은 이론에서 요구하는 구조를 학생들이 구성하도록 돕는 활동과 수업을 설계하는 데 유용한 도구가 된다. 발생적 분해를 사용하여 수업을 설계하는 방법은 5장에서 알아본다.

4.4 발생적 분해는 유일하지 않다

발생적 분해가 유일하지 않다는 사실은 이 책에서 여러 번 언급하였다. 즉, 발생적 분해는 특정 수학 개념을 구성하는 유일한 방법을 의미하지는 않는다. 발생적 분해는 대부분 학생들의 활동에서 나타나는 그들의 정신 구조를 이해하는 데 도움이 될 이론적 모델을 제공한다. 비록 발생적 분해가 개념 구성을 위한 가능 경로를 제시하지만 APOS이론은 서로 다른 학생의 경우 특정 발생적 분해와는 다른 경로를 따를 수도 있음을 인정한다. 따라서, 발생적 분해의 가치는 많은 학생에 의해 어떤 개념의 학습에 필요하다고 밝혀진 개념 구성을 설명하는 일반적 모델로서 사용될 때 드러난다.

일반적이고 서술적인 이론적 모델과 마찬가지로, 다른 연구자나 심지어 같은 그룹의 연구자끼리도 특정 개념의 학습을 설명하는 서로 다른 여러 발생적 분해를 설계하기도 한다. 만약 이런 발생적 분해가 학생들의 구성에 대한 경험적 연구가 뒷받침된다면, 그 발생적 분해는 학생들의 구성에 대한 정당한 설명으로 인정받는다. 지금까지 동일 개념에 대한 서로 다른 예비 발생적 분해는 극히 일부에 불과하며, APOS 기반 수업의 결과에 따른 다양한 발생적 분해가 실시된 경우는 없었다. 물론 다른 모델들 사이에 어떤 합의점을 찾으려고 할 수 있으나, 그 사이에도 차이가 있을 수 있다. 발생적 분해의 차이와 그 차이들이 어떻게 해결될 수 있는지에 관한 쟁점들에 관한 후속 연구가 필요하다.

그런데 한 가지 예외적인 경우로 Roa – Fuentes & Oktac(2010)는 선형변환 개념에 대한 서로 다른 두 가지 예비 발생적 분해를 제시하였다. 첫 번째 예비 발생적 분해는 이 개념에 대한 전통적 교수 방법과 교과서를 기반으로 구성되었다. 두 번째 예비 발생적 분해는 선형변환을 도입하기 전 비선형변환을 도입하는 수업에 대한 Dreyfus et al.(1999)의 논문을 기반으로 구성되었다. Roa – Fuentes & Oktac(2010)에서는 Action, Process, Object의 구성만 다루고 Schema 구성은 다루지 않았다. 예비라는 단어가 나타내듯이 이러한 이론적 분석은 자료 수집 전에 이루어졌다.

4.4.1~4.4.4절에서 이 두 발생적 분해에 대해 자세하게 설명한다. 선행요건을 살펴본 후 구성해야 하는 구조들과 그 구조들 사이의 관계를 나타내는 그림과 함께 설명한다. 이 두 이론적 분석은 선형의 성질에 관한 Process가 구성되는 방법만 다르므로 이 두 발생적 분해는 그 부분에서만 다른 것으로 취급한다. 이 부분만 지나고 나면 이 두 발생적 분해의 나머지 부분은 똑같다.

4.4.1 선형변환 개념 구성을 위한 선행요건

선형변환은 벡터공간 사이 함수로 정의되므로 선형변환 개념은 이미 구성된 함수 Schema와 벡터공간 Object에 의존한다. 정의역과 치역이 벡터공간인 함수를 정의하려면 함수 Schema가 벡터공간 Object를 동화시켜야 한다.

어떤 변환이 선형인가를 판단하려면 일차결합 개념이 필요하므로 학습자는 일차결합 Object를 이미 구성하고 있어야 한다.

4.4.2 발생적 분해 1

이 발생적 분해에 따른 선형변환 개념의 구성은 특정 벡터공간의 벡터에 Action을 가하는 것으로 시작된다. 구체적으로 말하면, 특정 변환의 대응 규칙을 적용하여 두 벡터의 합의 상과 각 벡터의 상의 합을 비교하는 선형성의 합 성질을 확인하는 행동을 한다. Action 개념만 구성된 학생은 주어진 벡터 또는 주어진 변환에 대해서만 생각할 수 있고 그 이상을 할 수 없다.

이 Action들을 반성하고 구체적 벡터를 사용하지 않거나 구체적으로 계산하지 않고 정의역의 모든 벡터에 대해 이 성질을 일반적으로 생각하기 시작하면, 이 Action들이 하나의 Process(두 벡터공간 사이 변환의 선형성 중 합 성질)로 내면화된 것으로 간주한다.

[그림 4.3]의 예비 발생적 분해에서 Roa-Fuentes & Oktac(2010)는 Action과 Process 사이 중간 단계가 있을 가능성을 생각했다. Roa-Fuentes & Oktac(2012)는 정의역의 모든 벡터가 아니라 임의의 두 벡터에 대하여 선형성의 합 성질을 확인하는 이 중간 단계는 실험을 통한 분석으로 확인되지 않았다고 했다.

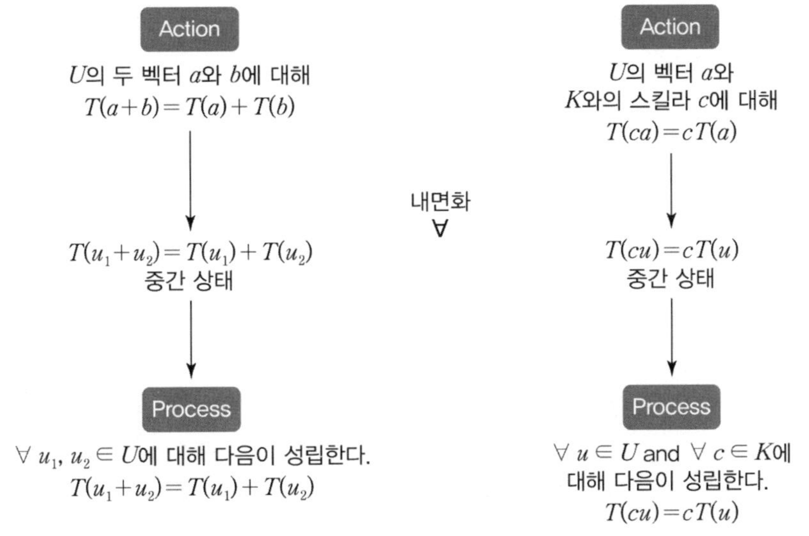

| 그림 4.3 | 벡터에 대한 행동을 내면화하여 두 벡터공간이 Process로 되었고 이 공간 사이의 변환에 관한 선형 성질의 구성(Roa-Fuentes & Oktac 2010, p. 105)

[그림 4.3]과 같이 두 벡터공간 사이 변환의 선형성 중 스칼라 곱 성질 Process도 이와 유사하게 구성된다.

4.4.3 발생적 분해 2

이 발생적 분해는 두 벡터공간 사이 변환 개념의 구성에서 시작한다. 어떤 변환에 대한 벡터 합과 스칼라 곱의 보존을 확인하는 것은 변환에 가하는 Action이므로 변환 Object가 구성되어야 한다.

변환 Object가 탈집약화되어 그 Object를 구성하는 (변환) Process를 이용할 수 있게 된다. 이 Process는 전칭기호 ∀에 의해 이항 연산 "벡터 합" Process와 협응하여 그 변환이 정의역의 모든 두 벡터에 대해 합의 성질을 만족하는지 판단하는 새로운 Process를 구성한다. 변환과 관련된 Process는 개인이 그 변환에 의한 정의역 벡터의 상을 머릿속에 그릴 수 있게 한다. 벡터 합 Process는 개인이 정의역이나 치역에 속하는 벡터들의 합을 구할 수 있게 한다. 이 두 Process가 협응하여 개인은 다음 두 가지를 할 수 있게 된다: (1) 정의역의 모든 두 벡터의 합을 구하고 그 합에 변환을 적용하는 것, (2) 정의역의 모든 두 벡터의 상을 구하고 이를 합하는 것. 합 성질을 확인하는 것은 정의역의 모든 벡터에 대해

(1)과 (2)의 결과를 비교하는 일과 관련된다.

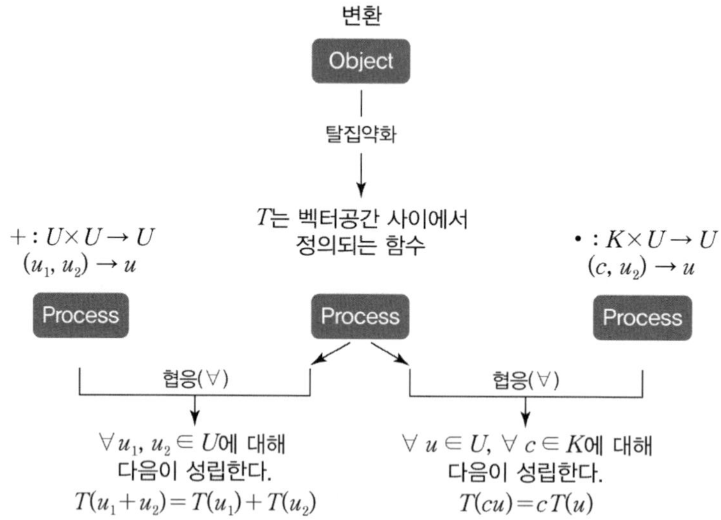

▌그림 4.4▐ Object인 변환으로 시작해서 Processes인 선형성의 구성

[그림 4.4]에 나타난 것처럼 스칼라 곱에서도 비슷한 협응이 일어난다.

두 발생적 분해의 주요 차이는 변환의 처리에 있다. 발생적 분해 1에서는 변환을 한 쌍의 벡터 (그리고 그들의 합)에 적용하였다. 내면화를 통해 이 Action은 벡터공간의 모든 벡터쌍으로 확장된다. 발생적 분해 2에서는 이항 연산인 벡터 합과 스칼라 곱은 변환 Object에 적용된 Process가 된다. 이 변환 Object는 나중에 탈집약화되어 다른 Process들과 협응한다.

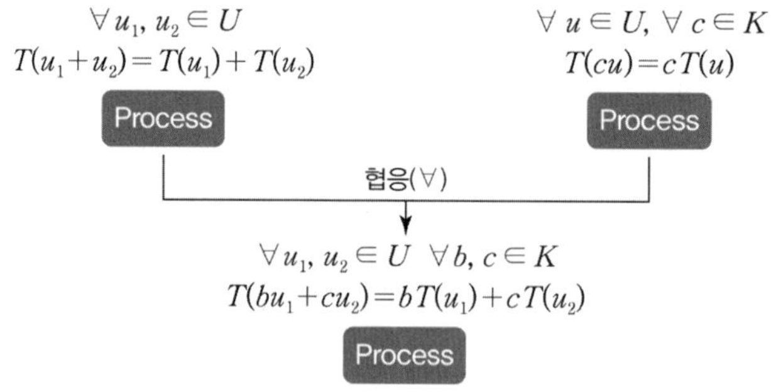

▌그림 4.5▐ 선형변환의 Process 구성(Roa-Fuentes & Oktac 2010, p. 106)

4.4.4 발생적 분해 1과 2: 선형변환 Process와 Object의 구성

4.4.2절과 4.4.3절의 어느 발생적 분해를 따르든 두 Process가 구성되더라도 한번 구성되면, 두 선형 성질을 확인하는 Process들은 논리 연결자 'and'에 의해 협응하여 새로운 하나의 Process를 구성한다. [그림 4.5]처럼 선형변환 하에서 벡터의 일차결합이 보존됨을 확인하면서 두 Process를 동시에 생각할 수 있을 때 이 새로운 Process가 구성되었다고 본다.

집약화는 Action을 적용할 필요가 있을 때 발생한다. 정신 대상으로 선형변환 Object를 구성한 개인은 두 선형변환을 더하거나 합성하는 것 같은 연산을 수행할 수 있고 선형변환이 만족하거나 만족하지 못하는 속성에 관한 의문을 가질 수도 있다. 예를 들어, "어떤 조건 아래에서 선형변환은 가역일까?"와 같은 의문을 던질 수 있다.

4.5 발생적 분해의 정교화

연구자들이 발생적 분해를 설계하면 반드시 경험적으로 검증해야 한다. 그 분석은 엇갈린 결과를 초래할 수도 있다. 예비 분석으로 예측한 구성 중 일부는 주어진 데이터에서 타당하게 보일 수 있다. 다른 부분은 부족하거나 연구자들이 제안한 것과 다를 수 있고 예비 분석에서 설명되지 않은 것이 분석의 결과에서 나타날 수도 있다. 이런 일이 발생했을 때 발생적 분해는 경험적으로 발견한 것을 반영하여 수정되어야 한다.

발생적 분해의 수정은 수업을 변화시킬 뿐 아니라 더 심층적인 경험적 분석의 기회를 제공한다. 수업 → 분석 → 정교화 사이클은 정교화된 발생적 분해가 학생들의 정신 구성을 충분히 설명하고 효과적인 수업을 이끌 수 있다고 생각될 때까지 반복된다.

무한 개념에 관한 연구에서 Cottrill et al.(1996)는 예비 발생적 분해를 고안하였다. 이 연구자들은 수학교육 논문, 무한 개념에 대한 자신들의 이해와 수업 경험을 기반으로 예비 발생적 분해를 설계하였다. 학생들은 그 예비 발생적 분해에 기반한 수업을 들었다. 이 학생들로부터 수집된 데이터를 분석하였더니 예비 발생적 분해를 정교화할 필요가 있었다.

<표 4.1>에는 그 예비 발생적 분해, 정교화된 발생적 분해, 수정한 근거가 제시되어 있다. 예비 발생적 분해는 6단계로 되어있다. 처음 세 단계는 그 개념의 비형식적 이해와 관련된 정신 구성을 설명하고 다음 세 단계는 형식적 이해와 관련된 정신 구성을 설명하

고 있다. 일반적으로 말해, 비형식적 이해는 동적 개념과 관련이 있다. 즉, 정의역 값이 어떤 양으로 가까이 갈 때 함숫값이 극한값으로 가까이 간다. 형식적 이해는 전형적으로 $\varepsilon-\delta$ 정의를 사용했다면 전형적인 형식적 이해이다.

비형식적 이해는 처음에는 정적이다. 정의역의 한 점 $x=a$에서 함수 f에 대하여 극한값 구하기는 연속적으로 $x=a$에 점점 가까워지는 몇 개의 점에서 f의 값을 구하는 Action으로 시작한다(1P 단계). 개인이 이 Action들을 반성함에 따라 이 Action들은 정신 Process로 내면화된다(2P 단계). 이때 정적 개념이 동적 개념으로 된다. 개인이 동적 Process에 Action을 적용할 필요를 알았을 때 집약화가 일어난다(3P 단계). 2P 단계에서 구성된 Process가 구간 관점에서 재구성되면 보다 형식적 사고로의 전이가 4단계부터 시작된다. 그런 다음 형식적 정의는 $\varepsilon-\delta$의 정량화 Schema(5P 단계)를 재구성된 Process(4P 단계)에 적용할 때 나타난다.

수업은 2주 단위로 구성되었고 근사, 한방향 극한, 양방향 극한, 극한의 적용에 대한 일반적 주제를 포함하는 5가지 유형의 컴퓨터 활동이 포함되었다. 학생들은 그래프 분석을 수행하였고 비형식적, 동적 개념과 관련된 짧은 프로그램을 작성하고 분석하였으며 $\varepsilon-\delta$ 구간을 구성하고 분석하는 과제를 수행하였다.

데이터 분석을 통해 주요한 두 부분에 대한 수정이 필요했다. 첫 번째 수정은 몇 개의 점에서 함숫값을 구하는 Action 단계 앞에 한 점에서 함숫값을 구하는 단계를 추가한 것이다(1R 단계). 그 한 점은 $x=a$에 연속적으로 점점 가까워지는 점들의 나열보다는 $x=a$ 그 자체일 수 있다. 두 번째 수정은 Process의 구성에 관한 것이다. 연구자들은 하나의 Process보다 두 Process가 협응한다는 증거를 발견하였다. x가 a로 가까워지는 정의역 Process와 y가 L로 가까워지는 치역 Process가 구성된 다음 함수 f에 의해 두 Process는 협응한다. 달리 말하면, x가 a로 가까워지는 Process에 함수 f를 적용하여 $f(x)$가 L로 가까워지는 Process를 구한다. Cottrill et al.(1996)에 따르면, 학생들이 함수 개념을 어려워하는 원인 중 한 가지는 이처럼 복잡한 정신 구조라 할 수 있다. 극한의 형식적 개념과 관련된 다른 주요 원인은 학생들이 정량화에 대한 충분히 강력한 개념을 갖추고 있지 않기 때문이다(Dubinsky et al., 1988).

1R 단계는 예비 발생적 분해에는 없었는데 데이터 분석을 한 후 예비 발생적 분석의 첫 단계(1P 단계)였던 2R 단계보다 앞 단계임이 밝혀졌다.

▼ 표 4.1 극한 개념에 대한 예비 발생적 분해 및 그 정교화

예비 발생적 분해	정교화	수정한 근거
	1R: a나 a에 가깝다고 생각되는 한 점 x에서 함수 f의 값을 구하는 Action	많은 학생이 $x=a$라는 점에 주의를 기울이지 않고 한 점에서 함숫값을 구하였다.
1P: a에 점점 가까워지는 연속적인 몇 개의 점에서 함수 f의 값을 구하는 Action	2R: a에 점점 가까워지는 연속적인 몇 개의 점에서 함수 f의 값을 구하는 Action	
2P: 1P 단계 Action이 x가 a로 가까워질 때 $f(x)$가 L로 가까워지는 하나의 Process로 내면화	3R: 협응된 Process Schema의 구성 (a) 2R 단계 Action이 내면화되어 x가 a로 가까워지는 정의역 Process 구성 (b) y가 L로 가까워지는 치역 Process 구성 (c) f에 의해 (a)와 (b)의 협응	데이터에는 두 Process가 분리되어 구성된 예가 많았다. 어떤 학생들은 한 Process만 구성하였고 이는 극한 개념의 이해를 방해하는 원인으로 나타났다. 극한 개념을 이해한 학생들은 이 두 Process를 협응시켰다는 증거를 보였다.
3P: Action을 적용할 수 있는 극한 Object로 2P 단계 Process의 집약화	4R: Action을 적용할 수 있는 극한 Object로 3R(c) 단계 Process의 집약화	
4P: 구간과 부등식 관점에서 2P 단계 Process의 재구성. 이는 아주 가까움을 수치 추정치를 도입함으로써 재구성 $0<\|x-a\|<\delta \Rightarrow 0<\|f(x)-L\|<\epsilon$	5R: 구간과 부등식 관점에서 3R(c) 단계 Process의 재구성. 이는 아주 가까움을 수치 추정치를 도입함으로써 재구성 $0<\|x-a\|<\delta \Rightarrow 0<\|f(x)-L\|<\epsilon$	이 단계에서 말하는 재구성된 Process는 예비 발생적 분해에 서명된 한 Process보다는 협응된 Process의 재구성을 의미한다.
5P: 2 수준 정량화 Schema를 적용하여 4P 단계 Process를 형식적 정의와 연결	6R: 2 수준 정량화 Schema를 적용하여 5R 단계 Process를 형식적 정의와 연결	
6P: 완전한 $\epsilon-\delta$ 개념을 구체적 상황에 적용	7R: 완전한 $\epsilon-\delta$ 개념을 구체적 상황에 적용	

예비 발생적 분해에서 단일 Process(2P 단계)는 협응된 Process로 대체되었다(3R 단계). 데이터 분석으로부터 학생들은 함수 f의 적용 외에 $x=a$에 근접하기 위한 별개의 Process를 구성하는 경향이 있음이 밝혀졌다. 정의역 Process를 구성한 후 학생들은 정의역 Process에 의해 정의역 원소에 함수 f를 적용하여 치역 Process를 구성하였다.

함수 f에 의한 $x=a$에 근접하는 Process와 y가 L에 근접하는 Process의 협응은 극한의 동적 개념이 처음 생각했던 것보다 더 복잡함을 보여준다. 동적 개념이 형식적 이해를 방해한다고 믿는 연구자들과 달리, Cottrill et al.(1996)는 학생들이 어려워하는 이유는

동적 개념이 충분히 발달하지 않았기 때문이며 이러한 동적 개념은 협응된 Process와 Schema에 기반하여 발달해야 함이 발견하였다.

4.6 수업 활동 설계에서 발생적 분해의 역할

어떤 개념에 대한 발생적 분해는 연구를 위한 이론적 모델일 뿐 아니라 수업을 안내한다. 발생적 분해는 어떤 수학 개념의 학습을 위해 구성해야 하는 구조를 설명하므로 이러한 구조를 학생들이 구성하도록 돕는 활동의 설계에 발생적 분해가 사용된다. 발생적 분해가 수업 활동 설계에 항상 직접적으로 영향을 미치지 않더라도 발생적 분해가 수업 활동 설계에 정보를 제공하는 방식은 매우 중요하다. 이는 이론과 그 교육적 사용 사이 연결을 나타내기 때문이다(Trigueros & Oktaç, 2005).

APOS 이론에 기반하여 설계된 수업에서 5장에서 설명하는 교수 사이클의 첫 부분은 실험실 환경에서 학생들의 협력 활동으로 구성된다. 이 활동들은 학생들에게 구체적 Action들을 반복하고 그 Action들을 반성하는 기회를 제공하고, Action에서 Process로의 내면화를 촉진하며 Process의 협응과 반전을 돕고 Process에서 Object로의 집약화를 돕도록 설계되었다. 수업에는 또한 여러 Action, Process, Object, 그리고 이미 구성된 Schema 사이 관계를 구성하기 위한 활동들이 포함된다. 이 활동들은 새로운 Schema 구성이나 이미 구성된 Schema의 정교화나 발달에 도움이 된다.

수업을 한 후 연구를 수행할 때 이 연구의 초점은 학생들이 발생적 분해에서 예측한 구조를 구성했는지와 이러한 구조가 학생들이 문제 속 수학을 학습하는 데 도움이 되었는지를 판단하는 것이다. 수집된 데이터를 발생적 분해에서 예측한 구조와 비교한다. 이러한 유형의 분석은 발생적 분해의 정교화로 이어지기도 한다. 발생적 분해가 어떤 개념을 이해하기 위해 구성해야 하는 정신 구조를 정확하게 반영할 때 APOS 기반 수업을 받은 학생과 그렇지 않은 학생의 수학적 수행 정도를 비교하는 비교 연구를 수행할 수 있다. 이러한 유형의 연구가 수행된 적이 있으며 APOS 기반 수업의 가능성을 보여주었다(Weller et al., 2003).

발생적 분해가 수업 활동 설계에 정보를 제공하는 방법을 더 설명하기 위해서 교과서 Weller et al.(2002). *Learning Linear Algebra with ISETL*에서 벡터공간에 관한 예를 가지고 왔다. 이는 4.6.1절과 4.6.2절에 있다.

4.6.1 벡터공간에 대한 발생적 분해

벡터공간 개념은 집합 Schema, 이항 연산 Schema, 공리 Schema의 협응으로 구성된 Schema이다. 집합과 이항 연산 Schema는 주제화되어 Object가 되고 공리 Schema에 의해 협응된다.

- **이항 연산**: 이항 연산은 단일 집합 또는 두 집합의 데카르트 곱으로 정의된 이변수함수이다. APOS 관점에서 이 개념의 발달은 다음 네 개의 정신 구조와 관련이 있다.

Action: 주어진 이항 연산에 대한 공식을 사용하여 개인은 그 연산이 정의된 집합(들)에서 구체적 두 원소에 그 공식을 적용할 수 있다.

Process: 개인은 이항 연산을 구성하는 Action들을 내면화한다. 이 Action에는 두 원취하기, 이들 Object에 어떤 방식으로 행동을 가하기, 새로운 Object 반환하기 등이 있다.

Object: 개인은 두 이항 연산을 구별할 수 있고 한 집합이나 집합들의 곱에 정의된 여러 이항 연산을 생각할 수 있고, 어떤 이항 연산이 공리를 만족하는지 확인하고 다른 Process들과 협응하기 위해 이항 연산을 탈집약화할 수 있다.

Schema: 개인은 한 집합 또는 두 집합의 곱에 이항 연산을 정의할 수 있고, 어떤 집합이나 집합들에 정의된 함수가 이항 연산인가를 확인할 수 있다.

- **집합**: 집합은 주어진 조건을 만족하는 Object들의 모임이다. APOS 관점에서 이 개념의 발달은 다음 네 개의 정신 구조와 관련이 있다.

Action: 개인은 구체적 원소들이 주어지거나 집합의 특정 조건이 제시되었을 때만 집합을 생각할 수 있다.

Process: 어떤 조건에 따라 Object들을 모아서 모임을 만드는 Action을 내면화한다.

Object: 개인은 그 Process에 다음과 같은 Action이나 Process를 적용할 수 있다. 예를 들어, 집합의 농도 결정하기, 두 집합을 비교하기(꼭 집합의 농도 관점에서 비교할 필요는 없다), 집합을 다른 집합의 원소로 취하기, 집합을 정의역의 한 Object인 함수로 정의하기 등이다. 그리고 학생들은 다른 Process와 협응하기 위해 집합을 탈집약화할 수 있다.

Schema: 개인은 주어진 수학적 상황에 집합 Schema를 적용할 수 있다. 이는 선형대수학에서 나중에 벡터의 집합으로 분류될 Object들의 집합을 정의할 수 있음을 의미한다. 예를 들어, 튜플, 다항식, 함수, 행렬의 집합이다. 개인은 집합인 것과 집합이 아닌 것에 대한 일반적 관념도 가질 수 있다.

• 공리: 벡터공간에서는 불리안(Boolean) 함수가 공리에 해당한다. 이 함수는 집합(또는 집합들의 데카르트 곱)과 (집합이나 집합들에 정의된) 이항 연산이 입력되면 공리에 의해 정의된 성질을 만족되는지 점검한다. 공리를 점검하는 것은 하나의 Process인데 이 Process에는 점검하려는 특정 성질에 의해 정의된 Process를 일반적 성질 점검과 협응이 이루어진다. 집합과 이항 연산에 공리를 적용할 때 집합과 이항 연산 Schema는 탈집약화되어 문제 속 성질을 확인하는 Process와 협응해야 한다. 공리 Schema에는 집합과 두 연산이 성질을 만족하는지 확인하는 일반적 점검이 있다.

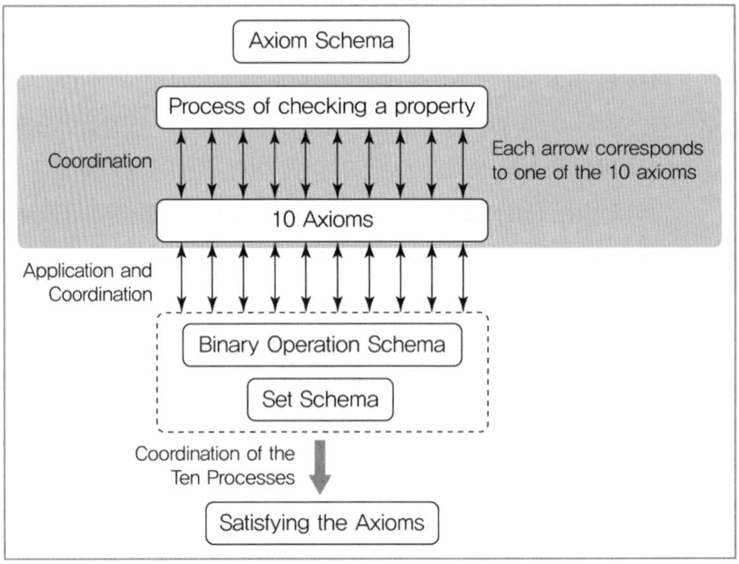

❙ 그림 4.6 ❙ 벡터공간 Schema의 발생적 분해도

• 벡터공간의 정신 구조 안에서 세 개의 Schema가 어떻게 작용하는가: 공리 Schema는 한 집합에 대한 이항 연산이 어떤 성질을 만족하거나 만족하지 않을 수 있다는 사실과 10개의 벡터공간 공리에 대응하는 10개의 Process의 집약화로 얻어진 10개의 구체적 Object가 포함되어 있다. 각 공리는 개별 협응이 일어나도록 탈집약화된다. 각 협응된 Process는 집합과 이항 연산 Schema에 적용된다. 집합 Object와 이항 연산

Object는 각 공리와 협응할 수 있도록 탈집약화된다. 그런 다음 이 연산에 대한 10개 경우들은 그 공리를 만족하는 단일 Process로 협응된다. [그림 4.6]은 이들 Schema의 상호작용을 나타낸 것이다.

4.6.2 벡터공간 Schema의 발달을 촉진하도록 설계된 활동들

많은 선형대수 교과서가 연립방정식과 행렬부터 시작하는 것과 달리 Weller et al. (2002). *Learning Linear Algebra with ISETL*는 벡터공간부터 시작한다. 벡터공간 장 앞에는 함수와 구조에 관한 기초 내용이 벡터공간 앞에 제시되어 있다. 이 기초 내용 도입의 목적 중 하나는 학생들이 ISETL 명령어에 익숙하게 하는 것이지만 집합과 같은 수학적 대상을 다루는 맥락에서 이 명령어들을 배우도록 하는 것이다. 학생들은 집합에 대한 여러 표상을 배우고 한 표상을 다른 표상으로 변환하는 것을 배운다(예를 들어, 집합에 대한 설명을 조건제시법으로 또는 조건제시법을 집합에 대한 설명으로). 또한 학생들은 집합들을 구성하고 비교하고 다른 대상들과 집합을 구별하는 법을 배운다. 이러한 내용에 대한 학습의 목적은 집합 Schema의 발달이다.

이 두 장(기초 내용과 벡터공간에 대한 장)에서 학생들은 다양한 *func*에 대한 ISETL 코드를 해석하고 작성한다. *func*는 ISETL의 함수 명령어이다. *func*는 수, 집합, 튜플, 다른 *func*까지 변수로 받아들인다. *func*에는 그 *func*의 출력값인 반환문도 포함되어 있다. 두 활동에서 유한체 Z_p에서 이항 연산인 합(modulo p)과 곱(modulo p)을 수행하기 위해 학생들은 *func*을 구성한다. 학생들은 체 Z_p 위에서 튜플 Z_p^n(양의 정수 n)의 집합에 대해 합과 스칼라 곱을 수행하기 위한 다른 *func*을 구성하는 데 이 *func*들을 사용한다.

일단 학생들이 튜플의 합과 다른 스칼라 체와 튜플 집합 쌍에 대한 스칼라 곱을 위한 *func*을 구성하면 학생들은 자신들이 정의한 연산의 성질들을 확인하기 위한 코드를 작성하기 시작한다. 구체적으로 벡터공간 공리를 확인하기 위한 코드를 작성한다. 일단 특정 공리에 대한 코드를 작성하면 이전 활동에서 자신들이 정의하고 다루었던 다른 체계 $(K, V, \text{va}, \text{sm})$[4]에 대해 그 코드를 검증한다. 벡터공간 공리와 관련된 코드의 해석은 각 공리에 대한 Process로의 내면화를 촉진한다. 집합과 이항 연산을 *func*의 입력값으로 받아들이므로 공리에 *func*의 적용 활동은 집합과 이항 연산 개념의 집약화를 촉진한다. 공

4 여기서 K는 체, V는 튜플의 집합, va는 V에 정의된 합, sm은 K와 V에 정의된 스칼라 곱을 나타낸다.

리에 대한 *func*의 작성은 공리 Schema의 발달을 돕는다. 특정 공리에 관한 활동에서 개인은 성질 확인 Process와 특정 공리와 연관된 Process를 협응하기 때문이다.

마지막에는 학생들에게 10개의 공리를 모두 제시하고 각 공리가 어떻게 작동하는지를 설명하도록 한다. 그런 다음 학생들은 p와 n이 다른 12개의 $(Z_p, Z_p^n$, va, sm$)$ 체계에 그 공리들을 적용한다. 학생들은 각 체계가 공리를 만족하는지 기록하는 표를 만든다. 이어지는 활동에서 학생들은 그 결과를 요약한다. 그 절은 funcis_vector_space의 구성으로 절정에 이른다. funcis_vector_space는 집합 V, 스칼라체 K, V에 정의된 연산 va, (K, V)에 정의된 연산 sm을 입력하는 부울 함수이다. 이 *func*는 $(K, V$, va, sm$)$ 체계가 10개 공리를 모두 만족하는지를 점검한다. 10개 공리를 모두 만족하면 true, 아니면 false를 출력한다. 학생들에게 이 *func*을 작성하고 사용하도록 하는 목적은 예비 분석에 의해 요구된 정신 구성을 지원하고 각 공리에 대한 10개의 Process를 벡터공간인을 결정하는 단일 Process로 협응하도록 하기 위함이다.

4.7 발생적 분해가 아닌 것

지금쯤이면 발생적 분해가 무엇인지 분명해졌을 것이다. 그렇지만 발생적 분해의 복잡성을 고려하면 일부 연구 프로젝트나 논문, 학생 과제에서 작성자는 발생적 분해라고 하지만 사실은 발생적 분해가 아닌 경우가 있다. 다음에는 이러한 "발생적 분해"의 몇 가지 예를 제시하고 이에 대해 논의한다. APOS 용어가 사용된 수업에 대한 설명이나 개념에 대한 수학적 설명을 발생적 분해와 혼동하는 경우가 흔한 오류이다. 행렬에 대한 예 1은 APOS 이론에 관한 세미나에 참석한 한 교사가 제시한 것이다.

예 1은 행렬 개념 학습에 필요한 구체적 정신 구성을 제공하는 대신 수업에서 다루어야 할 수학 주제를 목록으로 구성한 수업 계획을 제시한 것이다. APOS 용어를 사용했으나 APOS 이론의 인지 구조와는 관련이 없다. 즉, Action이나 Process를 적용해야 하는 Object를 발생적 분해에 구체적으로 제시하지 않았고, Action이 어떻게 Process로 내면화되는지에 대한 어떠한 설명도 없으며 Process가 어떻게 집약화 또는 협응하는지에 대한 설명도 없다. 더군다나 그 단계들에서 Action, Process, 또는 Object가 무엇인지도 식별할 수 없다.

발생적 분해가 아닌 예 1

1. 학생은 행렬을 정의하는 Action을 한다.
2. 학생은 행렬의 크기를 정의하는 Action을 한다.
3. 두 행렬을 더하는 Process
4. 행렬에 스칼라를 곱하는 Process
5. 행렬의 곱이 가능한 두 행렬을 곱하는 Process
6. 연산의 성질을 확인하는 Process
7. 역행렬이 존재하는지 확인하는 Action
8. 역행렬을 구하는 Process
9. 행렬 개념의 집약화

또 다른 흔한 오류는 학생들이 수행해야 할 조작의 목록을 나열한 것을 "발생적 분해"로 설명하는 것이다. 예 2는 세미나에서 한 대학원생이 제시한 실함수의 변환에 대한 예이다.

발생적 분해가 아닌 예 2

- Action: 어떤 함수를 이미 알고 있는 함수의 변환으로 볼 수 있는가? 주어진 함수를 기존 함수의 변환으로 다룰 수 있는가? 선형이나 이차함수처럼 그래프가 잘 알려진 실함수의 이동 그래프를 그릴 수 있는가? 함숫값을 구하기 위해 변환된 함수의 규칙에 값을 대입할 수 있는가? 점을 사용하여 변환된 함수의 그래프를 구할 수 있는가?

- Process: 주어진 함수를 일반적인 기본 변환(수평 이동, 수직 이동, 늘이기)으로 그릴 수 있는가? 주어진 함수의 변환을 찾을 수 있는가? 어떤 변환된 함수가 제시되면 원래 함수를 구할 수 있는가? 수평, 수직 이동과 함수 늘이기의 차이를 이해하고 이동했을 때 원래 함수의 정의역과 치역이 변하는지를 알 수 있는가?

- Object: 새로운 함수를 얻기 위해 변환의 합성과 같은 변환된 함수에 대한 연산을 수행할 수 있는가? 모든 변환된 함수의 그래프를 그릴 수 있는가? 모든 변환된 함수를 원래 함수와 관련지을 수 있는가? 변환의 합성으로 얻어지는 함수를 예측할 수 있는가? 함수의 다양한 변환 사이 차이를 이해하고 함수가 변환될 때 함수의 정의역과 치역이 어떻게 변하는지 이해할 수 있는가?

대학원생이 제안한 "발생적 분해"에 Action, Process, Object라는 단어가 포함되어 있지만 학생들의 개념 관점에서 서술하였다. 즉, 나열된 활동들을 수행하기 위해서 학생들이 구성해야 하는 구조 관점에서 서술하지 않았다. 예를 들어, 점별로 변환의 그래프를 나타내는 것과 관련된 Action을 구체적으로 제시하지 않았고, 그래프에서 변환을 인식할 수 있도록 이러한 Action을 어떻게 내면화하는지 또는 어떤 변환된 함수의 원래 함수를 알아내는 것과 관련된 Process를 어떻게 반전시킬 수 있는지를 설명하지 않는다.

발생적 분해를 설계할 때 겪게 되는 어려움 중 일부는 구조를 설명하는 방식에 대한 이론을 잘못 이해한 것과 관련이 있다. 세미나에서 대학원생이 제안한 도함수에 대한 예 3에서 이러한 점을 관찰할 수 있다.

발생적 분해가 아닌 예 3

예비 지식

- **Object로서 기하적 비**: 학생들은 기하적 비율을 동화시켜야 하고, 하나의 전체로서 비율의 의미를 알아야 하고, 이것에 Action을 가할 수 있어야 하고, 삼각비로 볼 수 있어야 한다. 다시 말해, 기하적 비를 직선 함수의 기울기로 볼 수 있어야 한다.

- **Action으로서 할선**: 물리적, 정신적으로 할선을 조작할 수 있도록 학생은 할선을 동화시켜야 한다.

- **원의 접선**: 학생은 원의 접선의 여러 정의를 협응시킬 수 있도록 원의 접선을 Process로 동화해야 한다.

- **직선 함수**: 기울기와 점이 주어졌을 때, 직선 함수의 방정식을 찾고 직선 함수가 Object(기울기와 점), (이 대상들에 가하는) Action, Process(직선 방정식과 그 그래프를 찾는 조작)의 일관성 있는 집합체라고 생각할 수 있어야 하며 그렇게 할 때 직선 함수의 Schema가 된다. 함수: R → R. 학생은 Object(그래프와 대수식), (데카르트 평면과 대수식에 가하는) Action, Process(그래프를 그리기 위해 데카르트 평면과 대수식의 조작)의 모임으로서 이 함수 Schema를 발달시켜야 한다.

- **극한**: 점점 더 가까워지는 Process.

예 3의 예비 지식에 대해 다음과 같이 말할 수 있다. Action으로서 할선에서 학생이 정신적으로 조작할 수 있다면 Action이 Process로 내면화되었음을 의미한다는 것을 이 저자는 모르고 있다. 또한 이러한 조작에 포함된 Action에 대해 아무런 언급이 없다. **원의 접선**에서 이 저자는 Process가 아니라 정의에 협응 개념을 적용하고 있다. **선형 함수**에서 Schema 개념이 명확하지 않다.

예 3 계속

- 도함수에 대한 "발생적 분해"
  1. 함수의 할선이 구성되려면, 즉 함수의 할선이 Schema로 주제화되려면 이 새로운 Schema 안에서 기하적 비가 Object로, 역도함수가 Schema로, 그리고 원의 할선이 Action으로 협응되어야 한다.
  2. 할선 Object에 극한 Action을 적용한다.
  3. 한 점 A에서 함수의 접선의 기울기를 결정하는 계수를 구성하기 위해 점 A에서 함수의 접선은 단일 Process로 내면화된다.
  4. 점 A에서 함수의 접선 Object와 선형 함수 Schema는 하나의 Schema를 구성한다. 즉, Objects(기울기와 점), (기울기와 점에 가하는) Actions, Processes(선형 함수를 구하고 그 그래프를 그리는 조작)의 일관성 있는 모임을 구성한다.
  5. 위의 4에서 Schema의 Process들은 함수 정의역의 한 점 A에서 도함수 Process를 구성하기 위해 3에서 내면화된 Action과 협응한다.
  6. 함수 정의역의 각 점에서 도함수에 대한 모든 Process는 함수 f의 도함수 Schema에서 집약화되기 위해 협응한다.
  7. 분모가 0으로 가까이 갈 때 할선의 극한 Schema, 도함수의 식 Schema, 도함수의 그래프 표상의 식에 대한 Schema

예 3의 경우 이해해야 할 구조의 의미가 드러나지 않는 문제점이 있다. 예를 들어, "단일" Process는 그 Process로 구성될 Action에 대한 언급이 없다. 즉, Action과 Process의 협응을 언급하였으나 3번에서 "Schema의 Process"가 무엇을 의미하는지 명확하지 않다. 그리고 5번의 의미도 명확하지 않다. 또한 함수의 각 점에 대한 다른 Process가 6번에서 고려되는데 이때 이 Process는 Action의 내면화여야 한다. 같은 항목에서 Process의 집약화를 초래하는 Action에 대한 언급이 없다. Schema라는 용어를 잘못 사용하고 있다. 마지막으로 7번에 학생이 쓴 것을 이해하기가 너무 어렵다.

"발생적 분해" 연구자가 생각하는 그 개념의 Action, Process, Object에 대한 설명으로 "발생적 분해"가 구성되는 경우도 있다. 이는 대학원 프로그램에서 한 학생의 마지막 발표를 발췌한 예 4에서 보여준다.

발생적 분해가 아닌 예 4

학생이 어떤 Action 개념을 가지고 있다면 이 학생은 Action을 행하기만 한다. 이 학생이 보이는 Action들은 다음과 같다.

A.1. R^3에서 한 평면에 속하지 않는 세 벡터가 이 공간의 기저임을 암기했다.

A.2. 주어진 방정식(예를 들면, 평면이나 직선의 방정식)을 조작하여 R^3의 부분 공간의 기저를 찾을 수 있다.

A.3. 주어진 벡터 집합이 일차독립인지를 확인하기 위해 그 벡터 집합에 Action을 가할 수 있다.

A.4. 세 벡터로 구성된 주어진 집합이 R^3를 생성하는지를 입증할 수 있다.

학생의 Process 개념의 습득 여부는 학생이 아래 Process들을 내면화했음을 보여주는 정도에 의해 입증된다.

P.1. 모든 벡터공간의 기저를 구할 수 있다.

P.2. 어떤 벡터 집합이 주어지더라도 일차독립인지를 입증할 수 있다.

P.3. 주어진 집합의 벡터들이 주어진 벡터공간을 생성하는지를 입증할 수 있다.

P.4. 기저와 생성집합을 구별하는 데 어려워하는 것으로 볼 때 이전 Process들이 협응되지 않았고 기저가 Object로 집약화되지 않았음을 알 수 있다.

학생의 Object 개념은 다음에 의해 입증된다.

O.1. 모든 주어진 기저에 대한 연산을 수행할 수 있다.

O.2. 다른 집합들을 비교하고 구별할 수 있고 그 집합들이 주어진 벡터공간의 기저인지를 결정할 수 있다.

O.3. R^n 같은 무한 공간에 대한 기저를 구할 수 있다.

O.4. R^n과 다른 벡터공간에 기저 개념을 사용할 수 있다.

방법론적 관점에서 예 4는 어떤 개념 학습에 필요한 정신 구조를 설명하지 않았기 때문에 발생적 분해라고 할 수 없다. 예를 들어, 모든 벡터공간의 기저를 찾는 Process로 내면화될 Action에 대한 설명도 없고 Process P.2.와 P.3.의 협응 결과에 대한 설명도 없다.

이러한 잘못된 "발생적 분해"의 예에는 APOS 용어가 포함되어 있지만 각각은 몇 가지 근본적인 측면에서 부족하다. 이러한 예들로부터 배워야 할 중요한 점은 발생적 분해는 일련의 수업 단계나 학생들이 가지고 있는 개념 목록 그 이상이라는 점이다. 오히려 발생적 분해는 학생들의 수학 개념 학습에 필요한 정신 구조에 대한 설명이다. 이런 의미에서 발생적 분해는 학생들이 수학 개념을 이해하는 방법과 일치하는 수업 설계를 위한 지침이다.

CHAPTER

05

APOS 이론에 따른 수학 지도

5장은 APOS 이론을 사용하여 수학 수업을 설계하고 실행하는 방법에 대해 알아본다. 특정 수학 개념에 대한 수업 설계와 실행은 그 개념을 이해하는 데 필요한 개인의 정신 구조를 설명하는 발생적 분해에서 일반적으로 시작한다(더 자세한 설명은 4장 참고). 수업은 발생적 분해에서 요구하는 정신 구조의 발달을 지원하는 교수학적 방식인 ACE 교수 사이클을 사용하여 실행된다.

ACE 사이클에는 일반적으로 학생들의 협동 활동이 포함되고 때로는 ISETL(Interactive Set Theoretic Language) 같은 수학 프로그래밍 언어를 사용하는 활동도 포함된다. 수학 프로그래밍 언어는 다음 세 성질을 만족하는 프로그램을 말한다.

1. 프로그램 언어의 문법이 표준 수학의 표준 표기법과 비슷해야 한다.
2. 수학적 특징들은 일반적인 수학적 성질과 함께 협응되어야 한다.
3. 절차와 함수 같은 중요한 데이터 유형에 대해 조작을 가하고 이름을 붙일 수 있고 다른 절차와 함수로 되돌릴 수 있어야 한다.

ACE 교수 사이클의 구성 요소와 ISETL의 특징은 5.1절과 5.2절에서 설명한다. 그런 다음 수학 전공자를 위한 추상 대수의 군 개념에 대한 APOS 기반 수업의 예(5.3절)와 예비 초중등 교사를 위한 순환소수에 대한 APOS 기반 수업의 예(5.4절)를 알아본다.

5.1 ACE 교수 사이클

ACE 교수 사이클은 활동(Activities), 교실 토론(Classroom Discussion), 연습(Exercises)으로 구성된 교수학적 전략이다. 사이클의 첫 단계인 활동(A)은 모둠원들이 과제를 협동하여 해결하는 단계로서, 이 과제는 학생들이 발생적 분해에서 제안한 정신 구조의 구성을 돕도록 설계되어 있다. 이 과제들은 정확한 답을 얻는 것보다 반영적 추상화를 촉진하는 데 초점을 두고 있다. 여기서 반영적 추상화는 수학 프로그래밍 언어를 사용하여 짧은 컴퓨터 프로그램을 작성하는 가운데 촉진된다.

ACE 교수 사이클의 두 번째 단계인 교실 토론(C)에서는 앞 단계 활동에 기반한 지필 과제나 교사가 제시한 계산을 하면서 소그룹 및 교사 주도 교실 토론을 한다. 교실 토론과 수업 중 활동은 학생들이 자신의 활동(특히 실험실에서 수행한 활동)을 반성할 기회를 제공한다. 교사는 토론을 안내하면서 학생들이 생각한 것과 활동한 것을 하나로 묶을 수 있도록 정의나 설명 또는 개요를 제공할 수 있다.

ACE 교수 사이클의 세 번째 단계인 과제 연습(E)은 컴퓨터 활동과 교실 토론을 강화하기 위해 설계된 교과서식 문제로 구성된다. 과제용 연습 문제는 발생적 분해에서 제안된 정신 구조의 지속적 발달을 위함이다. 또한 이 연습은 학생들이 학습한 것을 적용하도록 그리고 이 연습과 관련된 수학적 아이디어를 생각해보도록 한다.

[그림 5.1]은 ACE 사이클과 발생적 분해 사이 관계를 나타낸 것이다.

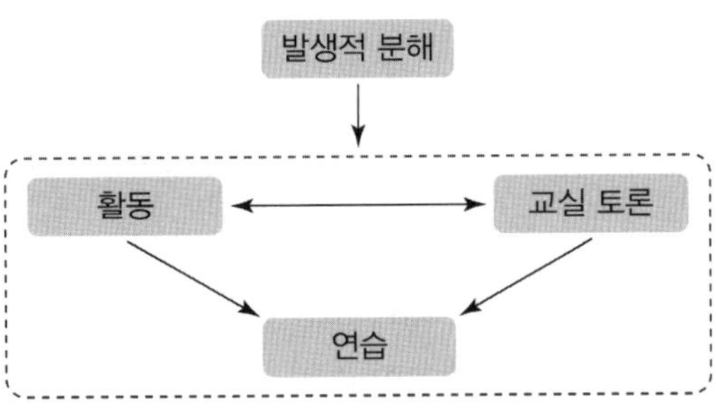

| 그림 5.1 | ACE 교수 사이클과 발생적 분해 사이의 관계

발생적 분해에서 점선 상자로 향하는 화살표는 발생적 분해가 ACE 교수 사이클의 각 성분에 영향을 준다는 사실을 나타낸다. 활동과 교실 토론 사이의 양방향 화살표에서 우측 방향 화살표는 활동이 교실 토론의 주요 주제임을 나타내고, 좌측 방향 화살표는 교실 토론

에서는 이 활동을 반성할 수 있는 기회를 제공해야 함을 의미한다. 활동과 교실 토론에서 연습으로 향하는 화살표는 연습의 주요 목적을 나타낸다. 즉, 연습은 학생들이 활동과 교실 토론에 참여할 때 만들어지거나 만들어지기 시작하는 정신 구조를 강화하기 위한 것이다.

활동 단계는 발생적 분해에 기반한 협동 과제의 완수와 관련이 있다. 대개 컴퓨터와 관련된 활동이지만 꼭 그럴 필요는 없다. 그 이유는 수학 프로그래밍 언어 사용과 관련된 활동이 발생적 분해에서 요구하는 정신 구조를 사용하는 수학 개념 학습에 도움이 된다는 사실을 보여주는 한 사례일 뿐이기 때문이다(Weller et al., 2003 참고). 다음 절에서는 널리 사용되고 있는 수학 프로그래밍 언어인 ISETL에 대해 설명한다.

5.2 ISETL: 수학 프로그래밍 언어

5.2.1 ISETL에 관한 간단한 소개

ISETL은 프리웨어 수학 프로그래밍 언어이다. ISETL이 다른 프로그래밍 언어와 구별되는 점은 수학적 표기법을 사용하여 수학적 개념을 나타낼 수 있고 그 표기법이 나타내는 개념에 대해 조작을 가할 수 있다는 점이다. ISETL 프로그램은 다음 URL 중 하나에서 다운받아 사용할 수 있다.

http://titanium.mountunion.edu/isetlj/isetlj.html
http://homepages.ohiodominican.edu/~cottrilj/datastore/isetl/;

Dautermann (1992)은 ISETL의 특징과 명령어에 대한 자세한 매뉴얼을 작성하였다. 독자들은 ISETL 프로그램을 다운로드하여 이 절의 예제를 따라 해보기를 바란다.

ISETL은 학생들의 수학 학습을 돕는 강력한 도구임이 입증되었다. 이 프로그램 언어의 문법은 수학의 표준 표기법과 매우 비슷하고 이 프로그램 언어는 특정 수학적 특징을 지원하고 모든 데이터 유형을 수학적 대상으로 간주하여 행동을 가할 수 있다. 5.2.2에서 5.2.4절까지는 이러한 특징들에 대해 하나씩 살펴볼 것이다. 5.2.5절에서는 교육적 도구로서 ISETL의 사용에 대해 논의하려고 한다.

5.2.2 ISETL 프로그램 언어의 문법은 수학 표준 표기법과 비슷하다.

ISETL의 문법은 수학 표준 표기법과 유사하다. 예를 들어, 2에서 100까지의 소수 집합을 수학 표기법으로 나타내면 다음과 같다.

$$\{x : x \in \{2,3,\dots,100\} \mid (\nexists y \in \{2,3,\dots,x-1\} \ni x \bmod y = 0\}$$

이 표기법을 ISETL 표기법으로 나타내면 아래와 같다. 수학 표기법과 ISETL 표기법이 거의 유사함을 볼 수 있다.

{x : x in {2..100} | (not exists y in {2,3..x-1} | x mod y=0)

ISETL에서 'in'은 '원소' 기호 ∈를 의미하고, 'not exists'는 '존재하지 않는다' 기호 ∄를 대체하며, 기호 '|'는 'such that(이러한 것, 조건)' 기호 ∋를 나타낸다.

집합을 원소나열법으로 나타내려면 ISETL 프롬프트 > 에 집합 형성에 대한 코드를 입력하고 그 끝에 세미콜론을 입력한 다음 엔터를 누르면 된다. 예를 들어, 100보다 작은 소수 집합을 원소나열법으로 나타내기 위한 코드는 다음과 같다.

```
> !setrandom off
> {x : x in {2,3..100} | not exists y in {2,3..x-1} | x mod
            y = 0};
{2, 3, 5, 7, 11, 13, 17, 19, 23, 29, 31, 37, 41, 43, 47,
           53, 59, 61, 67, 71, 73, 79, 83, 89, 97};
or
> !setrandom on
> {x : x in {2,3..100} | not exists y in {2,3..x-1} | x mod
            y = 0};
{17, 19, 29, 23, 11, 13, 7, 5, 2, 3, 41, 37, 31, 47, 43, 53,
           59, 61, 67, 71, 73, 97, 89, 83, 79};
```

!setrandom off 명령어는 집합의 원소를 순서대로 나열하고 *!setrandom on* 명령어는 임의의 순서로 원소를 나열한다. 3쌍으로 된 집합도 비슷한 방법으로 처리한다. Z_2 (modulo 2에 대한 모든 정수 집합)의 원소를 가지는 모든 3쌍의 집합인 Z_2^3는 수학 표준

표기법으로 다음과 같이 나타낸다.

$$Z_2^3 = \{(a,b,c) : a,b,c \in \{0,1\}\}$$

ISETL 표기법도 이와 거의 유사하다.

```
Z2_3:={[a,b,c] : a,b,c in {0,1}};
```

그러나 두 표기법은 미묘하지만 중요한 차이점이 있다. 순서쌍을 표기할 때 수학 표기법에서는 소괄호로 나타내지만 ISETL에서는 대괄호로 나타낸다. 그 이유는 ISETL에서 순서열은 대괄호 [ ]를 사용하여 나타내기 때문이다. 수학 표기법을 사용하여 집합 Z_2^3을 원소나열법으로 나타내면 다음과 같다.

$$Z_2^3 = \{(1,1,1), (1,0,1), (1,0,0), (0,1,0), (0,1,1), (0,0,1), (0,0,0), (1,1,0)\},$$

반면 ISETL에서는 다음과 같이 나타낸다.

```
Z2_3:={[1,1,1],[1,0,1],[1,0,0],[0,1,0],[0,0,1],[0,0,0],[1,1,0]}
```

숫자와 연산은 과학 계산기 또는 그래핑 계산기의 출력과 유사하다. 유일한 차이점은 기호 >로 제시되는 프롬프트다. 사용자는 프롬프트 기호 > 또는 입력을 완료시켜야 함을 나타내는 기호 >>로 시작하는 라인에 코드를 입력한다. 입력 완료는 일반적으로 세미콜론으로 나타낸다. 예를 들어, Line 4에 13* (233.8) 뒤에 세미콜론을 입력하지 않아서 프로그램 프롬프트 >>가 나타난다. 세미콜론을 입력하면 계산 결과가 반환된다 (Line 5). 프롬프트가 없는 라인은 컴퓨터가 반환한 출력이다[1].

```
Line 1: > 7+18;
Line 2: 25;
Line 3: > 13*(233.8)
```

1 Line 번호는 ISETL에서는 실제로 나타나지 않는다. 설명하기 편하도록 사용하는 것이다.

```
Line 4: >> ;
Line 5: 3039.400;
Line 6: > !rational off
Line 7: > 27/36;
Line 8: 0.750;
Line 9: > !rational on
Line 10: > 27/36;
Line 11: 3/4;
Line 12: > 5-9
Line 13: >> ;
Line 14: -4;
```

!rational off(Line 6)는 유리수를 소수로(간단한 명령을 사용하여 소수 자릿수를 설정할 수 있음), *!rational on* (Line 9)는 유리수를 분수로 나타내라는 명령어이다.

ISETL은 대소문자를 구분하여 변수를 지원하는 데, 기호 := 을 사용하여 정의한다. 예를 들어, x:=2; 를 입력하면 변수 x는 2와 같다고 정의한 것이다. 변수 x를 불러오면, ISETL은 2를 내보낸다.

```
> x:=2;
> x;
2;
```

ISETL은 변수 외에도 불대수 연산자(and, or, not, and impl, 여기서 impl는 implies의 줄임말), 일반적인 비교 연산자(=, /=(같지 않다), <=, >, >=), 한정기호(forall, exists, not exists)를 지원한다.

5.2.3 수학적 특징 지원

if 문 및 *for* 루프 같은 제어문을 사용하면 특정 명령어를 사용하지 않고도 수학적 절차를 수행할 수 있다. 다음 예의 Line 1에서 변수 x는 4로 설정된다. Line 2에서 Line 6의 if

명령문은 *if [condition] then* 형식으로 시작하고 *end if;* 로 끝난다. 조건 x>2 를 만족하고 이 조건이 Line 4에 있는 *elseif* 문의 조건 x>3 보다 앞에 있으므로 ISETL은 첫 번째 문구 “x is larger than 2” 만 내보낸다. x 값이 2보다 작거나 같은 경우 ISETL은 아무것도 반환하지 않는다.

```
Line 1: > x:=4;
Line 2: > if x>2 then
Line 3: >> writeln "x is larger than 2";
Line 4: >> elseif x>3 then
Line 5: >> writeln "x is larger than 3";
Line 6: >> end if;
Line 7: x is larger than 2
```

if 문과 마찬가지로 *for* 루프도 시작문과 결론문이 정해져 있다. 시작문은 *for [element(s) in some set] do* 형식으로, 결론문은 *end for* 명령을 사용한다. 아래 예에서 Line 1과 2는 *for* 루프 실행에 사용될 변수인 처음 3개의 수를 나타내는 집합 S와 (초기값으로) 0이 설정된 변수 a 를 정의한다. Line 3에서 Line 5의 *for* 루프는 S의 원소로 가능한 모든 쌍으로 구성된 변수 a 로 나타나는 합을 만든다. Line 7은 Line 6의 ‘call‘에 대한 결과로 출력된 a 값이다.

```
Line 1: > S:={1..3};
Line 2: > a:=0;
Line 3: > for x, y in S do
Line 4: >> a:=a+x+y;
Line 5: >> end for;
Line 6: > a;
Line 7: 36;
```

ISETL에서는 함수 같은 중요한 수학적 대상을 정의하고 그 값을 구할 수 있다. 다음 예에서 Line 1의 *func* 명령어에는 수, 집합, 튜플, 또는 다른 *func* 를 변수로 입력할 수 있다. 이 명령은 *func* 의 함숫값을 구하는 *return* 문장을 포함한다. 이 코드는 x에 어떤 수를 입력하면 mod 6에 대한 x와 3의 합을 반환하는 함수 f를 나타낸다. Line 5는 $x=4$일 때 f

의 값을 구하는 코드이다. Line 6은 $x = 4$일 때 f의 값이다.

```
Line 1: > f:=func(x);
Line 2: >> return (x+3) mod 6;
Line 3: >> end;
Line 4: >
Line 5: > f(4);
Line 6: 1;
```

proc 또는 procedure는 return문이 없고 값을 반환하지 않는다는 점을 제외하고는 *func* 과 같다. 이는 내부적 연산을 수행하는 데 사용된다. 아래 예에서 *SetNot* 이라는 *proc* 는 *pair* 라는 길이가 2인 튜플을 입력값으로 받아들인다. 튜플의 첫 번째 성분(Line 7에 정의된 집합)인 변수 *G* 에는 *pair(1)*의 값이 할당되고, 튜플의 두 번째 성분인 변수 *o* (Line 8~11에 정의된 *func*)에는 *pair(2)*의 값이 할당된다. *SetNot* 은 *o* 와 *G* 에 대한 항등원을 변수 *e* 에 할당한다. 변수 *inv* 의 값은 *[g,g′]* 형태의 모든 튜플로 구성된 집합이다. 여기서 *g* 는 *G* 의 원소이고, *g′* 는 연산 *o* 에 대한 *g* 의 좌역원이다. Line 3, 4의 방정식 *x.og* = *g* 및 *g′.og* = *e* 에 있는 "*.o*"는 이 기호가 접사 형태로 G의 이항 연산으로 사용되었음을 나타낸다. ISETL에서 이러한 접사 형태의 기호는 어떠한 이변수 *func* 에서도 사용된다. o를 두 입력값 a, b를 가지는 함수 *func* 라 할 때 이들의 함숫값은 *o(a, b)* 또는 *a.ob* 로 나타낼 수 있다. 후자의 표기법(*a.ob*)은 한 집합에서 정의된 이변수함수가 그 집합에 대한 이항 연산임을 뜻한다.

```
Line 1: > SetNot:=proc(pair);
Line 2: >> G:=pair(1); o:=pair(2);
Line 3: >> e:=choose x in G | (forall g in G | x .o g = g);
Line 4: >> inv:={[g,chooseg'inG | g'.og= e]:ginG};
Line 5: >> end;
Line 6: > pair:=[ ];
Line 7: > pair(1):={0..5};
Line 8: > pair(2):=func(x,y);
Line 9: >>  if (x in G and y in G) then
```

```
Line 10: >>        return (x*y) mod 6;
Line 11: >> end;
Line 12: >> end;
Line 13: > pair;
Line 14: [{0, 1, 2, 3, 4, 5}, !func(6)!];
Line 15: > SetNot(pair);
Line 16: > G; e; inv(5); inv(2);
Line 17: {1, 0, 2, 3, 5, 4};
Line 18: 1;
Line 19: 5;
Line 20: OM;
```

Line 13의 *pair*에 대하여 ISETL은 *pair(1)*로 정의된 집합과 *pair(2)*가 *func*임을 나타내는 식 *!func(6)!*의 두 원소로 구성된 튜플을 출력한다.

Line 15는 *pair*에 대한 SetNot의 "call"을 나타낸다. *proc*는 코드에 주어진 연산만 수행하므로 아무것도 반환되지 않는다. *SetNot(pair)*의 실행 결과는 Line 16~20에 있다. Line 16에서는 집합 *G*, 그 원소 *e*, 5와 2의 역수를 구한다. Line 17은 집합 *G*를 원소나열법(리스트 형식)으로, Line 18은 연산 *o*에 대한 항등원을, Line 19는 연산 *o*에 대한 5의 역수, Line 20의 OM은 연산 *o*에 대하여 2의 역수가 존재하지 않음을 나타낸다.

5.2.4 데이터 유형에 대한 연산

ISETL은 데이터 유형에 대한 연산을 지원할 수 있다는 점에서 강력하다. 기술적 관점에서 볼 때 이는 특정 ISETL 데이터 유형이 일급 객체[2]임을 의미한다. *func*은 일급 객체 중 가장 중요한 하나의 예이다. 예를 들어, *func*는 실제로 다른 *func*을 반환할 수 있다. 이는 아래 *func D*에 대한 코드에서 볼 수 있다. *func D*는 함수 f를 입력하면 *func*를 반환하고 있다. 이 함수는 변수 x값을 0.001 단위로 나눈 f의 계차몫(difference quotient)[3]이다.

2 일급 객체(first class object)란 컴퓨터 프로그래밍 언어 디자인에서 다른 객체들에 일반적으로 적용 가능한 모든 연산을 지원하는 객체를 말한다-역자주

3 x의 함수 $y=f(x)$에서 x가 Δx 만큼 증가할 때, y의 증가량을 $\Delta y(x)=f(x+\Delta x)-f(x)$라 하면 $\Delta y(x)$는 $y=f(x)$에 대한 계차이다. 이때, $\Delta y(x)$와 Δx와의 비(比)를 계차몫이라 한다. - 역자주

```
> D:=func(f);
>>        return func(x);
>>           return (f(x+0.001)-f(x))/0.001;
>>        end;
>>     end;
```

*func D*는 정의역의 어떤 점 x에서 차가 0.001인 어떤 특정 함수 f의 계차몫을 ISETL이 계산하도록 한다. 예를 들어, ISETL에 아래와 같이 함수 f를 $f(x)=x^2+1$로 정의하자.

```
> f:=func(x);
>>           return x**2+1;
>>     end;
```

*D(f)(3);*을 입력하면 그 차가 0.001인 $x=3$에서 계차몫의 값을 다음과 같이 반환한다.

```
> D(f)(3);
6.001;
```

비슷한 예는 아래 코드에 제시된 *func Sum*이다. Line 1~5에 정의된 이 *func Sum*은 두 *func f*와 g를 입력하면 이 두 함수의 합을 구한 *func*을 출력한다. 두 함수 f와 g는 Line 7~13에 정의되어 있다. Line 15에서 *Sum(f,g)*을 입력하여 Line 16에 *!func(7)!*가 반환되는데 이는 *Sum(f,g)*가 *func*임을 나타낸다. Line 18에 *Sum(f,g)(2)*를 입력하면 Line 19의 값이 나온다.

```
Line 1: > Sum:=func(f,g);
Line 2: >>    return func(x);
Line 3: >>       return f(x)+g(x);
Line 4: >>    end;
Line 5: >> end;
Line 6: >
```

```
> f:=func(x);
>>    return x**3+2;
>> end;
>
> g:=func(x);
>>    return 3*x;
>> end;
>
>  Sum(f,g);
!func(7)!;
>
>  Sum(f,g)(2);
16;
```

5.2.5 교수학적 도구로서 ISETL

1969년, 함수해석학 컨퍼런스에서 Dubinsky(1995)는 개발자 잭 슈워츠[Jack Schwartz]에게 ISETL의 전신(前身)인 SETL에 대해 처음 들었다(자세한 내용은 Chap. 2 참조). 슈워츠는 컴퓨터 프로그램으로 복잡한 수학적 관계를 나타내고자 하였다. 슈워츠는 이러한 목표를 달성하기 위한 가장 좋은 방법은 프로그래밍 언어가 기본적인 수학 개념을 기반으로 하는 것이라고 믿었다. 이러한 아이디어는 APOS 이론과 APOS 기반 이론적 틀을 발달시키는 데 영감을 주었다. 특히, 더빈스키는 피아제의 반영적 추상화 아이디어를 인지 이론으로 재구성하였고 이 이론에 기반한 수업과 교수법을 접목하였다. 이 교수법은 수학적 프로그래밍 언어로 짧은 컴퓨터 프로그램을 작성하는 것이었다. Asiala et al.(1996)은 다음과 같이 언급하였다.

> … (중략) … 학생들은 선택된 수학 개념에 대응하는 행동을 구성하는 경험을 한다. 이 경험은 일반적 Process에 따라 학생들이 그 수학 개념에 대한 친숙한 행동으로 재구성하게 하는 일련의 활동에서 얻게 된다. 그 후 활동들은 학생들이 Process를 대상으로 집약화하도록 돕는 예시들이다. 이 활동들은 집약화하고자 하는 Process를 입력하고, 출력(반환)하는 프로그램의 작성으로 구성되어진다. (p. 16)

이러한 교수법에 대한 아이디어는 컴퓨터 활동이 수학 개념의 인지적 형성의 기초가 되는 정신 구조를 발달시키는 정신 메커니즘의 활성화를 지원한다는 것이다. [그림 5.2]는 이를 설명한다.

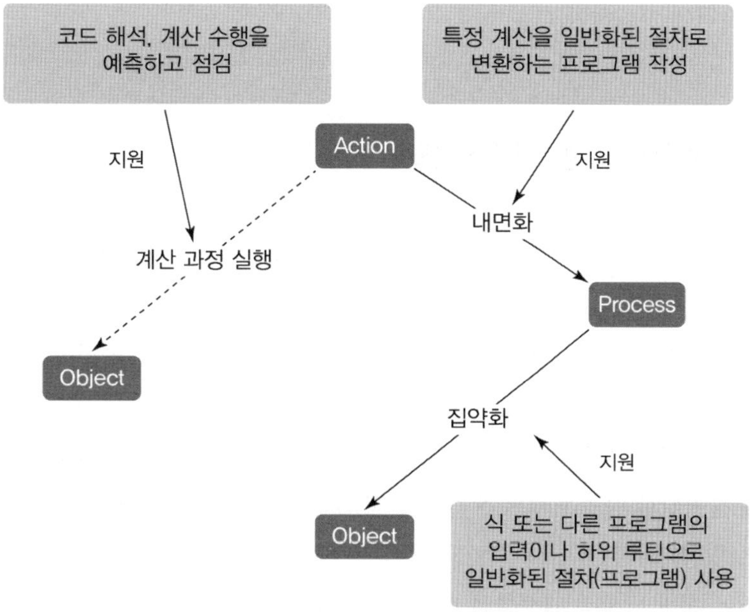

| 그림 5.2 | 컴퓨터 기반 교수법, 정신 메커니즘, 그리고 정신 구조 사이의 관계

보통 Action으로 시작하는 새로운 개념의 구성은 기존의 물리적이거나 정신적 Object에서 이루어진다(점선 화살표는 Action이 그 Object의 부분이 아님을 나타냄). 수업 관점에서 볼 때, 이는 명확한 지도와 구체적인 예가 있는 계산 프로그래밍 과제가 적합함을 의미한다. 학생들은 교과서에 적힌 것을 컴퓨터 화면에 반복하고, 코드의 실행 결과를 예측하고, 주어진 코드를 수정하면서 Action을 구성한다. 이는 [그림 5.2]의 '왼쪽'에 나타나 있다.

Action에 대한 반성은 Action이 정신적 Process로 내면화되도록 이끈다. 수업 관점에서 볼 때, 특정 값을 사용한 계산을 수행하는 프로그램의 코드를 특정하지 않은 값의 계산을 수행하는 짧은 프로그램으로 바꾸는 활동은 Action에 대한 Process의 내면화에 도움이 된다. 즉, 이러한 계산 프로그래밍 과제는 학생들이 특정 계산을 일반적 절차로 변환하게 하는 것이다. 이는 [그림 5.2]의 '오른쪽' 윗부분에 나타나 있다.

[그림 5.2]의 '오른쪽' 아랫부분에 나타난 것처럼 Process에 Action을 적용할 때 이

Process는 인지적 Object로 집약화되기도 한다. 수업 관점에서 볼 때, Process를 어떤 프로그램의 입력이나 출력으로 처리하거나 더 복잡한 프로그램의 서브루틴으로 사용하거나, 또는 프로그램 안에서 이 Process를 실행할 때 집약화가 발생할 수 있다.

ACE 교수 사이클에서 교수학적 도구로서 컴퓨터 활동을 사용하는 방법에 대한 예시는 5.3절과 5.4절에 자세하게 다룬다.

5.3 군에 대한 교수와 학습

수학 전공자가 추상 수학을 처음 접하는 분야는 보통 추상 대수이다. 추상 대수에서 다루는 많은 대상에 해당하는 친숙한 예(가환환의 예로서 정수, 체의 예로서 유리수)가 있더라도 학생들은 이전 수학 과목에서 이런 유형의 구조를 다루어 본 적이 없다. 그 결과, 학생들은 추상 대수 수업에서 큰 좌절을 종종 경험한다.

이 문제에 대한 해결책의 하나로 Dubinsky & Leron(1994)은 ISETL을 사용하면서 ACE 교수 사이클을 따르는 'APOS 기반 수업'을 개발했다. 이 절에서는 군 개념에 대한 수업 예를 설명한다.

군 개념에 대한 발생적 분해를 보면 군 Schema는 세 가지 Schema(집합, 이항 연산, 공리)로 구성되어 있음을 알 수 있다. 집합 Schema와 이항 연산 Schema는 주제화되어 Object가 되고 공리 Schema를 통해 협응한다(Brown et al., 1997). [그림 5.3]은 이 세 Schema의 상호작용을 나타낸다.

공리 Schema는 이항 연산이 어떤 집합에서 어떤 속성을 만족하는지 안 하는지를 확인하는 일반적 개념으로 속성 확인 Process이다. 또한 공리 Schema는 네 개의 군 공리에 대응하는 네 개 Process의 집약화로 구성된 네 개의 특정 Object를 포함한다. 공리를 확인하는 작업은 어떤 속성이 그 공리에 대한 특정 Process와 협응하는지를 알아보는 일이다. 이제 각 공리는 탈집약화가 되어 개별 협응이 일어나게 된다. (공리와 그 공리의 Process를 확인하는 일) 협응에 의해 각 Process는 집합 Schema와 이항 연산 Schema에 적용된다. 집합 Object와 이항 연산 Object는 탈집약화되어 각 공리 Process와 협응된다. 그러면 이 연산 작용에 대한 네 가지 속성은 공리를 만족하는 단일 Process로 협응된다(Brown et al., 1997, p. 192). 군 수업에서 동기를 부여할 때 이러한 예비 이론적 설명을 사용하는 방법은 5.3.1~5.3.3절에서 알아본다.

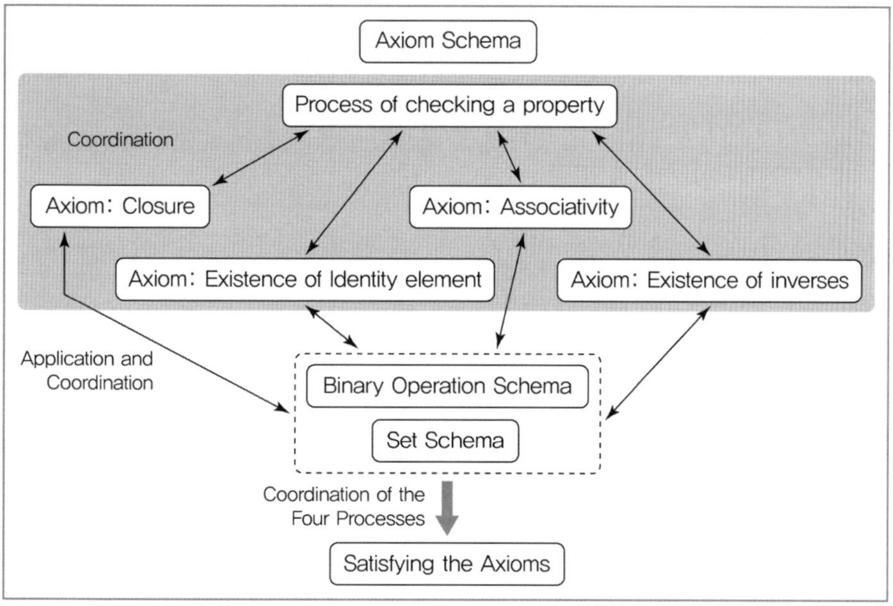

❙ 그림 5.3 ❙ 군 Schema에 대한 발생적 분해의 도식

5.3.1 활동(Activities)

5.3.1.1 집합

추상 대수 강좌의 학기 초 수업에서는 집합을 Process로 구성할 수 있는 기회를 제공하는 활동이 학생들에게 제공된다. 이 수업에서 학생들은 ISETL을 사용하여 집합 만들기 코드를 작성하거나 교과서에 있는 집합 관련 코드를 공부한다. 예를 들어, Z_{20}(정수 mod 20)의 짝수를 원소로 하는 부분집합 H를 아래에 나타난 것과 같이 집합 표기법으로 나타내려면, 학생은 그 집합의 모든 원소에 대해 부분집합의 원소가 될 수 있는지(원소가 짝수인지)를 확인하는 Action을 머릿속에서 수행해야 한다. 이러한 활동은 학생이 집합 생성 Action을 돌이켜 생각해보도록 이 반성 활동은 Action을 정신 Process로 내면화하게 한다.

```
> H:={g : g in Z20 | even(g)};
```

아래와 같이 한정기호(모든 x에 대하여)를 해석할 때도 비슷한 인지적 활동이 필요하다.

```
> forall x in Z20 | (x+0) mod 20 = x;
```

Z_{20}의 각 원소를 하나씩 확인하지 않고 한정기호가 있는 코드의 불대수 값을 예측하고 검증하려면, 학생은 그 집합의 각 원소에 대해 전칭기호로 주어진 조건을 확인하는 것과 관련된 Action을 내면화할 필요가 있다.

Dubinsky & Leron(1994)은 집합 개념을 정신 Object로 구성하는 데 도움되는 활동을 설계했다. 각 활동은 집합에 Action을 적용하는 내용으로 되어 있다. 다음은 이에 관한 두 예이다.

- 주어진 집합에서 새로운 집합 만들기: 학생들에게 주어진 집합들의 합집합과 교집합을 구하고 한 집합이 다른 집합의 부분집합인가를 결정하는 활동들을 주었다. 아래 샘플 ISETL 코드가 이러한 활동과 함께 제공된다.

```
Line 1: > Z20:={a mod 20 : a in [-30..50]};
Line 2: >
Line 3: > H:={g : g in Z20 : even(g)};
Line 4: >
Line 5: > K:={(5*g) mod 20 : g in Z20};
Line 6: >
Line 7: > H union K;
Line 8: {14, 12, 10, 8, 18, 16, 15, 0, 2, 4, 6, 5};
Line 9: > H inter K;
Line 10:{0, 10};
Line 11: > H subset K;
Line 12: false;
```

위 코드 Line 1, 3, 5에 주어진 세 집합에 대하여 학생들은 ISETL 코드를 해석하여 각 집합의 원소를 예측한다. 합집합, 교집합, 부분집합을 구하기 위해 Line 7~12처럼 학생들은 먼저 결과를 예측해보고 그 예측을 확인한다. 겉으로 보이는 활동은 비슷하더라도 내부의 인지적 활동에는 차이가 있다. 코드를 작성하거나 해석하려면 Process 관점에서 생각해야 한다. 다시 말해, 그 집합의 원소들이 조건을 만족하는지 확인하는 Action을 머릿속에서 수행해야 한다. 한편, 합집합과 교집합의 원소를 예측하고 한 집합이 다른 집합의 부분집합인가를 판단하는 것은 집합에 수행하는 Action이므로 이러한 활동에서는 집합을 정신 Object로 생각해야 한다.

- **집합을 입력값으로 하는 *func* 작성하기**: 학생들에게 집합에 대한 이항 연산을 정의하게 했다. ISETL로 생각하면, 그 집합의 두 원소를 입력하면 연산의 결과를 반환하는 *func*을 구성하는 코드의 작성을 의미한다. 이런 활동은 집합에 가하는 Action으로 이루어져 있다. 이 Action을 성공적으로 수행하려면 집합을 정신 Object로 집약화해야 한다. 코드와 함께 제공되는 예시 활동은 다음과 같다.

예 집합의 두 원소를 입력하면 그 집합에 정의된 이항 연산의 결과를 반환하는 함수 *func*를 코드로 작성하라. 그런 다음 *G*에서 정의된 함수 *func*가 가환인가를 확인하는 코드를 작성하시오.

```
> G:={1..12};
> G;
{1, 2, 4, 3, 12, 11, 10, 9, 6, 5, 8, 7};
> o:=func(x,y);
>> if (x in G and y in G) then
>> return (x*y) mod 13;
>> end;
>>end;
>
>  is_commutative:=func(S,op);
>> return forall x,y in S : x .op y = y .op x;
>> end;
>
>  is_commutative(G,o);
true;
```

Line 1에 집합 G가 정의되어 있다. Line 2에서 G를 호출(call)하면 그 결과가 Line 3에 리스트 형태로 반환된다. Line 4~8은 G에 정의된 이항 연산인 *func o*에 대한 코드이다. 학생이 *func o*를 작성하려면 집합 G의 임의의 두 원소를 선택하는 코드를 작성해야 한다. 그런 다음 선택한 원소들에 연산을 적용한다. 임의의 원소들을 선택하는 것은 집합에 적용하는 Action이 된다. 이렇게 하려면 먼저 Action을 적용할 수 있도록 집합이 정신 Object로 집약화되어야 한다. Line 10~12는 *funcis_commutative*에 대한 ISETL 코드이다. 이 *func*에는 집합 S와 S에 정의된 이항 연산 *op*를 입력한다. 이 *func*는 S에 정의된 이항 연산 *op*가 가환인가를 확인한다. 이 *func*는 집합 G와 연산 o를 호출한다. o는 가환이므로 *func*은 true를 결과값으로 반환한다(Line 15). *func is_commutative*는 입력에 대한 Action이므로 *is_commutative* 코드를 결정하고 적용하는 것은 집합과 이항 연산 개념의 집약화를 촉진한다고 본다.

5.3.1.2 이항 연산

특정 유한집합에 대한 특정 이항 연산은 집합에 적용하는 Action에 해당한다. ISETL로 *func*을 작성하는 것은 이러한 Action의 내면화를 이끌 수 있다. 다음은 이 활동의 예이다.

예 원소가 3개인 모든 치환의 집합 S3에 대하여 S3의 두 원소를 입력하면 그 원소들의 합성을 반환하는 *func comp*에 대한 코드를 작성하시오.

```
Line 1: > S3:={[a,b,c] : a,b,c in {1..3} | #{a,b,c} = 3};
Line 2: > comp:=func(p,q);
Line 3: >>  if (p in S3 and q in S3) then
Line 4: >>  return [p(q(i)) : i in [1..3]];
Line 5: >>  end;
Line 6: >> end;
```

Line 1에는 집합 S3가 정의되어 있다. Line 2~6은 S3의 두 원소를 입력하면 두 치환의 합성을 반환하는 *func comp*에 대한 ISETL 코드이다. 이러한 이항 연산 *func*을 작성하는 활동을 통해 학습자들은 이항 연산을 임의의 두 원소로 선택하고 그 순서쌍에 다른 원소를 할당하는 일반적 단계로 생각하기 시작함으로써 이항 연산 Action의 내면화를 지원한다. 이런 유형의 활동에는 특정 쌍에서 임의의 쌍으로의 이동, 이항 연산이 일반적으로 어떻게 작용하는가에 관한 생각 등 Process의 핵심이 포함되어 있다.

내면화는 한정기호 문장의 해석을 통해 더 활성화될 수 있다. 예를 들어, 다음과 같은 한정기호 문장이 무엇을 지시하는 것인지를 물었을 때, 학생은 임의의 쌍이라는 측면에서 생각해야 한다.

```
> forall g1, g2 in G | g1 .o g2 in G;
```

이를 위해서는 집합 G의 원소들의 특정 쌍에 대한 이항 연산을 확인하는 Action의 내면화가 필요하다.

이항 연산이 특정 성질을 만족하는지 확인하는 가운데 집약화가 일어날 수 있다. 이항 연산이 어떤 성질을 만족하는지 판단하기 위해서는 집합과 이항 연산을 입력하면 그 집합의 모든 상에 대해 성질을 확인하고 참이나 거짓을 반환하는 불리안(Boolean) *func*을 작성한다. 이는 집합과 이항 연산 모두에 대한 Action으로 구성되므로 집합과 이항 연산을 모두 Object로 집약화해야 가능하다. 원소들의 모든 쌍에 대해 확인하려면 집합 Process와 이항 연산 Process의 협응이 필요하므로 두 Object가 탈집약화되어야 한다. 다음 예와 샘플 코드는 집합 S3와 이항 연산 합성에 대한 활동을 보여준다.

예 집합과 그 집합에서 정의된 이항 연산을 입력하면 그 이항 연산이 가환이 되는지를 검증하는 *func*을 작성하시오.

샘플 코드:

```
Line 1: > S3:={[a,b,c] : a,b,c in {1..3} | #{a,b,c}= 3};
Line 2: > comp:=func(p,q);
Line 3: >>  if (p in S3 and q in S3) then
Line 4: >>     return [p(q(i)) : i in [1..3]];
Line 5: >>   end;
Line 6: >>  end;
Line 9: >
Line 10:>   is_commutative:=func(S,op);
```

```
Line 11: >> return forall x,y in S : x .op y = y .op x;
Line 12: >> end;
Line 13: >
Line 14: >  is_commutative(G,o);
Line 15: false;
```

func is_commutative (Line 10~12)는 집합 S와 이항 연산 op를 입력하면 S에 정의된 연산 op가 가환인지를 검증하는 불대수 함수이다. Line 14에서 집합 S3와 연산 *comp* 에 *func is_commutative* 를 실행한다. Line 15는 그 검증 결과이다.

몇 가지 이항 연산은 ISETL에는 몇 가지 이항 연산이 미리 정의되어 있다. *mod, div, min, max, and, or* 와 같은 이항 연산이 그에 해당한다. 이항 연산이라 특별히 언급하지 않은 채 학생들은 이항 연산을 가지고 활동한다. 이러한 명령어들과 관련된 활동은 학생들의 이항 연산 Schema 구성에 도움이 되도록 설계되었다.

앞에서 언급한 것처럼 수학의 표준 표기법과 마찬가지로 ISETL은 삽입사 사용을 지원한다. 만약 op가 ISETL의 어떤 이변수 *func* 라면 *op(a,b)* 대신 *a* 와 *b* 사이에 *.op* 을 삽입하여 *a .op b* 로 사용할 수 있다. 다음 예에서 *add_Z20(3,5)* (Lines 8~9)는 *3.add_Z205* (Lines 10~11)과 같은 결과를 출력한다.

```
Line 1:  > Z20:={0..19};
Line 2:  > add_Z20:=func(x,y);
Line 3:  >>  if (x in Z20 and y in Z20) then
Line 4:  >>    return (x+y) mod 20;
Line 5:  >>  end;
Line 6:  >> end;
Line 7:  >
Line 8:  > add_Z20(3,5);
Line 9:  8;
Line 10: > 3 .add_Z20 5;
Line 11: 8;
```

삽입사 표기법의 사용은 어떤 집합에 정의된 모든 이변수함수가 이항 연산임을 학생들이 알 수 있도록 돕는다. 이는 이항 연산 Schema의 발달을 촉진하는 ISETL의 또 다른 특징이다.

5.3.1.3 군 Schema

군 Schema는 공리 Schema가 집합 Schema 및 이항 연산 Schema와 협응하면서 정신적으로 구성된다. 공리 Schema는 다음과 같은 두 주요 구성 성분을 포함한다.

1. 집합에서 정의된 이항 연산의 성질 확인하기
2. Object로 구성된 군 개념의 네 가지 공리

어떤 성질을 만족하는 일반적 Process는 공리 Object가 탈집약화된 특정 공리에 대한 Process와 협응한다. 그런 다음에 이 협응된 Process를 특정 집합과 이항 연산에 적용한다. 여기에는 집합 Object와 이항 연산 Obejct의 탈집약화가 관련된다. 탈집약화된 집합 Process, 이항 연산 Process와 공리 Process를 협응시켜 집합과 이항 연산에 대한 공리의 타당성을 밝히기 위한 것이다. 이러한 정신적 구성은 *is_closed, is_associative, has_identity, has_inverses*와 같은 *func*을 작성하는 활동을 통해 촉진된다. 각 *func*는 집합과 이항 연산를 입력하면 불대수 값을 반환한다. 학생들은 특정 집합과 이항 연산에 대해 이 *func*들을 테스트한다. 예를 들어, S3(Line 5)에 정의된 함수 합성 연산 *comp*의 결합법칙을 확인(Line 1~3)하려면 학생들은 *is_associative (S3,comp)*(Line 11) 코드를 입력해야 한다. 여기서 S3는 집합을, *comp*(Line 7~9)는 합성 연산을 나타낸다.

```
Line 1:  >    is_associative:=func(G,op);
Line 2:  >> return forall x,y,z in G ¦ (x .op y) .op z = x .op (y .op z);
Line 3:  >>   end;
Line 4:  >
Line 5:  > S3:={[a,b,c] : a,b,c in {1,2,3} : #{1,2,3}= 3};
Line 6:  >
Line 7:  > comp:=func(p,q);
Line 8:  >>    return [p(q(i)) : i in [1..3]];
Line 9:  >> end;
Line 10: >
Line 11: >  is_associative(S3,comp);
Line 12: true;
```

닫힘조건, 결합법칙, 항등원과 역원의 존재성의 네 가지 공리 그리고 집합 및 이항 연산의 협응에 대한 네 가지 예가 군 공리를 만족하는 하나의 전체 Process로 협응이 이루어진다. 학생들에게 *is_group*이라는 *func*을 작성하게 하는 가운데 이러한 정신 구성이 일어난다. 이 *func*은 집합과 이항 연산을 입력하면 불대수 값을 반환한다. 다음은 *is_group*에 대한 한 예이다.

```
> is_group:=func(G,op);
>> return is_closed(G,op) and
      is_associative(G,op) and
      has_identity(G,op) and
      has_inverses(G,op);
>> end;
```

학생들은 여러 다른 집합과 이항 연산에 *is_group*를 적용해보면서 군이 되는 예와 안 되는 예들을 알게 된다. 서로 다른 여러 예들을 다루어보는 가운데 군 Schema가 확고해진다. 군 Schema가 형성되면 거기에 포함되어 있는 예들 사이의 관계를 인식하는 능력이 생기고 문제 상황에 직면했을 때 문제 속성이 그 Schema에 있는지를 판단할 수 있게 된다.

Schema를 구성하는 성분과 그 관계에 대한 반영적 사고는 개인이 Schema에 대한 의식적인 Action을 수행할 수 있게 한다. 이러한 Action을 구성하는 능력은 군 Schema의 주제화가 일어났는지를 나타내는 지표가 된다. 어떤 집합과 거기에 이항 연산을 주었을 때 군이 되는지를 결정하기, 군의 여러 성질을 확인하거나 두 군이 동형(isomorphic)인지를 판단하기 등의 활동과 연습이 군에 대한 주제화를 촉진한다. 성질 확인하기의 한 가지 예로 *func is_commutative*가 있다. 이 *func*은 군과 그에 대한 이항 연산을 입력하면 각 원소 쌍에 대하여 가환 조건을 확인하고, 참 또는 거짓을 반환한다. 이 책의 후반부에는 학생들에게 준동형 사상(homomorphism)을 구성하게 하는 활동이 있다. 군 Schema의 주제화를 지원하는 이 활동의 핵심은 두 군 (G, op)과 (G', op') 사이 함수 f를 입력하면 준동형 사상 조건의 충족 여부를 결정하는 *is_hom*이라는 불대수 값 *func*를 구하는 일이다. *is_hom func*은 다음과 같이 구성될 수 있다.

```
> is_hom:=func(f);
>>      return forall x,y in G ¦ f(x .op y) = f(x) .op'
        f(y);
>>   end;
```

5.3.2 교실 토론(Classroom Discussion)

교실 토론 단계에서는 활동 단계에서 수집한 군이 되는 예와 안되는 예에 대하여 학급 전체가 다 함께 생각해보고 기하적 모델로 나타낼 수 있는 여러 대칭군(symmetry group)을 구한다.

활동 단계에서 학생들은 다음과 같이 집합과 이항 연산에 대하여 특정 성질을 만족하는지 그리고 군이 되는지를 확인한다.

- (Z12, a12), Z12는 정수 집합 {0, 1, 2, 3, 4, 5, 6, 7, 8, 9, 10, 11}이고 a12는 mod 12에 대한 덧셈
- (Z12, m12), Z12는 정수 집합 {0, 1, 2, 3, 4, 5, 6, 7, 8, 9, 10, 11}이고 m12는 mod 12에 대한 곱셈
- (twoZ12, m12), twoZ12는 정수 집합 {0, 2, 4, 6, 8, 10}이고 m12는 법 12에 대한 곱셈
- (Z12−{0}, m12), Z12−{0}는 정수 집합 {1, 2, 3, 4, 5, 6, 7, 8, 9, 10, 11}이고 m12는 mod 12에 대한 곱셈
- (S3, op), where S3 is the set of permutations of the set {1,2,3} and op is composition of permutations
- (S3, op), S3는 집합 {1, 2, 3}의 치환 집합이고 op는 치환의 합성

학급의 개별 그룹은 학급 전체가 합의에 도달하도록 자신들의 결과를 서로 공유한다. 이 학급 토론에는 이항 연산 및 군에 대한 성질이 포함된다. .

교실 토론 시간에 학생들에게 정사각형의 모든 대칭들로 만든 집합인 군 D4를 만들어 보게 한다. 학생들은 정사각형을 그려서 꼭짓점에 번호를 매겨 회전과 반사를 찾고 연산표를 만들어 이 집합과 이항 연산이 군이 되는지 밝히고 이 군과 집합 {1, 2, 3, 4}의 모든

치환 집합 사이의 관계를 파악하는 활동을 한다. 기하적 표상과 관련된 이러한 연습은 학생들의 군 Schema에 대한 이해를 확장하는 데 도움이 된다.

5.3.3 연습(Exercises)

ACE 교수 사이클의 연습 단계에서는 활동 단계와 교실 토론 단계를 강화한다. 구체적으로, 행렬 집합, 치환군, 유리수를 다루는 활동을 통해 그리고 군의 특정 성질, 특히 아벨군이 되는 조건 및 위수가 4인 모든 군이 아벨군임을 증명하는 활동을 통해 학생들의 군 Schema의 구성과 확장이 계속 일어나도록 한다. 이 연습은 또한 앞으로 다룰 부분군과 궤도와 연결되어 있다. 궤도와 관련된 한 가지 예로는 $p \in S6$(S6는 원소가 6개인 집합에 대한 모든 치환 집합)에 대하여 p^n이 항등이기 위한 n값을 구하는 활동이 있다. 부분군에 대한 예로는 {1, 2, 3}의 모든 치환 집합 S3의 원소가 2개, 3개, 4개인 모든 부분군을 구하는 활동이 있다.

5.3.4 수업 결과

Brown et al.(1997)은 Dubinsky & Leron(1994)에 제시된 APOS 수업 방법에 기반한 강좌를 들은 학생들의 군에 대한 학습 결과를 보고했다.

발생적 분해와 관련하여 수업 실험에서 구한 자료는 예비 발생적 분해를 뒷받침하는 것으로 보였다. 이 자료는 또한 집합 및 이항 연산 Schema와 공리 Schema 사이의 협응을 발달시키고자 할 때 나타나는 쟁점들도 부각시켰다. 이 쟁점들은 군을 수업하는 교수자에게 학생들의 군에 대한 학습의 몇 가지 중요한 사실을 말해주고 있다.

1. 지금까지 제시한 Schema들의 협응 초기 단계의 경우 학생들은 주변 환경 일부에서 나타나는 특징을 전체 환경에 적용된다고 가정하는 경향이 있다(예를 들어, 어떤 학생은 군이 닫혀 있으므로 그 부분군도 닫혀 있다고 말한다).
2. 집합과 그 집합의 원소가 되는 조건을 다루면서 학생들은 그 집합의 원소가 된다는 것이 그 조건을 만족한다는 뜻이라는 것을 이해하는 것보다 어떤 원소가 그 집합의 원소가 되는 조건을 만족하는지를 더 쉽게 이해한다.

3. 군 Schema 구성에서 학생들은 일반 군 개념을 이해해야 하고 군 안에서 계산을 수행할 수 있어야 한다.

Brown et al.(1997)은 또한 전통적 추상 대수 수업을 수강한 학생들과 APOS 기반 강좌를 수강한 학생들을 비교 분석하였다. APOS 그룹의 학생들은 이항 연산, 군 및 부분군과 관련된 수학 과제를 전통적 수업을 받은 학생들보다 더 잘 수행하였다. 그뿐만 아니라 APOS 그룹 학생의 3분의 1 이상이 군 관련 개념을 이해하였고 나머지 학생 대부분도 상당한 학습 진척을 보였으며 모두 교재 내용을 이해하는 것으로 나타났다.

5.4 순환소수 단원에 ACE 교수 사이클 적용

유리수는 초등학교와 중학교에서 집중적으로 배운다. 따라서 초등 교사와 중학교 교사들은 유리수 개념에 대한 철저한 이해가 있어야 한다. 특히 순환소수 전개를 포함한 유리수의 표상에 대해 잘 알아야 한다. 그러나 Yopp et al.(2011)은 많은 예비 초등 교사와 중학교 교사들이 순환하는 소수에 대해 상당한 어려움을 겪는다고 했다. 그 연구의 참여자들은 무한소량의 존재("아주 아주 작은 부분이 있다")를 주장하였고, 실수는 오로지 물리적 경험과 정확하게 대응하는 수이며 근삿값만으로도 충분하다고 생각을 하고 있었다. Tall & Schwarzenberger(1978)도 대학생들이 무한소량 관점을 가지고 있었고, 서로 다른 두 소수가 같은 유리수에 대응할 수 있다는 사실에 혼란스러워함을 밝혔다. 교사들의 이러한 어려움을 감안하면 K−12 학생들이 오개념을 가지고 있다는 사실이 놀라운 일이 아니다. Gardiner(1985)는 K−12 학생들이 흔히 무한소수를 유한소수와 같은 것으로 보고, 가장 작은 양수는 0.0 ⋯ 01이라고 주장한다고 보고했다.

4.2절에서 살펴보았던 순환소수는 잠재적 무한과 실무한의 역설적 이중성의 경계에 있는 몇 가지 수학 개념 중 하나이다. 한편으로 보면, 순환소수는 잠재적 무한의 한 예로서 긴 나눗셈으로 유리수를 표현하기 위해 숫자를 계속해서 나타내는 Process로 생각할 수 있다. 반면, 순환소수는 실제 무한의 예로서 고정된 값을 가진 어떤 숫자의 표상으로 생각할 수도 있다.

Dubinsky et al.(2005a, b)는 수학적 무한 개념의 역사적 발달에 대한 APOS 기반 분석에서 이러한 모순적으로 보이는 개념 사이에 존재하는 차이를 밝히고자 했다. 이 분석에서 그들은 잠재적 무한과 실무한이 어떻게 집약화라는 정신 메커니즘에 의해 연결된 서로 다른 두 개념화를 나타내는지 설명했다. 잠재적 무한, 즉 시간 흐름에 따른 무한의 개념은 Process로서 무한 개념이다. 무한 Process는 마지막 단계가 없어 명백한 완료의 표시가 없다. 따라서 무한 Process를 정신적으로 완료된 것으로 생각할 수 있는 것은 잠재적 관점을 넘어서는 데 있어 중요한 단계이다. 완료된 무한 Process를 반영적으로 사고함으로써 개인은 그것을 시간적 제약이 없는 하나의 조작인 Totality로 생각할 수 있다.[4] 이 시점에서 개인은 이 Process를 실무한의 예인 정신 Object로 변환시키기 위해 집약화 메커니즘을 가동할 수 있다.

이러한 아이디어를 사용하여 연구자들은 순환소수 $0.\dot{9}$과 1에 대해 학생들이 가진 어려움을 설명하였다. 어떤 학생의 경우 순환소수 $0.\dot{9}$는 Process로 인식하여 9가 계속 추가되는 동적 관점으로 생각하거나 또는 무엇을 하는 어떤 것으로 생각하고, 반면 숫자 1은 변환시킬 수 있는 고정된 실체인 정신 Object로 생각할 수 있다. 동적 Process와 정적 Object를 비교한다는 자체가 (적어도 정신적으로 보았을 때) 말이 되지 않지만 $0.\dot{9}$는 Process로, 1은 정신 Object로 보는 학생은 $0.\dot{9}$와 1은 같지 않은 것으로 볼 수 있다. 다른 식으로 생각해보면, 학생은 무한히 순환하는 소수를 완료되지 않는 Process로 볼 수 있다. 이 경우 순환소수는 길이가 정해지지 않은 유한한 숫자열이다. 이런 관념을 가지고 있다면 $0.\dot{9}$는 1과 무한히 가깝지만 1보다 작다고 생각할 수도 있다.

이러한 분석은 순환소수에 대한 예비 발생적 분해 개발에 사용되었고, 이는 예비 초등교사와 중학교 교사를 위한 순환소수 수업 설계에 귀중한 정보를 제공하였다. 어떤 학생이 0을 포함하는 자연수에 대한 특정 Action을 시작한다. 이 Action에는 순환소수의 소수 표현법을 처음 배울 때 볼 수 있는 것으로 처음 숫자열을 말이나 글로 반복하여 표현하는 활동이 포함한다. 이러한 Action들은 나중에 무한 숫자열로 확장될 길이가 정해지지 않은 숫자열을 나타내는 Process로 내면화된다. 구체적으로, 이 학생은 무한 숫자열을 나타내려면 소수를 무한히 계속 나타내야 한다는 사실을 감지하게 된다. 어떤 시점부터 무한히 반복되어 무한 숫자열을 형성한다는 생각을 이해한다. 이 학생이 이 Process를 반영

4 Dubinsky et al.(2005a, b)의 연구에서는 Process를 Totality로 볼 수 있는 능력을 집약화의 일부 능력으로 생각하였다. 이 연구(Weller et al., 2009, 2011; Dubinsky et al., 2013)에 기반한 수업은 Totality가 Process와 Object 사이의 분리된 단계라는 증거를 보여주었다. 이러한 구별은 이 장 후반부에서 그리고 8장에서 더 자세히 살펴본다.

적으로 생각하고 무한 숫자열을 정신 Action이나 Process를 가할 수 있는 하나의 실체로 보기 시작할 때 무한 숫자열을 표현하는 Process는 정신 Object로 집약화될 수 있다. 무한 숫자열에 취해지는 이 Action들에는 여러 가지 수계산과 비교 활동, 무한 숫자열이 특정 관계를 가지거나 등식으로 표현될 수 있는지, 그리고 순환소수를 어떤 분수나 정수와 같은 값을 가지는 수로 볼 수 있는 능력 등이 포함된다. [그림 5.4]는 순환소수에 대한 예비 발생적 분해이다.

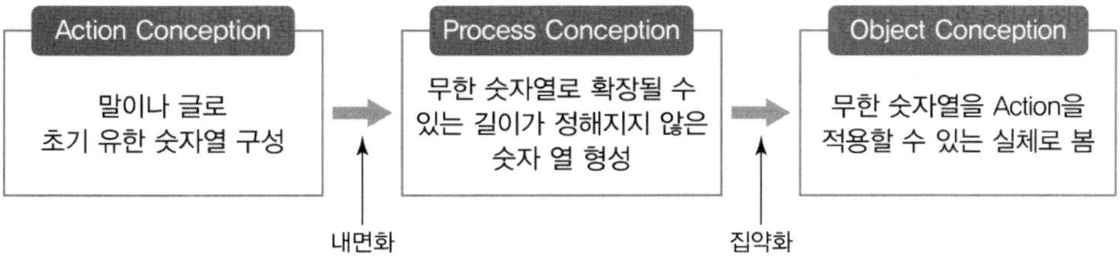

| 그림 5.4 | 도식으로 나타낸 순환소수에 대한 발생적 분해

순환소수에 대한 수업은 세 번의 반복된 ACE 교수 사이클로 구성되었다. 각 사이클은 컴퓨터 활동 1차시와 교실 토론 1차시로 이틀에 걸쳐 이루어졌다. 연습 과제는 각 수업에 마지막에 제시하고 다음 수업이 시작할 때 거두었다. 시간 부족으로 두 번의 수업을 추가로 진행했다. 이 수업의 결과 분석은 세 논문(Weller et al., 2009, 2011)과 Dubinsky et al.(2013))에 보고되었다.

교수 사이클의 활동 단계에서 학생들은 ISETL을 사용하는 컴퓨터실에서 협력 그룹으로 활동하였다. 이 경우 이전 APOS 기반 수업과 다르게 ISETL이 사용되었다. 일반적으로 APOS 기반 수업에서는 짧은 컴퓨터 프로그램을 작성하기 위해 ISETL을 사용한다. 이 활동은 발생적 분해에서 요구되는 정신 구조를 만드는 메커니즘을 지원한다. 예를 들어, Action을 수행하는 프로그램을 작성하고 그 실행 결과를 예상해 보는 것은 내면화를 지원한다. Process에 대한 Action을 수행하는 프로그램의 작성은 집약화를 돕는다. 순환소수 수업에서 학생들은 연구자들이 개발하여 미리 설치해 둔 십진 전개 소프트웨어를 사용하여 ISETL에서 계산을 했다(Weller et al., 2009, 2011; Dubinsky et al., 2013). 학생들에게 프로그램을 작성하라고 하지는 않았으나 그 계산을 통해 내면화와 집약화 정신 메커니즘이 일어나도록 했다. 학생들은 *func*을 사용하여 순환소수의 한 숫자나 유한 개 숫자를 살펴보았다. 이러한 활동은 순환소수의 십진 전개를 구하는 Action을 반영하도록 도와 내면화가 일어나게 하였다. 학생들은 미리 정의된 *func*을 사용하여 순환소수에 대해 연산을 하거나 순환소수를 서로 비교하였고 분수를 소수로, 소수를 분수로 변환했다. 이러한 활동들은 학생들이 순환소수에 대한 Action을 수행하도록 하여 집약화를 지원하였다. 십진 전개 소프트웨어에는 미리 정의된 *func* 외에도 다른 활동에서 사용할 순환소수의 몇 가지 예가 저장되어 있었다. 많은 활동에서 학생들은 손으로 계산하고 그 결과를 컴퓨터로 확인하였다. 이러한 활동의 예는 5.4.1~5.4.3절에 제시되어 있다.

ACE 교수 사이클의 첫 번째 목적은 두 가지이다. (1) 숫자를 나열하는 Action에서 정신 Process로의 내면화를 돕는 것(순환소수를 이루는 무한 숫자열[5]을 생각할 수 있도록)과 (2) 순환소수 표기법에 따라 순환소수를 정신 Object로 볼 수 있도록 돕는 것이다. 사이클의 두 번째 목적은 집약화에 초점을 둔다. 학생들이 Process로 구성된 무한 숫자열을 Action을 적용할 수 있는 정신 Object로 변환시킬 수 있도록 돕는 데 그 목적이 있다. 사이클의 세 번째 목적은 무한 숫자열과 그에 대응하는 분수나 정수 사이 관계의 발달을 강조하였다. 이러한 관계의 발달은 개인의 유리수 Schema에서 중요한 부분이다. 유리수에 대한 여러 표상의 구성과 그에 뒤따르는 집약화는 개인의 Schema를 확장할 수 있게 하고 Schema의 일관성이 발달할 수 있는 잠재력을 제공하며, 유리수를 다른 수와 비교하여 수직선 위에 표시할 수 있는 값을 가진 실체로 볼 수 있게 될 가능성을 증가시킨다.

이 교습은 극한 개념을 사용하지 않고서도 가능했다. 수학교육을 전공한 예비 초등 및 중학교 교사들은 일반적으로 미분적분학 강좌를 수강하였으나 그 교습은 이들은 심화 전공과 상관없이 모든 예비 초등 및 중학교 교사들을 위한 수와 연산에 관한 수업이었다. 대학생들이 겪는 극한에 대한 어려움에 관한 수많은 연구(예 Cornu, 1991; Cottrill et al., 1996; Sierpinska, 1987; Williams, 1991, 2001)가 있음을 감안하여 APOS 기반 수업에서는 극한에 대한 미분적분학 내용과 극한과 무한급수에 대한 내용은 다루지 않았다. 다음 절에서 세 번의 ACE 교수 사이클에 대해 자세히 설명한다.

5.4.1 첫 번째 교수 사이클

첫 번째 ACE 교수 사이클은 순환소수 Process의 발달을 장려하고, 학생들이 순환소수 표기법에 따라 순환소수를 정신 Object로 인식할 수 있도록 돕기 위해 설계되었다.

5 이 논의에서 십진 전개는 숫자열을 말한다. 이는 유리수의 십진 전개에 해당하는 유한 또는 무한 숫자열을 의미한다.

5.4.1.1 활동(Activities)

학생들은 컴퓨터실에서 의도적으로 숨긴 미리 설치된 여덟 개의 소수에 관한 활동을 했다. 이 소수들에 대한 일련의 활동에서 학생들은 *View*라는 미리 정의된 *func*을 다양하게 사용했다. *View* 명령은 두 가지 방식으로 작동한다. *View(ds,n)*은 소수 ds의 n번째 자리의 수를 구하고, *View(ds,n,k)*는 ds의 n번째부터 k번째까지 자리의 수를 반환한다. *funcView*의 기본 아이디어는 소수의 자릿수를 나열하는 Action의 내면화를 지원하는 데 있었다. 구체적 예를 통해 이 목표를 더 분명하게 설명하고자 한다. m5의 숨겨진 배열을 확인하기 위해 *View*의 n에 몇 개의 값을 입력해 본다.

```
> View(m5,1);
"1";
> View(m5,2);
"0";
> View(m5,3);
"3";
> View(m5,4);
"5";
> View(m5,5);
"8";
> View(m5,6);
"5";
> View(m5,7);
"8";
> View(m5,-1);
"1";
> View(m5,-2);
"2";
> View(m5,-3);
"";
```

*n*이 양수면 *View*는 소수점 아래 n번째 수를 반환하고, 음수이면 소수점에서 왼쪽으

로 n번째 수를 반환한다. 예를 들어, n=−1은 일의 자리 수를, n=−2는 십의 자리 수를 나타낸다. *View*가 n=4일 때 5, n=5일 때 8, n=6일 때 5, n=7일 때 8을 반환했다는 사실은 소수점 아래 만 자리에서 시작해서 5와 8이 순환하는 순환소수일 가능성을 시사한다. n = − 3과 n = − 4일 때 *View*가 ‘’를 반환했다는 사실은 십의 자리 왼쪽 값은 모두 0임을 말해준다. 입력값에 따르면 *m5*는 소수 21.1035858⋯일 것이다. 이것이 사실인지를 판단하려면 n=−3, k=20 및 n=−3, k=40 등을 입력하여 *View*의 반환값 범위를 살펴보면 된다.

```
> View(m5,-4,20);
"21.10358585858585858585";
> View(m5,-5,40);
"21.1035858585858585858585858585858585858585";
```

정체 파악 활동에서는 n과 k에 여러 값을 단순히 대입하는 것 이상으로 다음과 같은 질문이 포함되었다.

> “.” 의 오른쪽에 있는 처음 10자리의 수들은 무엇인가?
> “.” 뒤에 100번째 자리의 수는 무엇인가?
> “.” 뒤에 101번째, 102번째, 103번째, 104번째, 105번째 자리의 수는 무엇인가?
> “.” 뒤에 1034번째 자리의 수는 무엇인가? 이웃한 자리의 수는 무엇인가?
> “.” 뒤에 100000번째, 100001번째, 100002번째, 100003번째, 1000004번째, 100005번째 자리의 수는 무엇인가?
>
> 여러분이 수집한 정보를 사용하여 소수점 아래 n번째 자리의 수를 결정하는 공식을 작성하시오.

이러한 탐색과 질문은 학생들을 외부적 표상(숫자를 나열하는 행동)에서 내부적 이미지(소수점 아래 모든 자리의 숫자를 상상할 수 있는 능력)로 이끌고자 했던 목표의 핵심이었다.

정체 파악에 관한 질문에 이어 학생들의 더 깊은 반영적 사고를 촉진하기 위해 *View*에 관한 더 일반적인 질문이 학생들에게 주어졌다.

n= 0이면 *View*는 무엇을 반환하는가?

n이 양수 또는 음수일 때 *View*가 반환하는 것의 의미는 무엇인가?

n이 매우 큰 양수 또는 매우 작은 음수일 때 *View*가 반환하는 것의 의미는 무엇인가?

*func View*는 소수의 모든 자리 숫자를 반환하는 것 이외에 학생들이 소수를 소수점에서 한 방향으로 무한히 확장되는 무한 숫자열로서 생각하도록 돕는다. 소수점은 n=0일 때 *View*에 의해 반환된다. 따라서 n<0이면 *View*는 정수 자리의 숫자를, n>0이면 *View*는 소수 자리의 숫자를 반환한다. 다음은 n=−5, k=20일 때 m3에 대한 예[6]이다.

```
> View(m3,-5,20);
"11.14285714285714285714";
```

예측과 반영적 사고가 포함된 활동은 (1) 순환소수는 무엇인가?, (2) 미리 저장된 소수 중 순환소수라고 생각되는 것은? 이라는 중요한 두 가지 질문으로 끝을 맺었다. 다시 말해, 이 활동의 아이디어는 학생들이 숫자열로 표현된 소수를 패턴이 있고 끝없이 반복되는 숫자열로, 즉 순환소수로 생각할 수 있도록 도와 내면화를 촉진하기 위한 것이다.

집약화를 조장하기 위한 마지막 활동으로 순환소수 표기법에 대해 알아보게 하였다. 특히, ISETL에서 십진 전개를 나타낼 때 사용되는 표기법에 초점을 두었다.

5.4.1.2 교실 토론(Classroom Discussion)

첫 번째 사이클의 목적은 소수에 대한 Process의 발달을 촉진하는 것이므로 교사의 목표는 소수의 숫자 배열을 나열하는 외부적 Action의 내면화를 돕는 반영적 활동을 지원하는 것이었다. 학생들에게 숨겨진 소수열에 대한 자신들의 설명을 서로 공유하게 했음은 물론 *View*의 기능에 명확하게 초점을 맞춘 교실 토론이 필요했다. 특히, 여러 n의 값에 대해 *View*가 무엇을 반환하는지에 주의를 기울였다. 교실 토론에서는 또한 소수 배열의 의미를 도입했다. 이 토론은 “순환소수는 무엇인가?”라는 질문을 반추하는 것으로 끝을 맺었다.

학생들을 집약화로 이끌기 위해 교사는 표기법에 관한 토론에 학생들을 참여시켰다.

6 n=-3, -4, -5일 때 0이므로 관례에 따라 표현되지 않는다.

교사는 학생 그룹에게 자신들의 표기법을 공유하도록 하여 합의된 교실 표기법이 되도록 했다. 이러한 논의는 ISETL은 무엇을 입력으로 받아들이는가를 생각하는 기초가 되었다.

5.4.1.3 연습(Exercises)

몇 가지 연습에는 미지의 배열을 찾기 위해 *View* 명령어를 적용하는 몇 가지 연습을 했다. 학생들에게 몇 줄의 명령어 결과를 제시하고 교실 토론에서 합의한 표기법으로 적도록 하였다.

추가 연습으로 어떤 조건을 만족하는 미지의 소수열에 관해 설명하는 과제를 제시하였다. 부분적 정보만 제시되지만, 소수열을 하나로 결정하기에는 충분했다. 아래 예는 이러한 연습의 핵심을 보여준다.

연습

다음 조건을 만족하는 소수 *str3*를 구하시오.

a. 숫자 223은 소수점 앞에 온다.
b. 소수점 아래 첫 번째 자리의 숫자는 5이다.
c. 소수점 아래 두 번째 자리의 숫자는 0이다.
d. 소수점 아래 세 번째 자리의 숫자는 4이다.
e. 소수점 아래 네 번째 자리의 숫자는 6이다.
f. $n \geq 0$인 모든 정수에 대하여 소수점 아래 $2n+5$번째 자리 숫자는 8이다.
g. $n \geq 0$인 모든 정수에 대하여 소수점 아래 $2n+6$번째 자리 숫자는 3이다.

여러분이 찾은 소수 *str3*을 수업 시간에 합의했던 표기법으로 나타내시오.

마지막 연습으로 학생들에게 *View*가 어떻게 작동하는지 설명하도록 하였다. 수업 시간에 논의되었지만, 이 연습은 ISETL 명령어를 설명하면서 소수 배열 구성에 대한 반추할 기회를 학생들에게 제공하였다.

5.4.2 두 번째 사이클

두 번째 사이클은 학생들의 집약화에 도움을 주기 위해 고안되었다. 집약화는 Process로 구성된 무한 숫자 배열을 Action을 적용할 수 있는 정신 Object로 변환시키는 것이다. 따라서 이 수업의 활동은 소수에 대한 다양한 연산에 초점을 두었다.

5.4.2.1 활동(Activities)

컴퓨터실에서 순환소수로 표현된 그리고 a.b(c) 형태로 컴퓨터에 저장된 16개의 무한 숫자열(첫 번째 수업 사이클과 달리 어떤 소수인지를 밝힘)을 학생들에게 제시하였다. 첫 번째 활동에서 학생들에게 미리 작성된 목록의 여러 소수 쌍에 대한 표준 산술 연산을 손으로 하도록 했다. 그런 다음 학생들은 자신이 푼 답과 ISETL의 결과를 비교했다. 학생들은 연구자들이 개발한 십진 전개 소프트웨어의 명령어를 사용하여 연산을 수행하였다. 다음은 이 소수 16개와 소수에 수행된 연산의 예이다.

```
Line 1: > ds1;
Line 2: "0.23(4)";
Line 3: > ds2;
Line 4: "2.125(0)";
Line 5: > ds3;
Line 6: "11.1(428571)";
Line 7: > ds4;
Line 8: "0.1(41)";
Line 9: > ds5;
Line 10: "0.7(867)";
Line 11: > ds6;
Line 12: "10.0(0)";
Line 13: > ds7;
Line 14: "100.0(0)";
Line 15: >
Line 16: > ds1 .AddString ds2;
Line 17: "2.359(4)";
```

```
Line 18: >
Line 19: > ds1 .SubString ds4;
Line 20: "0.09(30)";
Line 21: >
Line 22: > ds5 .MultString ds6;
Line 23: "7.8(678)";
Line 24: >
Line 25: > ds3 .DivString ds7;
Line 26: "0.11(142857)";
```

ds1, ds2, ds3, ds4, ds5, ds6, and ds7 (Lines 1~14)는 소수열의 일부를 나타낸다. 코드의 나머지는 이 소수들에 대한 연산이다. *AddString* (Lines 16~17)은 덧셈, *SubString* (Lines 19~20)은 뺄셈, *MultString* (Lines 22~23)은 곱셈, *DivString* (Lines 25~26)는 나눗셈을 나타낸다. 각 연산은 십진 전개 소프트웨어에 있는 *func*들이다.

그 다음 활동은 비교 활동이었다. 학생들은 손으로 이 16개의 소수를 순서대로 나열하고, 십진 전개 소프트웨어의 비교 명령어를 사용하여 자신의 결과를 확인하고, 한 소수가 다른 소수보다 더 크다는 것을 결정하는 방법을 설명하였다. 관련된 다른 활동으로 산술 연산을 한 후 그 결과를 비교하도록 했다. 예를 들어, 세 소수열 *s1=0.1(41), s2=0.5(0), s3=0.2(132)* 에 대해서 *s1*과 *s3*의 합이 *s1*과 *s2*의 합을 초과하는지 손으로 계산하여 결정했다. 일단 그 연산 결과를 비교해 본 후 ISETL을 사용하여 그 결과를 확인했다.

```
> s1:="0.1(41)";
> s2:="0.5(0)";
> s3:="0.2(132)";
>
> (s1 .AddString s2) .LessString (s1 .AddString s3);
false;
```

이 활동에서는 산술 연산(*AddString*)을 사용하여, 연산의 순서(괄호를 사용하여), 그리고 비교(*LessString*을 적용하여)를 했다. *LessString*은 이름에서 알 수 있듯이 첫 번째 입력값(*s1 .AddString s2*)이 두 번째 입력값(*s1. AddString s3*)보다 작은지를 확인하는 불대수 연산이다. 이는 연구자들이 십진 전개 소프트웨어에 미리 정의해 둔 세 가지 비교 *func* 중 하나이다. 다른 두 *func*은 두 소수가 같은지를 확인하는 *EqualString*과 첫 번째 값이 두 번째 값보다 큰지를 확인하는 불대수 연산인 *GreatString*이다.

나머지 활동에서는 표상들 사이 연결, 즉 분수 또는 정수는 각각 대응하는 소수가 있다는 점을 강조했다. 연구자들이 개발한 십진 전개 소프트웨어에 있는 *Dec2Frac*이라는 *func*은 소수를 입력하면 그에 대응하는 분수를 반환하는 함수이다. *Frac2Dec*는 반대로 주어진 분수에 대응하는 소수를 반환하는 함수이다. 위에서 언급했던 16개 소수에 대하여 각 소수에 대응하는 수(분수나 정수)를 생각하도록 하였다. 그런 다음 학생들은 자신의 예측을 확인하기 위해 각 소수에 *Dec2Frac*를 실행했다. 그 후 *Dec2Frac*의 결과를 확인하기 위해 학생들에게 손으로 ISETL에서 반환된 분수의 분자를 분모로 나누어보게 하였다. 아래 제시된 코드에서 *func Dec2Frac*는 순환소수 $0.23\dot{4}$는 분수 $\frac{211}{900}$에, 소수 $0.7\dot{8}6\dot{7}$는 분수 $\frac{262}{333}$에 대응한다는 사실을 보여준다.

```
> Dec2Frac("0.23(4)");
[211, 900];
>
> Dec2Frac("0.7(867)");
[262, 333];
```

이러한 대응활동과 전환 활동은 (1) 수의 특성은 무엇인가? 즉, 무엇이 수를 만드는가?, (2) 어떤 의미에서 숫자 배열(십진 전개)로 소수를 표현하는 것이 어떤 수를 설명하는 데 적합하다고 생각하는가? 라는 두 질문으로 구성되었다. 이 두 질문은 순환소수를 다른 Object(분수나 정수)에 대응하는, 그리고 연산을 적용할 수 있는 Object로 볼 수 있도록 자신이 수행한 연산에 대한 학생들의 반영적 활동을 촉진한다.

5.4.2.2 교실 토론(Classroom Discussion)

두 번째 사이클의 목적이 집약화의 촉진이므로 교사 역할은 소수가 수처럼 행동하는 방식을 학생들이 이해할 수 있도록 돕고, 정수나 분수를 소수와 대응시키는 것이 타당한 이유를 생각하게 하는 것이다. 전자는 컴퓨터실에서 수행했던 산술 연산에 대해 돌이켜 생각해보도록 했다. 구체적으로 말해, 수의 특성과 소수가 수처럼 어떻게 행동하는지에 대한 논의를 포함하였다. 후자에서는 학생이 소수와 정수, 분수 사이 대응을 알 수 있도록 전환 *func* 인 *Dec2Frac* 와 *Frac2Dec* 에 대한 논의가 있었다.

이제, 이들 활동과 교실 토론으로 순환소수 $0.\dot{9}$와 1 사이 연관성을 인식할 수 있게 되었다. 이러한 연관성에 대해 세 번째와 마지막 사이클에서 자세하게 다룬다.

5.4.2.3 연습(Exercises)

학생들은 다른 표상 사이 연관성을 알아보기 위해 순환소수와 분수나 정수 표상을 모두 사용하여 산술 연산을 연습했다. 구체적으로, 학생들은 간단한 방정식 s .op t = x을 손으로 풀었는데, 여기서 s, t는 a.b(c) 형태의 소수이고, op는 산술 연산이다. 그런 다음 s와 t에 대한 분수나 정수 표상을 사용하여 같은 산술 연산을 했다. 이들 계산을 한 후, 학생들은 나눗셈을 통해 소수로 나타낸 결과 x와 ISETL의 *func Dec2Frac* 를 사용하여 분수나 정수로 나타낸 결과 x를 비교하여 표상에 상관없이 연산의 결과가 같음을 알게 되었다. 또 학생들에게 무작위로 서로 다른 소수 6개와 분수 6개를 제시하였다. 학생들은 두 리스트를 크기에 따라 순서대로 나열하였고 그 순서를 비교한 다음 나눗셈을 하여 각 소수를 분수에 대응시켰다. 이 연습은 집약화의 촉진을 위해 설계되었다. 순환소수가 더욱 Object처럼 보이도록 순환소수 표상을 친숙한 표상과 연결을 시키고, 연산할 때 순환소수가 다른 수들처럼 행동한다는 아이디어를 강화하여 집약화를 촉진하고자 하였다.

5.4.3 세 번째 사이클

세 번째 사이클은 무한소수와 그에 대응하는 분수나 정수 표상 사이 관계를 강조했다. 특히, $0.\dot{9}$와 1 사이 관계에 초점을 두었다. 이 초점은 세 가지 방법으로 집약화를 지원했다. (1) 무한소수를 분수나 정수 표상과 연결하여 무한소수를 더욱 Object로 보이도록 한다. (2) 무한소수에 대한 Action을 수행한다. 구체적으로 소수를 동치인 분수나 정수로 전환한다. (3) 무한소수로 계산한 결과가 그에 대응되는 분수나 정수로 산술 연산한 결과와 같다는 것을 확인한다.

5.4.3.1 활동(Activities)

컴퓨터실에서 학생들에게 분수의 분자를 분모로 나누게 하고 ISETL의 십진 전개 소프트웨어의 명령어를 사용하여 답을 확인하도록 하였다. 이러한 활동에서 학생들은 분수 $\frac{2}{7}$; $\frac{4}{9}$; $\frac{3}{11}$; $\frac{2}{13}$에 대해 나눗셈을 했고 그 결과를 확인하기 위해 *Frac2Dec* 명령어를 실행했다. 이러한 계산을 한 후 학생들은 손으로 계산하거나 ISETL 명령어를 사용하여 구한 각 소수가 나눗셈을 적용한 분수와 같은 이유를 설명하였다. 이러한 전환을 수행한 ISETL 코드는 다음과 같다.

```
>           Frac2Dec(2,7);
"0.2(857142)";
>
>           Frac2Dec(4,9);
"0.4(4)";
>
>           Frac2Dec(3,11);
"0.2(72)";
>
>           Frac2Dec(2,13);
"0.1(538461)";
```

위 코드들은 손으로 계산한 나눗셈의 결과를 확인하기 위한 코드이다. 소수를 분수로 나타내는 반대 Process는 다음과 같다.

```
>           Dec2Frac("0.2(857142)");
[2, 7];
>
>           Dec2Frac("0.4(4)");
[4, 9];
>
>           Dec2Frac("0.2(72)");
[3, 11];
>
```

```
>            Dec2Frac("0.1(538461)");
[2, 13];
```

두 번째 활동에서 학생들은 여러 산술 연산과 순서 연산을 수행하는데 먼저 소수에 대한 연산을 수행한 다음 그에 대응하는 분수나 정수 표상에 대한 연산을 수행했다. 손으로 직접 계산한 후에 답을 확인하기 위해 ISETL 십진 전개 소프트웨어 명령어를 사용했다. 각각의 경우에 학생들은 분수나 정수 표상이 그에 대응하는 소수와 같은지에 대해 반추했다. 합에 대한 예를 들면, 학생들에게 소수 0.3125, $0.\dot{1}$과 그에 대응하는 분수 $\frac{5}{16}$, $\frac{1}{9}$을 제시하였다. 학생들은 각 소수에 *Dec2Frac*를, 각 분수에 *Frac2Dec*를 적용하여 두 표상 사이 연결을 했다. 그런 다음 먼저 두 소수의 합을, 그리고 두 분수의 합을 구했다. 학생들은 자신의 계산 결과에 *Frac2Dec*와 *Dec2Frac*을 적용하여 연산 결과가 표상과 상관없이 같음을 확인했다. 이에 대한 ISETL 코드는 다음과 같다.

```
>            Dec2Frac("0.3125(0)");
[5, 16];
>
>            Dec2Frac("0.1(1)");
[1, 9];
>
>            "0.3125(0)" .AddString "0.1(1)";
"0.4236(1)";
>
>            5/16 + 1/9;
61/144;
>
>            Dec2Frac("0.4236(1)");
[61, 144];
>
>            Frac2Dec(61,144);
"0.4236(1)";
```

이 코드들은 [그림 5.5]에 설명된 교환 가능한 Process를 반영하고 있다.

[그림 5.5]는 ISETL 예제에 제시된 절차의 단계를 일반화하여 나타낸 것이다. 구체적으로, 두 분수 $\frac{a}{b}$, $\frac{c}{d}$와 그에 대응하는 소수에 대하여 ISETL 명령어 *Frac2Dec*와 *Dec2Frac*는 한 표상을 다른 표상으로 변환한다. 즉, *Frac2Dec*는 주어진 분수에 대응하는 소수를, *Dec2Frac*은 주어진 소수에 대응하는 분수를 반환한다. [그림 5.5]의 왼쪽은 두 분수의 합을, 오른쪽은 ISETL 명령어 *AddString*을 사용한 소수의 합을 나타낸다. [그림 5.5]의 하단은 ISETL 명령어 *Dec2Frac*와 *Frac2Dec*을 사용하여 어떻게 두 표상의 합 사이 대응을 확인할 수 있는지를 보여준다.

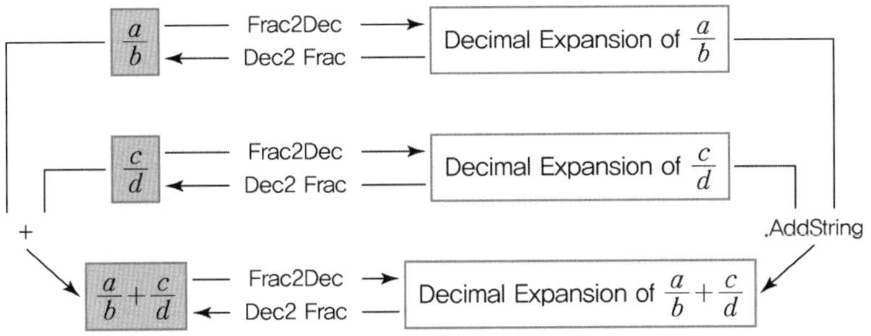

Ⅰ그림 5.5Ⅰ 다른 표상에 대한 연산의 보존 입증

손으로 하든 ISETL을 사용하든 소수를 분수로, 분수를 소수로 변환하여 표상에 상관없이 연산의 결과가 같음을 보여주었다. 이렇게 하여 순환하는 무한소수 표상의 집약화가 일어나도록 했다.

일련의 다음 활동에서는 9가 반복되는 순환소수를 다루었다. 이 중 한 활동에서 학생들에게 친숙한 분수와 동치인 소수에서 9로 끝나는 소수를 빼는 코딩 프로그램을 제시했다. 십진 전개 소프트웨어의 *func SubString*을 사용해서 뺄셈했다. 이 활동의 목적은 유한소수로 나타낼 수 있는 분수를 9의 무한 열을 가지는 순환소수로 나타낼 수 있음을 학생들이 이해하도록 돕는 것이다. 다음은 이 활동의 예이다.

활동

ISETL 화면에 다음 코드들이 나타났다고 가정하자.

```
> Frac2Dec(1,2) .SubString "0.4(0)";
"0.1(0)"
> Frac2Dec(1,2) .SubString "0.49(0)";
"0.01(0)"
> Frac2Dec(1,2) .SubString "0.499(0)";
"0.001(0)“
> Frac2Dec(1,2) .SubString "0.4999(0)";
"0.0001(0)"
```

1. ISETL을 사용해서 위 코드에 이어서 몇 단계를 계속하시오.
2. 위 화면의 결과와 여러분의 결과를 모두 사용하여 다음 질문에 답하시오.
   a. 0.4, 0.49, 0.499, 0.4999가 각각 $\frac{1}{2}$에 가깝다는 주장에 동의하는가? 소수점 아래 자리의 수를 늘릴수록 소수는 $\frac{1}{2}$에 더 가까워지는가?
   b. 만약 소수점 아래 수가 끝없이 계속된다고 가정할 때, $\frac{1}{2}$과 0.499999999⋯는 어떤 관계인가?

두 번째 사이클의 연습을 기반으로 학생들은 동치 표상에 대한 연산을 수행하는 활동을 완수하였다. 예를 들어, X에 관한 방정식 $ax+b=c$에서 a, b, c가 처음에는 분수나 정수일 때, 그런 다음에는 소수일 때 방정식을 풀었다. 이러한 두 방정식의 해를 비교하는 활동을 통해 표상이 동치이면 해가 동치라는 사실을 학생들은 확인할 수 있었다. 특수 사례로 $0.\dot{9}$에 대한 활동이 포함되었다. 각각 소수의 곱셈과 나눗셈을 수행하도록 사전에 정의된 *func MultString*과 *DivString*이 다음 활동에 설명되어 있다.

활동

ISETL 코드 *.MultString*를 사용하여 다음을 계산하시오.

$0.0(769230) \times 0.\overline{9}$

```
(type "0.0(769230)" .MultString "0.9(9)"; and press enter)
```

$\frac{19}{15} \times 0.\overline{9}$

```
(type Frac2Dec(19,15) .MultString "0.9(9)"; and press enter)
```

$253 \times 0.\overline{9}$

```
(type Frac2Dec(253,1) .MultString "0.9(9)"; and press enter)
```

$0.2(342) \div 0.\overline{9}$

```
(type "0.2(342)" .DivString "0.9(9)"; and press enter)
```

$713 \div 0.\overline{9}$

```
(type Frac2Dec(713,1) .DivString "0.9(9)"; and press enter)
```

위 연산을 손으로 수행하려면 매우 번거롭다. 그렇지만 '0.9(9)' 대신 '1.0(0)'을 넣으면 손으로 쉽게 계산할 수 있다. 이렇게 하는 것이 옳다고 생각하는 이유나 그렇지 않다고 생각하는 이유를 설명하시오.

두 *func MultString*과 *DivString*는 십진 전개 소프트웨어에 포함되어 있는 함수 명령어이다. 이 두 함수는 두 소수를 입력하면 각각 곱셈과 나눗셈의 결과를 반환한다. 다음은 이에 대한 샘플 코드이다.

```
>         "0.0(769230)" .MultString "0.9(9)";
"0.0(769230)";
>
>         "0.2(342)" .DivString "0.9(9)";
"0.2(342)";
```

산술 연산에서 $0.\dot{9}$을 1로 대체하는 이러한 활동은 $0.\dot{9}$와 1 사이의 관계에 대한 학생들의 반영적 사고 활동을 지원하기 위해 개발되었다.

5.4.3.2 교실 토론(Classroom Discussion)

무한소수와 그에 대응하는 분수 또는 정수 사이의 관계에 대한 학생들의 이해를 촉진하기 위해 교실 토론은 다음 다섯 가지 '믿어야 할 이유'에 초점을 맞췄다.

1. ISETL로 답할 것: 같은 유리수 값을 나타내는 소수와 분수 표상에 대하여 *func Dec2Frac*과 *Frac2Dec*는 두 표상 사이 대응 관계를 나타낸다.
2. 분수에 대한 긴 나눗셈하기: 긴 나눗셈을 하는 것은 나눗셈의 결과인 소수에 대응하는 분수에 대한 Action이다.
3. 소수 표상의 첫 부분에 관한 근삿값: 유리수 표상과 순환소수의 첫 순환마디 사이에 산술적 차이가 연속적으로 작아진다는 것은 둘 사이 동등 관계를 시사한다.
4. 연산 작용: 분수와 그에 대응하는 소수는 여러 산술 연산의 작용 결과가 같다.
5. 대수 방정식의 해: $ax = b$와 같은 x에 관한 방정식의 해는 표상과 상관없이 같다.

더 일반적 상황에 대한 고려 이외에도 교사는 $0.\dot{9}$와 1 사이의 관계에 관한 토론도 이끌었다. 학생들에게 두 수의 동등 관계에 대한 자기 생각과 그 이유를 제시하도록 하였다. 이는 학생들에게 서로 반대 의견을 가진 동료를 설득할 수 있는 수단을 제공하였다. 이 토론의 목표는 앞서 이루어진 더 일반적 논의를 반영하기 위해 정당화 진술 목록을 생성하는 것이다.

5.4.3.3 연습(Exercises)

연습 활동에서 학생들은 소수에 대한 연산을 그에 대응하는 분수나 정수 표상에 수행한 연산과 비교했다. 학생들은 유한소수로 이루어진 수열을 분수나 정수로 근사하여 나타냈다. 연습에는 순환소수를 분수나 정수로, 또는 그 반대로 전환하는 활동도 포함되었다. 학생들은 먼저 손으로 계산한 후 ISETL 십진 전개 소프트웨어를 사용하여 자신의 계산 결과를 확인했다. 그리고 학생들에게 특별한 경우인 $0.\dot{9}$와 1 사이의 관계를 생각해보도록 했다. 그 연습 중 하나에서 학생들은 $0.\dot{9}$와 1 사이에 소수가 존재하는지 결정해야 했다. 만약 존재하지 않는다면, 이 사실이 동치에 관하여 무엇을 시사하는지 질문했다. 다른 연습에서 Action들이 이 두 수의 동치를 시사하였으나 나눗셈을 통해 1로부터 $0.\dot{9}$

을 얻을 수 없다는 사실에 학생들은 힘들어했다. 이 딜레마에 대한 반성을 촉진하기 위해 학생들에게 동치에 대한 근거를 제시하는 짧은 에세이를 작성하도록 했다.

5.4.4 수업 결과

두 연구(Weller et al., 2009, 2011)는 순환소수에 관한 전통적 수업과 APOS 기반 수업을 비교 분석하였다. 세 번째 연구(Dubinsky et al., 2013)는 발생적 분해 관점에서 학생들의 관점을 분석하였다.

연구 대상은 미국 남부의 한 주요 대학에 재학 중인 학생 204명(APOS 기반 수업 77명, 전통적 수업 127명)이었다. 순환소수에 관한 수업은 초등 교사와 중학교 예비 교사들을 위한 수와 연산에 관한 필수 Process의 일부였다.

첫 번째 연구에서 Weller et al.(2009)는 두 집단의 절차적 이해와 개념적 이해를 비교했다. 연구자들은 전통적 수업의 학생들과 비교할 때 APOS 기반 수업을 받은 학생들이 순환소수에 대한 개념적 이해가 상당히 증가했음을 발견했다. 두 번째 비교 연구(Weller et al., 2011)는 수업이 끝나고 몇 달 후에 수행되었으며 학생들의 신념의 강도와 안정성에 초점을 두었다. 분석 결과, APOS 기반 수업을 받은 학생들은 순환소수는 수이고, 순환소수는 그에 대응하는 분수나 정수가 있으며 그 대응하는 소수나 정수와 같고, $0.\dot{9}=1$이라는 사실에 대해 (시간이 지남에 따라) 더 강하고 안정된 신념을 발달시킨 것으로 밝혀졌다. 세 번째 연구(Dubinsky et al., 2013)는 다음과 같은 두 가지 질문에 답하고자 하였다.

1. 발생적 분해는 $0.\dot{9}$에 대한 학생의 사고를 비교적 객관적이고 합리적으로 설명하는가?, 아니면 그 데이터가 발생적 분해의 수정을 제안하는가?
2. 발생적 분해의 발달 단계가 $0.\dot{9}=1$에 대한 신념과 어떤 관련이 있는가?

분석 결과, 발생적 분해를 수정하는 데 특히 Process와 Object 사이 중간에 있는 새로운 단계인 Totality(8장에서 논의)를 도입할 필요가 있음이 밝혀졌다. 또한 Action에서 Process, Process에서 Totality, Totality에서 Object로의 진척을 이해하기 위해 더 세분된 발생적 분해가 필요함을 시사했다. 이는 한 단계에서 다음 단계로의 이행을 설명하기 위해서는 수준의 도입이 필요하다는 결론을 가져왔다(8장에서 논의). 수정된 발생적 분해는 연구 참여 학생들의 83%에게서 Action에서 Object로의 발달을 설명했다. 따라서 Dubinsky et al.(2013)은 수정된 발생적 분해의 맥락에서 고려할 때 첫 번째 연구 문제(질문 1)에 대한 긍정적인 답을 지지했다.

두 번째 연구 문제(질문 2)의 경우, 연구 참여 학생들은 $0.\dot{9}$라는 새로운 개념에 대해 신념이나 불신을 나타낸 것으로 밝혀졌다. 이는 적어도 이 연구 자료에서는 Totaltiy 또는 Object의 증거를 제공한 학생들이 그 동치를 더 쉽게 믿는 경향이 있음을 보여주었다.

몇몇 연구자들(예 Yopp et al., 2011)은 학생들에게 잘못된 개념을 가르치지 않으려면 예비 교사들이 유리수 개념을 이해할 필요가 있다고 주장한다. 순환소수에 대한 APOS 기반 수업은 전통적 수업과 비교하여 이러한 점에서 진척을 가져왔다.

5.5 연구 프레임워크를 사용한 수업 분석

일련의 수업 실행은 데이터 수집의 기회를 제공한다. 데이터 분석의 목적은 두 가지이다. 학생들의 수학적 성과, 즉 수업의 결과로 학생들이 얼마나 많은 수학을 배웠는지를 측정하고, 학생들이 예비 발생적 분해에서 요구하는 정신 구조의 구성 여부를 결정하는 것이다. 이러한 데이터 분석은 연구자들이 예비 발생적 분해를 경험적으로 검증하고, 다른 수업 방법과 비교할 때 APOS 기반 수업의 효과를 평가하는 기회를 제공한다. 연구 프레임워크와 관련된 문제, 즉 데이터 분석과 관련된 연구는 6장에서 다루고자 한다.

CHAPTER

06

연구와 교육과정 개발을 위한 APOS 패러다임

Merriam-Webster 온라인 사전에서 **패러다임**paradigm이라는 단어는 '이론, 법칙, 일반화, 그리고 이를 뒷받침하기 위해 수행된 실험이 공식화되는 과학 분야의 철학적이고 이론적인 프레임워크, 넓게 말하면 모든 종류의 철학적이고 이론적인 프레임워크'로 정의된다. '패러다임'은 Kuhn(1962)이 "연구자들을 계속해서 끌어들이고"(p.10), 연구자들이 후속 연구를 이어갈 수 있는 충분한 열린 결말을 제공할 만큼 충분히 강력한 이론이라는 두 가지 특성을 언급하며 만든 용어이다. 이러한 점들을 고려해볼 때 APOS 이론과 연결된 연구 계열은 패러다임이라고 불릴 수 있다. 왜냐하면 APOS 이론과 연결된 연구 계열은 (1) 이론적 접근법, 연구방법론 및 제공된 결과의 유형에서 대부분의 수학교육 연구와 다르고, (2) 서로 밀접하게 연계된 이론적, 연구방법론적, 교육학적 구성 요소를 포함하고 있고, (3) 수많은 수학 개념의 학습과 관련된 문제에 답하기에 유용하다고 생각하는 연구자를 계속 끌어들이고, 그리고 (4) 연구 공동체에서 해결해야 할 개방형 문제를 계속해서 제공하고 있기 때문이다.

전부는 아니지만 APOS를 이론적 프레임워크로 채택한 일부 연구는 패러다임의 모든 요소를 사용한다. 프로젝트의 특성에 따라 방법론에서 사용하기도 하고 실행적인 면에서 사용하기도 하는데, 수학교육 연구에서 사용되는 APOS 패러다임의 모든 변형을 고려한다는 것은 현실적으로 불가능하다. 이 장에서 연구방법론적 프레임워크로 설명하는 것은 APOS 기반 연구의 '이상적인' 조직이라고 할 수 있다.

6.1 연구 및 교육과정 개발 사이클

APOS 기반 연구 및 교육과정 개발 프로젝트에는 이론적 분석, 수업의 설계 및 실행, 자료 수집 및 분석의 세 가지 구성 요소로 되어 있다. [그림 6.1]은 이 구성 요소들이 어떻게 관련되어 있는지를 보여준다.

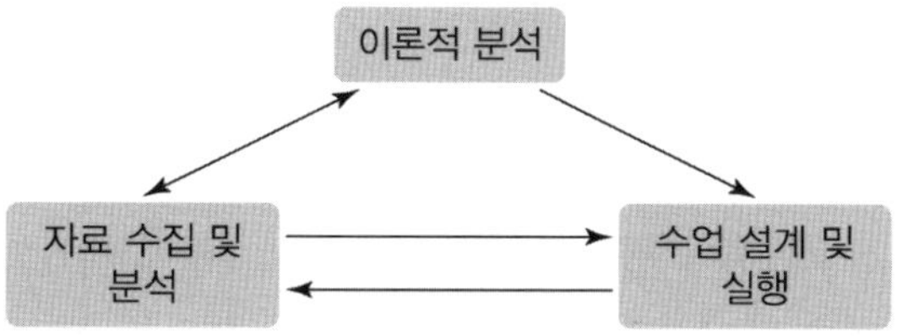

❙ 그림 6.1 ❙ 연구 사이클(Asiala et al., 1996에서 발췌)

이러한 패러다임에 따라 연구하려는 수학 개념의 인지에 대한 이론적 분석으로 연구를 시작한다. 이 이론적 분석으로부터 그 개념에 대한 **예비 발생적 분해**preliminary genetic decomposition를 한다. 4장에서 논의된 것처럼 발생적 분해는 개인이 어떤 수학 개념을 이해할 때 구성할 수 있는 정신 구조와 정신 메커니즘에 대한 설명이다.

[그림 6.1]의 화살표에서 알 수 있듯이 연구 사이클의 세 구성 요소는 서로 영향을 준다. 이론적 분석은 분석 대상인 정신 구성을 촉진하는 활동을 통해서 수업의 설계와 실행을 주도한다. Action의 구성, Action에서 Process로의 내면화, Process에서 Object로의 집약화, 그리고 새로운 Process를 구성하는 둘 이상 Process의 협응을 돕도록 활동과 연습이 설계된다. 협동학습, 소그룹 문제해결, 강의 등 다양한 수업 전략이 학생들의 수학 학습에 매우 효과적으로 도움을 준다. 수업 실행으로부터 APOS 이론의 이론적 렌즈를 사용하여 수행할 자료 수집과 분석이 이루어진다. 분석의 목적은 두 문제에 답하기 위한 것이다. (1) 이론적 분석에서 요구하는 정신 구조를 학생들이 구성하였는가? (2) 학생들은 수학적 내용을 얼마나 잘 학습했는가? 첫 번째 문제에 대한 답이 부정적이라면 그 수업은 다시 고려되고 수정된다. 첫 번째 문제에 대한 답이 긍정적이고 두 번째 문제에 대한 답이 부정적이라면 이론적 분석이 다시 고려되고 수정된다. 어느 경우든 이러한 문제에 긍정적으로 답하고 강의자나 연구자가 학생들이 수학 개념을 충분히 잘 학습했다고 만족할 때까지 사이클을 반복한다. 다시 말해, 경험적 증거와 이론적 분석 두 경우 모두 동일한 정신 구성을 확인할 때까지 사이클은 계속 반복된다. 마지막으로 각 연구는 연구 결론

의 일부로서 수업 실행을 위한 교수학적 제안과 후속 연구를 위한 방향을 제시한다.

이론적 분석과 관련된 구성 요소는 3장과 4장에서 자세히 설명하였고, 수업의 설계 및 실행과 관련된 구성 요소는 5장에서 다루는 주제다. 나머지 구성 요소, 즉 자료 수집 및 분석에 대해서는 이 장에서 상세히 논한다.

6.2 자료 수집 및 분석

자료 수집 및 분석 단계는 APOS 기반 연구에서 매우 중요하다. 경험적 증거가 없다면 발생적 분해는 단지 가설에 불과하기 때문이다. 6.1절에 언급된 것처럼 자료 분석의 목적은 다음 두 문제에 답하기 위해서이다. (1) 학생들이 발생적 분해에서 설명하는 정신 구조를 구성한 것을 보였는가? (2) 학생들은 문제 속의 개념을 얼마나 잘 학습했는가?

이 두 문제를 조사하기 위해 서로 다른 도구가 사용된다. 특정 연구의 목적에 따라 연구 도구에는 서면 설문지, 반구조화 인터뷰(오디오, 비디오 녹화), 시험, 컴퓨터 게임 등이 있다. 방법론적 설계에는 교실 관찰, 교과서 분석 및 역사적, 인식론적 연구가 포함된다. 이 장에서는 연구방법론적 설계의 일부인 도구의 유형을 설명하는 문헌에 제시된 예를 살펴본다.

이 모든 경우에 있어 이 분석은 공동 연구를 통해 삼각검증된다. 연구자들은 자신들의 해석에 대하여 합의할 때까지 결과를 협의하거나 적어도 한 개 이상의 연구 도구를 사용하여 연구를 실행한다.

6.2.1 인터뷰

인터뷰는 APOS 기반 연구에서 자료를 수집하는 가장 중요한 수단이다. 인터뷰는 학생들의 태도를 측정하고 다른 교수법 사이의 수학적 성과를 비교하기 위해 사용될 수도 있으나 주된 목적은 특정 연구의 발생적 분해에 명시된 정신 구조를 학생들이 구성하였는지를 판단하는 것이다.

서면 설문지나 이전에 시행된 시험에 대한 응답, 교수자 피드백, 또는 이러한 기준들의 조합에 기초하여 인터뷰 대상자가 선발된다. 이 선발 방식은 어려움을 겪는 학생들의 사고와 성공한 학생들의 사고를 비교하기 위해 여러 수학 과제에 대한 수학적 성과의 범위를 보여주는 자료를 수집하기 위해서이다. 이러한 수학적 성과의 차이점들은 연구자들이 이론적 분석에서 제시된 정신 구성이 수행의 차이를 설명하는지 또는 이론적 분석에서 설명되지 않은 다른 정신 구성이 필요한지를 판단할 수 있게 한다.

인터뷰 질문 설계에서 여러 출처가 사용될 수 있다. 이전에 시행된 필기시험이나 설문지에 대한 응답을 기초로 인터뷰 질문을 만들 수 있다. 이 경우 학생들에게 자신의 응답을 명확히 해야 하고, 확장하도록 요청해야 한다. 예비(pilot) 인터뷰를 해 보는 것도 또 다른 방법인데, 이를 통해 대규모 집단의 학생에게 시행되는 인터뷰 프로토콜을 사용하여 더 깊이 조사될 수 있는 어떤 쟁점들이 드러날 수도 있기 때문이다. 관찰을 통해서도 자료를 수집할 수도 있다. 이 경우 실험실 수업, 교실 토론 또는 과제 연습에서 발생하는 어려움을 기반으로 인터뷰 질문을 작성할 수 있다. 이러한 모든 경우에 발생적 분해는 설계를 위한 정보를 제공한다. 이 분석의 목표는 학생들이 발생적 분해에 제안된 정신 구조를 구성했는지를 판단하고 뒷받침하는 증거를 찾는 것이다.

반구조화 인터뷰처럼 APOS 기반의 연구에서 인터뷰는 준비된 질문 개요에 따라 진행된다. 학생의 응답에 따라 후속 질문을 할 수도 있다. 학생 응답을 명확하게 할 필요가 있거나 학생의 사고를 더 깊이 조사하고자 할 때 후속 질문을 한다. 만약 이러한 질문들이 충분한 반응을 끌어내지 못한다면 인터뷰하는 연구자는 가르쳐주는 방법을 택하여 학생들이 특정 정신 구조의 구성에서 어느 정도의 진척이 있는지 확인하기 위한 힌트를 줄 수 있다. 이렇게 하는 것은 일반적으로 APOS 기반 연구의 목적, 특히 인터뷰의 목적이 학생들을 범주화하는 것이 아니라 개인이 수학 개념을 이해하는 방법을 결정하고 설명하는 것이라는 패러다임과 일치한다. 후속 질문 및 촉진을 포함하는 이러한 방식을 통해 연구자는 진행 중인 구성 Process를 관찰할 수 있다. 이는 Vygotsky(1978)가 도입한 **근접발달 영역**(ZPD) 개념의 적용으로 생각할 수도 있다.

자료수집 도구를 실행하게 되면 데이터는 연구자들이 쉽게 사용할 수 있게 조직된다. 인터뷰에서 구한 오디오, 비디오 자료는 녹취록으로 변환된다. 학생들이 내는 소리, 침묵의 간격, 잘 들리지 않는 단어, 몸짓(비디오 녹화의 경우) 등 모든 것을 주의 깊게 녹취록에 기록한다. 녹취록을 서로 관련된 부분으로 구분하고 그 내용에 대한 일반적 아이디어를 나타내는 문구[1]를 붙인다. 공동 연구자들은 각자 녹취록을 분석한다. 그런 다음 연구

1 데이터를 읽으면서 데이터에서 보여지는 특징을 나타내는 단어나 문구를 코딩범주(coding categories)라고 한다.-역자주

자들은 자신들의 결과에 관한 토론을 하고 필요하다면 해석의 차이에 대해 합의에 도달할 때까지 토론한다. 이는 APOS 기반 연구에서 효과가 입증된 삼각검증법이며 APOS 패러다임을 사용한 논문 대다수가 복수 저자인 주요한 이유 중 하나이다. Asiala et al. (1996)에는 인터뷰 분석 방법이 다음과 같은 단계로 제시되어 있다.

1. **녹취록 작성:** 녹취록은 2열로 되어 있다. 1열은 녹취록 원본이고, 2열은 있었던 일에 대해 간단한 설명을 적는다.
2. **목차 만들기:** 녹취록 2열에는 각 항목에 대한 설명을 한두 개 적는다.
3. **이슈 목록 작성:** "이슈는 인터뷰 대상자가 이해하거나 이해하지 못한 매우 구체적인 수학적 요점, 아이디어, 절차 또는 사실을 의미한다. 예를 들어, 군 이론에 대한 한 이슈는 학생이 군을 집합 그 이상으로, 즉 이항 연산이 주어진 집합으로 이해했는지가 될 수 있다" (Asiala et al., 1996, p. 27). 일반적으로 각 연구자가 이슈 목록을 작성한 후 이슈 목록을 하나로 만들기 위해 서로 논의하고 협의한다.
4. **이론적 관점과 관련짓기:** 이 시점에서 APOS 이론의 렌즈를 통해 이슈를 해석한다.
5. **성과 요약**

▼ **표 6.1 인터뷰 녹취록 작성**

I: 좋아요. 그래서 이건 1입니다(10진판). 이것은 100개의 똑같은 블록으로 나누어지는데 그러면 블록 하나가 1/100이 됩니다. 만약 $0.\dot{9}$을 나타내려면 얼마를 색칠해야 할까요? Anita: 글쎄요, 거의 다. 저기까지 I: 아주 조금. Anita: 예 I: 좋아요. 우리가 그것을 색칠했다고 합시다.	45. 10진판(=1)을 얼마나 색칠해야 하는가?
그 작은 것에 다시 틈이 생겼습니다. 그 틈을 어떻게 생각하나요? Anita: 내 생각에 그 틈은 다른 9를 추가하는 것으로 보입니다. 그러나 $0.\dot{9}$에 다른 9를 추가할 수 없어요. 그래서 그것이 1과 같다고 생각합니다. 왜냐하면 더 추가할 수 없기 때문입니다. I: 좋아요. 그러면 지금까지 말한 것을 다시 말해줄래요? Anita: 좋아요. 제가 방금 그 말을 했을 때 제가 생각하고 있던 것은 9를 추가한다면 전체 1에 계속 가까워질 수 있다고 생각했기 때문입니다. 그러나 $0.\dot{9}$는 본질적으로 모든 9를 가지고 있어요, 즉, 무한함을 의미합니	46. 0.9(9)는 '모든 9'를 의미한다. 그래서 틈이 없다; 0.9(9)=1

다. 그래서, 제 생각에는 그 틈에 들어갈 수 없어요. 그래서 그것이 1이라고 생각했습니다. 약간의 틈이 있다고 계속 말하네요. I: 네 그렇네요. Anita: 그렇지만 틈이 있을 수 없어요. 다른 9를 추가할 수 없기 때문이에요, 이미 모든 9가 거기에 있어요. 맞죠? I: 네. Anita: 좋아요.	
I: 하지만 이것은 어디서 왔을까요? 제 말은 어떻게 이것이 이렇게 밝혀질 수 있었을지 궁금하네요. Anita: 음, 그건 색칠하기로 되어 있었다고 생각했어요, 글쎄, 그게 거기까지 내려갈 수 있고, 9를 추가하면 계속 더 가까워질 수 있을 거라고요. 하지만 9를 추가하지는 못해요. 왜냐하면 이미 모든 9가 거기에 있기 때문이에요.	47. 모든 9를 한 번에 보기 위해 색칠하는 Process; 진술 D 인정; 틈이 없다.

다음은 이 분석에 대한 설명이다.

<표 6.1>은 Dubinsky et al.(2013)의 연구에서 수집한 자료로 인터뷰 녹취록의 일부이다. 첫 번째 열은 인터뷰 발췌이고, 두 번째 열은 첫 번째 열의 내용에 대한 요약이다. <표 6.2>는 같은 연구에서 가져온 것으로, 연구 참여자 중 한 명인 Anita에 대한 2단계(이슈 목록)와 4단계(이론적 관점과 관련짓기) 사이 관계를 설명한다. 1열 번호는 인터뷰 세그먼트의 번호이다. 2열 스크립트 코멘트에는 인터뷰 세그먼트에 수반되는 코멘트를 적는다. 3열에는 각 인터뷰 세그먼트에 대한 이슈들이다. 이니셜 "A", "ED" 및 "KW"는 각 연구원을 나타내며, 각 이니셜 뒤에 있는 단어나 구문은 그 연구자가 생각하는 그 인터뷰 세그먼트에 대한 이슈이다. "R"은 연구자들의 공동 논의 및 협의 결과를 나타낸다. 4열에는 이론적 해석이 있다. 연구자 각자의 해석은 이니셜 "IA", "ED", "KW" 뒤에, 공동 해석은 "R" 다음에 있다.

▼ 표 6.2 Anita에 대한 이슈

번호	스크립트 코멘트	이슈	해석(이론과의 관계)
1	기호 0.35454…의 의미	IA: Process ED: Process KW: Process R: Process	IA: 순환소수 쓰기 ED: 조금 약한 순환소수 Process를 보임 KW: 순환소수 Process를 보이기 시작 R: 순환소수 Process를 보이기 시작

번호	스크립트 코멘트	이슈	해석(이론과의 관계)
2	0.35454…에 대응하는 분수?	IA: 대응; 권위자의 영향 ED: 대응 KW: 대응 R: 대응; 권위자의 영향	IA: 대응하는 분수가 있다; 학생들은 그것을 찾는 방법을 배웠다. 이 학생은 그것을 기억하지 못한다. ED: 분수는 순환소수에 대응한다. 그러나 이 학생은 약간 확신이 없다. KW: 이 학생은 순환소수에 대한 분수와 그것을 찾는 "공식"이 있다고 믿는다. 이 학생은 그 공식을 기억하지 못한다. R: 이 학생은 순환소수에 대한 분수와 그것을 찾는 "공식"이 있다고 믿지만, 그 공식을 기억하지 못한다.
3	설문지 문항 10번	IA: 근삿값 ED: Object KW: Object R: Object	IA: 혼동: 순환소수는 정확한 값인가 또는 근삿값인가? ED: 순환소수는 정확한 값이다. KW: 이 학생은 순환소수가 "어떤 것의 정확한 값"이라고 말하지만, 그녀의 망설임이 이러한 개념이 미약함을 보여준다. R: 이 학생은 순환소수가 "어떤 것의 정확한 값"이라고 말하지만, 그녀의 망설임이 이러한 개념이 미약함을 시사한다.
4	1/4≈0.25 또는 1/4=0.25	IA: Action; 근삿값 ED: 소수; 동치 KW: 동치; 근삿값 R: 동치; 근삿값; 나눗셈	IA: 긴 나눗셈 Action: 1/4 = 0.25, 근삿값이 아니다. 왜냐하면 "균등하게" 나누어졌기 때문이다. ED: 유한소수는 그것의 분수와 같다. KW: 학생은 0.25가 1/4의 근삿값이라고 말한다. 그러나 긴 나눗셈을 한 후에 마음을 바꾼다. R: 이 학생은 0.25가 1/4의 근삿값이라고 말하지만, 긴 나눗셈을 한 후에 마음을 바꾼다.
5	0.333…은 1/3의 근삿값	IA: Action; 근삿값 ED: 동치 KW: 근삿값; Process R: 근삿값; Process	IA: 긴 나눗셈 Action: 0.33…은 1/3의 근삿값, 0.33…의 전환에서 정확하게 1/3을 구할 수 없기 때문이다. ED: 1/3은 0.33…과 정확하게 같지 않다. 이 학생은 약간 확신이 없다. KW: 이 학생은 같은 나머지가 반복된다는 것을 이해한다는 의미에서 1/3의 긴 나눗셈에 대한 Process를 구성한 것으로 보인다. 그녀는 그 몫이 근삿값일 뿐이라고 주장한다. R: 이 학생은 같은 나머지가 반복된다는 것을 이해한다는 의미에서 1/3의 긴 나눗셈에 대한 Process를 구성한 것으로 보인다. 그녀는 그 몫이 근삿값일 뿐이라고 믿는다.

Anita의 자료를 요약하면(5단계), Process 단계에 도달하였으나 Object 단계는 아니다. 그녀는 그 이후 Object로의 진척이 있었고 8장에서 논의될 용어인 Process와 Object 사이에 놓여 있는 새로운 Totality 수준에 도달한 것으로 간주되었다. 최종적으로, 그녀는

$0.\dot{9}=1$이라는 것을 이해하지 못하고 있는데 이는 순환소수 0.999…을 정신 Object로 보는 데 어려움이 있음을 나타낸다.

이 연구와 많은 APOS 연구에서 이 절에서 설명하는 조직과 분석의 단계는 발생적 분해의 타당성을 검증하기 위해 사용된다. 어떤 학생들은 이해하지만 다른 학생들은 어려워하는 수학적 이슈가 있다면, 연구자는 그 자료를 사용하여 이러한 차이를 하나 이상의 특정 정신 구조, 정신 구조 사이 관계의 존재 여부로 설명할 수 있는지를 판단한다. 만약 그렇다면 발생적 분해에 설명된 이러한 구조들의 존재가 뒷받침된다.

위 단락의 논의를 설명하기 위해 Cottrill et al.(1996)의 예를 다시 살펴보자. 4.5절에는 Cottrill et al.(1996)에 기반한 극한 개념에 대한 발생적 분해 및 그 정교화가 제시되어 있다. 쉽게 참조할 수 있도록 두 발생적 분해를 <표 6.3>에 다시 제시한다.

▼ 표 6.3 극한 개념에 대한 예비 발생적 분해 및 그 정교화(Cottrill et al., 1996)

예비 발생적 분해	정교화
	1R: a나 a에 가깝다고 생각되는 한 점 x에서 함수 f의 값을 구하는 Action
1P: a에 점점 가까워지는 연속적인 몇 개의 점에서 함수 f의 값을 구하는 Action	2R: a에 점점 가까워지는 연속적인 몇 개의 점에서 함수 f의 값을 구하는 Action
2P: 1P 단계 Action이 x가 a로 가까워질 때 $f(x)$가 L로 가까워지는 하나의 Process로 내면화	3R: 협응된 Process Schema의 구성 (a) 2R 단계 Action이 내면화되어 x가 a로 가까워지는 정의역 Process 구성 (b) y가 L로 가까워지는 치역 Process 구성 (c) f에 의해 (a)와 (b)의 협응
3P: Action을 적용할 수 있는 극한 Object로 2P 단계 Process의 집약화	4R: Action을 적용할 수 있는 극한 Object로 3R(c) 단계 Process의 집약화
4P: 구간과 부등식 관점에서 2P 단계 Process의 재구성. 이는 아주 가까움을 수치 추정치를 도입함으로써 재구성 $0<\|x-a\|<\delta \Rightarrow 0<\|f(x)-L\|<\epsilon$	5R: 구간과 부등식 관점에서 3R(c) 단계 Process의 재구성. 이는 아주 가까움을 수치 추정치를 도입함으로써 재구성 $0<\|x-a\|<\delta \Rightarrow 0<\|f(x)-L\|<\epsilon$
5P: 2 수준 정량화 Schema를 적용하여 4P 단계 Process를 형식적 정의와 연결	6R: 2 수준 정량화 Schema를 적용하여 5R 단계 Process를 형식적 정의와 연결
6P: 완전한 $\epsilon-\delta$ 개념을 구체적 상황에 적용	7R: 완전한 $\epsilon-\delta$ 개념을 구체적 상황에 적용

이 연구에서 발생적 분해에 제안된 구조 중 일부를 구성하지 않은 학생들이 있었는데 이로부터 정교화의 필요성이 생겼다. 예를 들어, 예비 발생적 분해의 2P 단계의 내면화를 수정된 발생적 분해의 3R 단계에서 보듯이 Schema 구성을 3단계로 수정되었다.

아래는 이 연구의 인터뷰 발췌문으로 수정된 발생적 분해에 3R(a) 단계 도입의 필요성을 보여준다.

> Norton: 만약 a가 3이고, x는 10에서 시작해서 10, 9, 7, 6으로 간다면, 3.2, 3.1이 되고, x와 a 사이 구간이 더 작아지면, 함수는 극한에 가까워지고, 그 극한은 L이 됩니다.
>
> I: L을 극한이라고 부르려면 얼마나 가까워져야 하나요?
>
> Norton: 오, 까다롭군요. 원한다면, x와 a 사이 구간을 더 작게 만들기 시작하고, 만약 일련의 점들을 나열하면, 극한 L에 가까워지는 것을 볼 수 있어요. 만약 그것이 특정 숫자에 접근하지 않는다면, 극한은 존재하지 않아요. 그러나 이 함수에는 극한 L이 있다고 하니까 x가 a에 가까워질 때, 그 함수의 극한은 L이라 충분히 가정할 수 있습니다.

이 발췌문에서 Norton은 a에 가까워지는 x값을 분명하게 선택하였으나 그 함숫값에 대해서는 그렇게 하지 않았다. 함숫값에 대해 "그것은 극한 L에 가까워진다"라고 말하고 있으나 함숫값에 초점을 두지 않고 a에 가까워지는 x에 초점을 맞추고 있다.

6.2.2 서면 질문

서면 질문은 시험이나 설문지 형태로 많은 학생들을 대상으로 실시된다. 이 자료는 학생들의 수학적 성과에 대한 기본적 정보를 제공한다. 또한 이 자료는 인터뷰 질문 설계에도 사용된다. 추가 분석이 필요한 학생들의 어려움이 밝혀지기 때문이다.

Asiala et al.(1997b)은 잉여류, 정규성 및 상군의 개념에 대한 학생들의 학습에 관한 연구에서 발생적 분해가 어떻게 서면 질문의 설계에 정보를 제공하는지를 설명한다. 연구자들은 Dubinsky et al.(1994)에서 개발한 예비 발생적 분해를 참고하여 분석하였다. 이 예비 발생적 분해는 단순히 Action → Process → Object 발달을 나타낸다. 세 단계는 다음과 같다.

> 잉여류 Action 개념은 Z 나 Z_{18}의 3의 배수같이 공식을 사용할 수 있는 친숙한 상황에서 잉여류를 구하는 것과 관련이 있다. Action 개념은 S_3난 S_4 같은 친숙한 예를 넘어 S_n 같은 일반적인 공식으로 나타낼 수 없는 복잡한 상황에서 잉여류를 구할 수 있을 만큼 충분히 강하지 않다.
>
> 잉여류 Process 개념은 어떤 부분군의 한 원소와 모든 원소의 곱을 실제로 수행하지 않고 상상하여 (좌)잉여류를 생각할 수 있다. 잉여류 Process에서 가장 중요한 것은 잉여류를 구하는 것이다.
>
> 잉여류 Object를 구성한 개인은 잉여류를 구하는 방법에 초점을 두지 않은 채 잉여류를 생각할 수 있고 잉여류에 이름을 붙이고 잉여류를 조작할 수 있다. 두 잉여류의 크기를 비교하거나 잉여류의 개수를 세는 등 잉여류에 대한 Action을 수행할 수 있다. 이 두 Action은 Lagrange의 정리 증명에서 모두 발생한다.
>
> 잉여류 Object에 적용할 수 있는 다른 Action에는 잉여류의 곱에 대한 공식 또는 정규성의 여러 동치 조건에 나타나는 원소, 부분군, 잉여류 사이의 관계를 고려하는 Action들이 있다.(Asiala et al., 1997b, pp. 247~248)

기초 추상 대수학의 두 개 반 학생들이 이 연구에 참여했다. 한 반은 ACE 사이클을 사용하는 APOS 기반 수업을, 다른 반은 전통적 수업을 했다.

연구 도구로는 필기시험 두 번과 인터뷰가 사용되었다. 이 도구들은 예비 발생적 분해에서 요구하는 정신 구조를 학생들이 구성하였는지를 판단하기 위해 사용되었다. 학생들은 1차 시험은 협력 모둠으로 쳤고 2차 시험은 개별로 치렀다.

APOS 기반 연구에서 서면 질문은 예비 발생적 분해에 예측된 정신 구조의 존재에 대한 증거를 수집하고, 이러한 구조가 존재하지 않을 때 수업 전략과 발생적 분해의 수정을 제안하기 위해 신중하게 설계된다. 서면 질문은 또한 연구자들이 연구 중인 지식의 구성 측면에 주의를 집중할 수 있게 한다. 다음은 Asiala et al.(1997b) 연구에서 발췌한 추상 대수의 Action, Process 및 Object와 관련된 이러한 질문의 몇 가지 예이다.

Test 1의 문제 5에 대한 응답은 구체적 Action의 구성에 대한 증거를 제공했다.

> S_4와 같은 S_4의 부분군을 찾으시오. 이 부분군의 좌잉여류를 구하시오. (Asiala et al., 1997b, p. 305)

이 질문에서 일단 부분군이 구체적으로 제시되면 잉여류 Action 개념은 각 잉여류의 원소를 나열하는 것으로 구성된다. 여기서 친숙한 특정 부분군의 구체적 잉여류를 구해야 한다. 학생은 외부 신호인 공식을 적용하여 이를 구할 수 있다.

Test 2의 문제 4(a)에 대한 응답은 Process 개념의 구성을 판단하는 데 사용되었다.

> 군 G의 부분군 H가 정규부분군이 되는 동치 조건은 여러 가지이다. 그중 하나가 아래에 제시되어 있다.
>
> 모든 $g \in G$에 대하여 $gHg^{-1} \subset H$이 성립한다.
>
> 다른 정규성(normality)의 동치 조건을 제시하고 제시한 조건이 이 조건과 동치임을 설명하시오. (Asiala et al., 1997b, p. 306)

이 문제에 대한 응답으로부터 학생이 어떻게 "잉여류와 잉여류를 조작하는 방법을 생각하는지"(p.306)를 밝힐 수 있다. $\{gh \mid h \in G\}$와 같은 잉여류를 구할 때 조건제시법을 사용하는 능력은 Process를 나타내는 지표로 간주되었다. 왜냐하면 이것은 학생들이 실제로 잉여류를 구할 필요 없이 머릿속에서 잉여류를 구하는 것에 대해 생각할 수 있다는 증거를 제공하기 때문이다. 구체적 군이나 구체적 잉여류를 언급하지 않는 일반화된 문제는 Action의 내면화를 확인할 수 있는 데 적절하다.

Test 2의 문제 6에 대한 응답은 집약화가 발생하였는지를 판단하는 데 사용되었다(Asiala et al., 1997b, p. 307).

> S_3를 원소가 3개인 집합에 대한 치환군이라 하자.
> (a) S_3의 정규부분군 N을 구하시오.
> (b) S_3/N이 상군임을 확인하시오.

주어진 군의 부분군을 구하는 것은 군에 대한 Action이다. 마찬가지로 상군을 구하는 것도 군에 대한 Action이다. 상군에 대한 입증은 상군에 대한 Action으로 여기서 상군은 그 자체가 잉여류의 집합에 대한 Action이다. 이러한 Action을 적용하는 능력은 잉여류 Object가 구성되었음을 의미한다.

6.2.3 교실 관찰

APOS 기반 수업이 아니거나 APOS 기반 수업 경험이 적거나 없는 교수자의 수업에 대한 교실 관찰은 흥미로운 자료를 구할 수 있게 해준다. Kú et al.(2008)은 24명의 학생이 참여한 '공학 전공 선형대수' 기초 수업의 한 학기 Process를 관찰했다. APOS 이론의 구성요소에 따라 수업을 설계했으나 교실 관찰을 통해 교육과정 설계에서 APOS 기반 수업 전략의 몇 가지 측면이 빠졌다는 사실이 밝혀졌다. 예를 들어, 컴퓨터 대수시스템(Computer Algebra Systems, CAS)을 사용한 컴퓨터 활동에서 정신 구조의 구성을 용이하게 하려는 목적으로 프로그래밍이 사용되지 않고 답을 계산하는 도구로 컴퓨터 사용이 강조되었다. 벡터공간의 기저 개념에 대한 Process나 Object를 구성한 것으로 보이는 학생은 아무도 없었다. 이는 수업 방법에서 이러한 유형의 정신 구성을 촉진하려는 시도를 하지 않았기 때문으로 보인다.

6.2.4 교과서 분석

수업에서 사용된 교수학적 전략을 설명하고 어떤 결과, 규칙, 그리고 정리에서 그 개념이 사용되는지를 파악하고 학생들의 이해에 영향을 줄 수 있는 표기법을 조사하기 위해 교과서에 대한 분석을 한다. 이 모든 구성 요소는 학생들의 반응을 분석할 때 유용하고 자료 해석에 정보를 제공한다. Roa-Fuentes & Oktac(2010)은 선형변환 개념에 대해 이러한 분석을 수행했다. 그들은 선형변환 개념에 대한 두 가지 발생적 분해를 제안했다. 학생의 자료 분석에서 이 발생적 분해의 한 개에 대한 증거는 찾았지만 다른 것에 대해서는 증거를 찾지 못했다. 선형대수 교과서 분석에서 그 이유가 밝혀졌다. 4장에서 설명했듯이 그들이 제안한 예비 발생적 분해 중 하나는 이미 구성된 (일반적인) 변환 Object에서 시작되었으며, 그 Object가 탈집약화되어 구성된 Process와 관련된 이항 연산 Process들의 협응으로 구성된다. 한편, 교수자뿐 아니라 수업에 사용된 교과서는 선형변환을 벡터공간 사이의 함수로 정의했다. 교수자와 교과서 모두 선형변환 전에 일반적인 변환 개념을 도입하지 않았다. 그러므로 일반적인 변환 개념에 대한 경험적 증거를 찾지 못한 것은 놀라운 일이 아니었다. 따라서, 교과서에서 고려하지 않은 방식으로 선형변환 개념이 구성될 수 있는지를 검증하기 위해서는 이 발생적 분해에 제안된 아이디어에 근거한 방법으로 수업을 실행할 필요가 있다고 본다.

6.2.5 역사적/인식론적 분석

학생들의 수학적 무한 개념에 관한 연구(예 Dubinsky et al., 2005a, b)를 위해 역사적, 인식론적 분석을 하였다. 수학적 무한 개념의 역사적 발달에 관한 연구는 이 개념의 발달 Process에서 수학자들이 겪은 곤란 측면에서 학생들의 어려움을 살펴보고 인지적 측면에서 학생들의 이러한 어려움을 설명하는 데 도움이 된다. 예를 들어, Weller et al. (2004)는 "사람들이 어떻게 수학을 이해하는가에 대한 이론인 APOS 이론이 무한 개념과 씨름할 때 나타나는 초보자와 전문가 모두의 사고를 이해하는 데 어떻게 도움이 될 수 있는지"(p. 741)를 설명한다. 그 논문과 Dubinsky et al.(2005a, b)에서 무한 개념의 수학적 발달과 관련된 몇 가지 이슈와 역설들을 분석했다. 여기에는 아킬레스와 거북이의 역설과 힐베르트 호텔, 무한소, 자연수의 모든 유한 부분 {1,2,…,n}의 합집합과 모든 자연수 집합과의 관계, 셀 수 없는 집합에 대한 정신 구조를 구성하기 위해 셀 수 있는 정신 절차를 사용할 가능성에 관한 내용들이 포함되어 있다. 이러한 문제들은 대부분 잠재적 무한과 실무한의 구별과 관련이 있다. 이 후자의 문제는 아리스토텔레스에서 적어도 20세기 초 푸앵카레에 이르기까지 수천 년 동안 수학자들과 철학자들을 당혹스럽게 했다. 이 논문들에서 저자들은 잠재적 무한의 예를 Process로 간주하고, 실무한의 예를 그 Process의 집약화로 구성된 정신 Object로 간주하는 분석을 통해 역설은 해결되고 그 이슈가 학습자의 마음속에 정착될 수 있다고 주장한다. 몇 가지 연구(Weller et al., 2009, 2011; Dubinsky et al., 2013)에서 자신의 주장을 뒷받침하는 경험적 자료를 제공하기 위하여 이 분석에 기초한 발생적 분해를 사용한 연구를 계속하고 있다.

6.3 APOS 기반 연구의 유형

Weller et al.(2003)는 APOS 이론에 근거한 교육과정에서 학생 성과와 태도에 대해 보고하였다. 그들은 연구를 네 가지 유형으로 분류한다.

- APOS 이론과 ACE 교수 사이클을 사용한 수업을 받은 학생과 전통적 수업을 받은 학생의 수학적 성과를 비교하는 비교 연구
- APOS 이론과 ACE 교수 사이클을 사용한 수업을 받은 학생의 성과를 측정하는 비(非) 비교 연구

- APOS 이론과 ACE 교수 사이클을 사용한 수업을 받은 학생이나 전통적 수업을 받은 학생의 인지 발달 수준에 관한 연구
- APOS 이론 및 ACE 교수 사이클에 근거한 수업을 받은 학생과 전통적 강의를 받은 학생의 태도와 장기적인 영향 비교(p. 98)

연구는 사용된 자료 유형에 따라 둘 이상의 범주로 분류되는 연구도 있다. Asiala et al.(1997b)의 연구는 처음 세 가지 범주에 속하는 예이다. 다음은 네 가지 범주에 대한 설명과 예이다.

6.3.1 비교 연구

첫 번째 범주에는 APOS 기반 수업 이외의 수업을 받은 학생들을 비교 목적으로 인터뷰하는 연구가 해당된다. 이러한 연구는 APOS 수업 전략이 학생들이 특정 수학 개념을 이해하는 데 얼마나 성공적으로 도움을 주었는지(또는 그렇지 않았는지)에 대한 일반적인 아이디어를 제공한다. Asiala et al.(1997b)가 이 경우의 연구에 해당되는데 잉여류, 정규성, 상군에 대하여 APOS 기반 수업을 들은 학생이 전통적 수업을 들은 학생들보다 더 나은 성과를 보였다.

이 범주에 속하는 다른 연구로는 Weller et al.(2009, 2011)에 의해 보고된 종적 연구가 있다. 연구자들이 비교 분석을 채택하게 된 몇 가지 요인이 있었다. 그 주제에 대한 실험 연구가 거의 없었다는 사실은 비교 분석의 필요성을 시사했고, 많은 학생 참여자가 이러한 연구를 가능하게 했다. Weller et al.(2009)는 예비 초중등교사들을 대상으로 순환소수에 대한 APOS 기반 수업을 설계하고 ACE 교수 사이클을 사용하여 수업을 실행하였더니 대조군보다 $0.\dot{9}=1$과 유리수와 그 소수 표현 사이 일반적 관계에 대한 이해에서 더 큰 진척을 보였다(연구에 관한 자세한 내용은 8장, 수업 설계에 관한 정보는 5장 참조). 두 번째 연구(Weller et al., 2011)는 수업이 끝나고 4개월 후에 실시한 인터뷰를 바탕으로 "APOS 기반 수업을 들은 학생들이 순환소수는 숫자다, 순환소수는 그에 대응하는 분수나 정수가 있다, 순환소수는 그에 대응하는 분수나 정수와 일반적으로 같다, 특히, $0.\dot{9}=1$에 관한 신념을 (시간 경과에 따라) 더 강력하고 더 안정적으로 발달시켰다"(p. 129)고 보고했다.

6.3.2 비(非) 비교 연구

Asiala et al.(1997b)의 연구는 비교 자료와 비(非) 비교 자료를 모두 사용되었기 때문에 두 번째 범주에도 해당된다. 비(非) 비교 자료는 6.2.2절에서 설명했듯이 실험 집단의 학생에게만 시행된 시험을 통해 얻은 자료이다. 두 번의 인터뷰 중 비(非) 비교 자료를 제공하는 첫 번째 인터뷰는 APOS 기반 수업을 받은 학생들에게만 실시되었다.

6.3.3 인지 발달 단계 연구

Asiala et al.(1997b)의 연구는 학생들이 특정 추상 대수 개념, 즉 잉여류, 정규성, 상군을 이해하는 방법을 설명하기 때문에 세 번째 범주에 속한다고 할 수 있다.

세 번째 범주에 속하는 다른 연구들은 특정 수학 주제의 학습이나 구체적으로 설계된 APOS 기반 수업에 의한 학습에 관한 선행 연구가 없는 경우 예비 발생적 분해의 실행 가능성을 관찰하는 것이 목표이다. 4장에서 설명한 것처럼 Roa-Fuentes & Oktaç(2012)은 그들이 제안한 선형변환 개념에 대한 두 가지 예비 발생적 분해를 했고 이 분해에 대한 증거를 찾을 목적으로 이러한 인터뷰를 실시했다(Roa-Fuentes & Oktaç, 2010). 그들은 한 가지 예비 발생적 분해에 대한 증거만 찾았고, 이는 학생들이 받은 수업 방법 때문일 수도 있다고 언급하였다.

이변수함수에 관한 또 다른 연구에서 Trigueros & Martínez-Planell(2010)은 그들이 제안한 예비 발생적 분해의 구성 요소에 대한 정보를 찾기 위한 인터뷰를 설계했다. 그 연구는 R^3의 부분집합 및 이변수함수 그래프와 관련된 질문들에 대한 학생 응답 분석에 초점을 두었다.

수학 학부생을 위한 다변수 미분적분학 Process가 끝난 후 학생들을 대상으로 9번의 인터뷰를 했다. 예비 발생적 분해에서 연구자들은 R^3에 대한 Schema와 일변수함수 그래프를 그리는 것과 관련된 Process들의 구성을 이변수함수 개념 학습을 위한 선행요건으로 제안했다. 예비 발생적 분해에는 기본 평면을 구성하는 Process가 포함되었다.

이 연구의 결과는 인터뷰한 학생 대부분이 예측한 대로 R^3 Schema를 구성했음을 보여주었다. 그렇지만 그들의 Schema에는 R^3의 부분집합의 구성 및 R^3 Schema와 일변수함수 Schema의 협응은 포함되지 않았다. 이 연구의 학생 대부분은 점을 제외한 공간의 어떤 Object에 대한 Action도 수행할 수 없었다. 연구자들은 학생들이 이변수함수 개념을 구성하려면 공간에 있는 점의 부분집합을 Object로 구성하고, R^3 Schema와 일변수함수 Schema의 협응이 필요하다고 결론지었다. 여러 학생의 결과를 비교하였더니 곡면과 평면을 교차시키는 Action과 이 Action이 그 교차의 결과를 예측할 수 있는 Process로 내면화되는 것이 이변수함수의 학습에서 중요한 역할을 한다는 것을 알 수 있었다. 이러한 구성은 예비 발생적 분해에서 예측되지 않았으므로 그 수정안에 포함되었다.

정교화된 발생적 분해는 두 번째 연구(MartínezPlanell & Trigueros, 2012)를 통해 학생의 정신 구성에 대한 좋은 모델임이 검증되었고, 수업에서도 검증되었다.

6.3.4 APOS 기반 수업의 학생 태도와 장기적 영향의 비교

네 번째 범주는 학생들의 태도에 초점을 둔 연구이다. 이러한 연구의 목적은 다른 유형의 수업을 받은 학생들의 태도와 비교하여 APOS 기반 수업 전략이 학생들의 태도에 미치는 영향을 조사하는 것이었다. Weller et al.(2003)는 추상 대수에 대한 학생들의 태도에 관한 연구에서 APOS 기반 수업을 이수한 학생들이 유사한 내용을 다루는 전통적 수업을 이수한 학생들보다 수학에 대해 더 긍정적으로 느낀다는 사실을 발견했다. 그렇지만 연구자들은 교수자, 인터뷰한 사람, 성적 분포와 관련된 요인들이 그 결과에 영향을 주었을 수 있다는 점에 주목하면서 이러한 결과들을 검증했다. 그들은 또한 통계 분석을 수행하려는 시도가 없었다고 지적했다.

6.4 APOS 기반 연구의 범위와 한계

APOS는 인지 지향 이론이다. 따라서 수학 개념에 대한 학생들의 이해를 모델링하는 데 유용한 도구를 제공한다. 또한 APOS는 모둠 활동 맥락이 일반적으로 개별적 맥락에서 발생하는 학습보다 학생들에게 더 명확한 질문, 의심, 설명을 불러 일으킬 가능성이 더 크기 때문에 협동학습에 따른 사회적 구성 요소를 가지고 있다(Vidaković, 1993). 게다가 APOS는 학습을 촉진하는 맥락을 제공한다. 즉, 모둠 활동이 개인의 정서적 영역에 차이를 만든다는 전제 하에서 APOS 이론은 작동한다.

APOS 이론은 일차독립, 상군, 함수, 순환소수와 같이 학생들이 심각하게 어려워하는 수많은 수학 개념의 학습을 설명하는 모델을 성공적으로 제안하였다. 논문에는 이러한 주제들의 학습에 관한 성공 사례가 언급되어 있는 논문들은 그렇게 많지 않다.

APOS 이론을 분석 도구로 사용하는 연구의 연구 문제는 일반적으로 다음과 같은 유형이다.

- 학생들한테서 그 개념에 대한 이해는 어떻게 구성되는가?
- Schema와 그 구성 요소의 발달과 관련된 정신 구성은 무엇인가?

일부 추가 질문들은 주요 문제에 답하거나 연구에 기반한 수업 방식을 제안하는 데 도움이 될 수 있다. 그 예는 다음과 같다.

- 특정 수학 개념 이해에 필요한 선행요건 개념은 무엇인가?
- 특정 개념 학습에서 특정 정신 구조는 어떤 특징을 가지는가?
- 어떻게 한 정신 구조에서 다른 구조로의 전이를 알 수 있는가?
- 특정 개념에 대한 정신 구조를 학생들이 구성하는 데 도움을 줄 수 있는 수업 전략은 무엇인가?

이것은 APOS 이론을 사용하려면 연구 문제들이 특정 형식을 따라야 함을 의미하지는 않는다. 오히려 이 패러다임을 따르는 활동에서 발생하는 현상의 종류를 강조한다. 다음은 APOS 이론을 사용하여 연구될 수 있는 주제의 예이다.

- 수학자들이 그들이 가르치는 수학 개념을 어떻게 인식하는지를 탐색하기 위한 APOS 이론의 사용 (Stenger et al., 2008 참조)
- APOS 기반 수업을 통해 학습한 수학 개념 구성의 강도 및 안정성(Weller et al., 2011 참조)
- 실제로 교사들이 APOS 이론 방법론을 사용할 수 있도록 돕기 위해 APOS 이론을 예비 또는 현직 교사에게 지도하는 방법
- APOS 이론은 다른 인문학적 또는 과학적 영역에 적용 및 적응이 가능한가?

APOS 기반 연구의 경향으로 볼 때 수학 개념의 구성을 APOS 이론의 관점에서 찾고자 하는 연구는 계속될 것이며 연구자들이 APOS 이론의 필요성을 발견함에 따라 더 많은 연구 문제가 추가될 것이다.

CHAPTER

07

Schemas, 그 발달과 상호작용

APOS 이론은 추상적 개념을 학습하기 위해 학생들이 구성해야 하는 정신 구조의 유형을 설명하고 예측하는 데 성공적이었다. 새로운 연구가 수행되고 복잡한 연구 프로젝트가 진행됨에 따라 이론의 범위를 넓힐 필요가 생겼다. 이는 다양한 이론적 개념들에 대한 연구자들의 이해를 넓힘으로써 이루어졌다. 이러한 이론적 개념들을 사용한 연구는 적었지만 이미 이론의 일부를 구성하거나 현재 연구에서 검증되고 있다. 이러한 이론적 개념들 중 하나가 Schema이다. 다른 하나는 주제화 메커니즘이며, 또 다른 하나는 8장에서 논의되는 Process와 Object 사이 새로운 단계인 Totality이다.

Schema는 이 장의 중심 주제다. 7.1절에서는 일반적인 설명을, 7.2절에서는 몇 가지 예를 살펴본다. 7.3절과 7.4절의 주제는 Schema가 어떻게 발달하는가이다. 7.5절과 7.6절에서는 새로운 정보의 도입이나 두 Schema의 상호작용을 통해 Schema가 어떻게 변하는지를 자세히 설명한다. 마지막으로 7.7절에서는 Schema가 Object로 구성되는 메커니즘인 주제화에 대한 이슈를 다룬다.

7.1 피아제 연구에서 Schema와 APOS 이론에서 Schema

Piaget & Inhelder(1966/1969)는 형식적 Schema를 "… (중략) … 주체가 초보 수준의 형식화를 사용하여 어떤 종류의 데이터를 조직하는 개념들로서 아직 그 개념들이 주체 외부로 구현되지는 않은 상태의 개념들이다"(p. 398)라고 말한다. 즉, Schema는 중요한 추론 방법과 관련이 있으며 특정 학습 상황에 적용되는 구조를 말한다. 피아제는 상황을 이해하고 다양한 목표를 달성하기 위해 상황 유형을 다루는 한 가지 방법을 Schema라고 생각했다.

피아제에게 Schema는 지식을 구성하는 도구이다.

> Schema는 기능할 때만 구성되고 경험을 통해서만 기능한다. 그렇다면 가장 중요한 것은 Schema라는 구조 그 자체가 아니라 Schema를 구성되게 하는 활동이다.(Piaget, 1975/1985)

어떤 특정 Schema 그 자체에는 논리적 구성 요소가 없지만 Schema는 서로 협응하는데 이에 따라 행동의 일반적 협응이 일어난다. 이러한 협응은 논리–수학적 구조의 시작인 행동의 논리를 형성한다. 피아제는 하나의 Schema는 하위 Schema나 하위 시스템을 포함할 수 있다고 말했다. 논리–수학적 구조의 하위 분류가 전체 분류에 포함되는 것과 같은 방식으로 하위 Schema는 전체 Schema에 포함된다. 이후 단계에서 이러한 류의 포함 관계는 특정 개념을 발생시킨다(Piaget, 1975/1985).

피아제의 아이디어는 APOS 이론에 반영되어 있다. Asiala et al.(1996)은 수학 주제에 대한 개인의 Schema를 그 주제와 (명시적으로 또는 암묵적으로) 연결된 모든 지식으로 설명한다. 구체적으로 말해, 특정 수학 개념에 대한 개인의 Schema는 그 개념과 관련된 문제 상황에 적용하는 개인의 마음속 프레임워크를 형성하기 위해 일반적 원리나 관계로 연결된 Actions, Processes, Objects, 그리고 여러 다른 Schema의 모임이다(3.2.5절 참조). 이 프레임워크는 어떤 현상이 Schema의 범위에 있고 어떤 현상이 Schema 밖에 있는지를 결정하는 수단을 명시적이든 암묵적이든 제공한다는 의미에서 일관성이 있어야 한다(Dubinsky & McDonald, 2001). Schema는 주제화되어 Action과 Process를 적용할 수 있는 인지적 Object가 된다. Schema를 의식적으로 탈주제화시켜 그 Schema를 구성하고 있던 원래의

Actions, Processes, Objects 및 다른 Schema를 얻을 수 있다(Clark et al., 1997).

수학 학습은 매우 비선형적이므로 모든 상황에 특정 Schema가 반드시 이용되지 않을 수도 있다. 그렇지만 Schema의 구조와 그 발달은 학생들이 왜 한 주제에 대해 여러 가지 어려움을 겪는지, 심지어 동일한 상황에서 왜 서로 다른 어려움을 겪는지를 설명해준다.

Schema는 처음부터 APOS 이론의 일부였다(자세한 내용은 2장 참조). 초기 논문의 경우 Schema가 APOS 이론에서 가능한 구조 중 하나로만 언급되었을 뿐 Schema가 중심적 역할을 하는 연구는 없었다. APOS 기반의 연구가 진행됨에 따라 7.4절에 설명된 것처럼 특정 학습 상황을 설명하기 위해 Schema 구조가 필요함이 밝혀졌다.

7.2 Schema의 예

몇 가지 예는 APOS 이론에서 Schema를 이해하는 데 도움이 될 것이다. 아래 주어진 각 예에서 Schema에 포함된 구조를 설명한다. 개인마다 Schema의 구성 요소 사이에 다른 유형의 관계를 구성하므로 Schema의 구조는 개인마다 다를 수 있음에 주목해야 한다. 이런 차이 중 일부는 이 절과 다음 절에서 논의된다.

Schema에 대한 한 예는 함수 Schema이다. 이 함수 Schema는 실함수, 다변수함수, 벡터함수, 명제함수와 같은 여러 유형의 함수로 구성될 수 있다. 이러한 여러 유형의 함수는 Process로 구성되어 있거나 함수에 적용할 수 있는 연산과 함께 Object로 구성되어 있다. 어떤 학생들의 경우 여러 유형의 함수를 함수 Process의 공통 아이디어, 즉 출력값을 얻기 위해 입력값에 적용하는 연산으로 알고 있다. 함수는 관련된 입력값의 유형, 그 입력값에 적용되는 연산의 특성, 그리고 연산의 결과에 따라 다르다. 비록 개인별 Schema가 같은 유형의 함수를 포함하더라도 그 구성 요소나 그들 사이의 구성 관계는 다를 수 있다.

Schema의 다른 예는 벡터공간 Schema이다. 벡터공간 Schema는 각각 Process나 Object로 여겨지는 일차결합, 생성집합, 기저, 차원과 함께 벡터와 벡터에 정의된 연산으로 구성된다(Parraguez & Oktaç, 2010). 일부 학생들의 경우 이 개념들이 벡터공간에서 정의되었다는 이유만으로 이 개념들을 오직 벡터공간 개념하고만 연관시킨다. 그렇지만 일관성 있는 Schema를 구성한 다른 학생들은 벡터공간 개념과의 관계의 특성, 예를 들어, 벡터공간에서 모든 벡터 결합이 선형인가에 대해 알고 있다.

Schema의 세 번째 예는 유클리드 평면 Schema이다. 이 유클리드 평면 Schema는 점

Object와 점을 표현하는 Action의 내면화로 구성된 Process인 곡선, 함수, 영역과 같은 점들 사이 관계를 포함하는 구조이다.

어떤 학생들에게는 이러한 관계들이 새로운 곡선, 함수 또는 영역을 얻기 위해 점에 적용하는 특정 Process로만 구성될 수 있다. 이와 달리 다른 학생들의 경우 이러한 관계들은 정의에 따라 서로 다른 점의 집합 사이 구별을 포함할 수 있다. 분수의 동치류 개념을 위해 구성된 유클리드 평면의 다른 Schema는 9.5절에서 설명된다.

Schema는 서로 다른 요소로 구성된 것으로 간주된다. 함수처럼 여러 다른 상황에 적용할 수 있는 단일 개념을 포함하거나 벡터공간 Schema처럼 서로 다르지만 서로 관련된 개념들을 포함할 수 있다. 어느 경우든 Schema는 지식이 구조화되는 방법과 학습을 통한 지식의 발달을 이해하기 위한 도구다.

개인의 수학 학습이 진행됨에 따라 서로 다른 개념을 관련지어 문제 해결 활동에 사용할 필요가 있다. 때때로 새로운 Actions, Processes 또는 Objects는 기존 Schema의 구성 요소들 사이 새로운 관계를 형성함으로써 기존 Schema에 동화된다. 다른 상황의 경우 한 Schema가 하나 이상의 다른 Schema와 관련되어 새롭고 더 광범위한 Schema로 되기도 한다. 예를 들어, 데카르트 평면 Schema는 더 높은 차원 공간과 관련되어 n차원 공간과 비 데카르트 공간을 포함하는 새로운 Schema의 구성으로 이어진다.

개인은 수학적 문제 상황에 직면하면 그 상황과 관련된 Schema를 떠올려서 그 Schema의 구성 요소와 이 요소들 사이의 관계를 이용하여 그 상황을 다룬다. 같은 상황에 대해 사람들마다 같은 구성 요소를 사용하더라도 그 구성 요소 사이의 다른 관계를 구성할 수 있다. 특정 문제 해결 상황을 다루는 것과 관련된 구성의 유형과 그 관계에 관한 연구로부터 개인의 Schema 구조를 밝히고, Schema 발달에 대한 정보를 얻을 수 있다. 개인의 Schema 발달에 관한 APOS 연구에서 연구자들은 Piaget & García(1983/1989)가 제안한 "Triad(3원)" 발달 단계를 사용한다. 조절 메커니즘은 Triad의 한 단계에서 다음 단계로의 발달을 설명한다. 이 3원 발달 단계의 각 후속 단계는 Schema 내의 특정 구조들 사이의 관계 및 변환의 발달과 관련 있으며 뿐만 아니라 특정 문제 상황에 이 Schema의 적용 가능성을 말하는 Schema의 일관성 발달과도 관련이 있다.

APOS 기반 연구에서 3원 발달 단계는 특정 수학 주제와 관련된 학생의 Schema 발달을 설명하는 데 사용되고 있다. 그리고 Schema가 인지적 Object로 주제화되는 방법을 더 잘 이해하는 데 사용된다. Schema 발달은 인지적 구성의 이러한 측면을 이해하는 효과적인 방법임이 입증되었고 Schema 구성에 대한 더 깊은 이해로 이어졌다(Trigueros, 2005).

7.3 개인의 마음속 Schema 발달

처음부터 APOS 이론에서 Schema를 사용하려면 Schema 발달의 개념을 도입해야 했다. 이 발달은 단계로 설명된다. 피아제와 가르시아García는 모든 Schema의 발달 단계를 Intra−, Inter−, Trans−라 부른다. 하이픈 기호 '−' 뒤에는 Schema 이름이 붙는다. Schema는 복잡함의 정도가 다른 구조들로 정의될 수 있으므로 이 용어는 Schema를 세 단계로 설명하며 Schema를 구별하는 데 도움이 된다. 예를 들어, 함수 Schema에는 7.2절에서 설명한 예처럼 여러 유형의 함수들이 포함되거나 미분학과 적분학의 모든 Object와 관계들이 포함될 수 있다. 두 예는 단계로 발달을 설명할 수 있는 함수 Schema이다. 예를 들어, 첫 번째 예는 Intra−함수, Inter−함수, Trans−함수로, 두 번째 예는 Intra−미분적분, Inter−미분적분, Trans−미분적분으로 이름 붙여 Schema에 의해 구성되는 것과 구별할 수 있다. 그 구성 요소를 명확히 나타내고 그 복잡함을 추가한다면 함수를 사용해서 두 번째 Schema의 단계 이름을 붙일 수도 있다.

첫 단계인 Intra−는 Schema의 구성 요소에 각각에 초점을 두며 주로 요소들 사이의 대응으로 구성된다. 개인은 Schema에 있는 Object들 사이의 공통 성질들을 발견하는데 이 성질들은 국소적으로 연결되어 있다. 예를 들어, 기하 구조의 역사 발달에서 Schema 발달 단계는 도형과 공간의 관계라는 관점에서 설명될 수 있다. Intra−도형 단계에서 유클리드 기하의 기하 도형 연구는 도형의 표상과 그 성질의 연구에 초점을 둔다. 도형은 공간의 부분으로 고려되지만 공간은 도형을 연구할 수 있는 전체적 실체로 간주된다. 예를 들어, 이 단계에서는 측정 단위를 정의하기 위해 선분과 수를 대응시킬 수 있다. 이러한 유형의 대응은 도형의 구성 요소 사이의 내적 관계이다(Piaget & García, 1983/1989).

지식이 발달함에 따라 국소적 변환이 좀 더 근본적인 역할을 하기 시작하고 필요한 연결에 접근하기 시작한다. 그리고 그 이면에 있는 추론이 발달하기 시작한다. 이 시점에서 Schema는 Inter−단계에 있다고 한다. 기하적 구조의 경우 대수적 표상을 통해 해석기하와 사영기하 사이의 변환 체계의 도입이 이루어진다. 이러한 변환은 해석기하와 사영기하라는 서로 다른 관점에서 도형들을 관련시킨다. 이것이 Inter−도형 단계의 특성이다(Piaget & García, 1983/1989).

어느 정도 시간이 지나고 나면 Schema를 구성하는 국소적 변환 이면에 있는 연결과 추론을 정해야 한다. 특히 개인은 Schema를 전체로 보기 시작한다. 그리고 그 전체 구성을 설명할 수 있는 구조가 통합에 의해 만들어진다. 그 구조는 이제 일관성을 가지게 되어 개인은 주어진 상황에 그 구조를 적용할 수 있는 상황과 그렇게 못하는 상황을 결정할 수 있다. 이것을 Trans－단계라 한다. 기하적 구조 발달의 경우 변환을 도입했을 때 이 단계가 구성된다(Piaget & García, 1983/1989).

Piaget & García (1983/1989)에 따르면,

> 한 단계에서 다음 단계로 가는 것은 이전 단계에 대한 지식의 '증가'에 의해 일어나지 않는다. 대신 개념적 기초의 전체적인 재해석이 필요하다 … (중략) … 다음 단계에 접근하려면 이전 단계에서 구성된 것을 재구성할 필요가 있다.(p. 109)

피아제와 가르시아는 모든 Schema는 Triad(3원)라는 단계를 거쳐 발달한다고 주장한다. 그들은 발달하고 있는 어떠한 Schema를 분석하더라도 이들 단계를 볼 수 있을 것이라 가정했다. 명확히 해야 할 중요한 문제는 피아제의 Triad 단계의 특성은 구조적이 아니라 기능적이라는 것이다. 피아제의 발생적 인식론에서 Schema에 대한 초점은 Schema의 구조가 아니라 인지적 발달에서 Schema가 기능하는 방식이다. 피아제 이론의 주요한 메커니즘인 동화, 조절, 평형화는 근본적인 역할을 한다. 동화에 의해 새로운 요소가 기존 Schema로 통합되면 조절을 통해 Schema가 수정된다. Schema는 이런 메커니즘들을 통해 새로운 평형화에 도달한다. 평형화는 역동적이다. 그래서 Schema는 그 정체성을 유지하면서도 끊임없이 변한다.

연쇄법칙에 대한 학생의 이해 연구인 Clark et al.(1997)에서 처음으로 APOS 이론에 Triad가 사용되었다. 수열(McDonald et al., 2000), 연쇄법칙과 함수 합성과의 관계(Cottrill, 1999), 함수의 그래프와 일차 및 이차도함수의 속성 사이 관계(Baker et al., 2000; Cooley et al., 2007) 같은 연구에서도 Triad가 사용되었다. 이 모든 연구에서 Triad는 연구자들이 Schema의 발달을 이해하는 데 도움이 되었고, 자료 분석에서 나타난 학생들의 사고에 대한 연구자들의 설명을 뒷받침했다.

피아제와 가르시아 연구에 따라 APOS 이론에서는 Schema의 발달은 세 단계, Intra－, Inter－, Trans－로 구성된다. 그리고 Traid 단계는 개인이 Schema 내의 특정 구성 성분들로 만드는 관계와 변환의 발달을 통해 한 단계에서 다음 단계로 이행된다. 여기서 Schema 발달에서 Intra－단계는 비슷한 특성의 다른 인지 구조와 별개로 개별 Actions, Processes, Objects에 초점을 두는 특징이 있다. 그리고 Inter－ 단계는 Schema를 구성하는 인지 구조 사이 관계와 변환의 구성이 특징이다. 이 단계에서 개인은 구성 요소의 그룹

을 만들고, 심지어 같은 이름으로 부르기 시작한다. 마지막으로, Trans－단계에서는 Inter－단계에서 구성된 관계를 이해하게 되면서, 그리고 Schema가 어떤 것이 Schema의 범위에 들어가는지 아닌지를 판단하는 능력인 일관성이 생기면서 개인은 암묵적이거나 명시적인 기본 구조를 구성한다(Dubinsky & McDonald, 2001).

7.4 Schema 발달의 예

이 절에서는 Traid의 각 단계별 Schema 발달의 예를 알아본다.

7.4.1 Intra－단계

APOS 이론에서 Schema 발달의 Intra－단계는 다른 인지 구조와 별개로 개별 Actions, Processes, Objects에 초점을 맞춘다는 것이 특징이다. Intra－단계에 있는 학생은 반복 가능한 행동이나 조작에 집중하고 Schema의 다른 구성 요소에 대한 Action들 사이의 관계나 변환을 인식할 수 있다. 몇 가지 예는 이 단계를 더 잘 이해하는 데 도움이 될 수 있다.

- **함수**: 함수 개념의 경우, Intra－단계에 있는 개인은 한 가지 유형의 함수에만 그리고 그 함수로 수행할 수 있는 다양한 활동에 집중하는 경향이 있다(Dubinsky & McDonald, 2001).

- **도함수**: 도함수 Schema의 Intra－단계에 있는 학생은 도함수를 특정 점에서 접선의 기울기로 해석할 수 있고, 특정 구간에 대한 함수의 도함수를 찾는 Action이나 Process를 수행할 수 있다. 이 학생은 도함수의 부호를 정할 수 있고 도함수의 부호를 사용하여 그 구간에서 함수가 증가인지 감소인지를 알 수 있다. 이 학생은 변화율 문제도 일부 해결할 수 있다. 그러나 개별 Actions나 Processes에만 초점을 둔다. 그래서 곡선에 대한 설명이나 변화율 문제의 해결을 오직 함수의 도함수를 구하는 경우로만 한정해서 생각한다. 이 학생은 도함수를 함수의 극값 변화를 설명하는 수단으로 생각하지 못한다(Baker et al., 2000).

- **연쇄법칙**: 연쇄법칙 Schema의 Intra－단계에 있는 학생은 멱법칙이나 지수법칙처럼

암묵적으로 연쇄법칙을 사용해서 계산해야 하는 특정 경우들을 많이 알고 있다. 그러나 이 특정 경우들 사이의 관계에 대해서는 알지 못한다. 이 학생은 각각의 경우마다 서로 다른 규칙을 적용해야 된다고 생각한다(Clark et al., 1997; Cottrill, 1999).

다음은 the Intra－연쇄법칙 단계에 있는 학생의 예이다.[1] 이 예에서 Tim은 음함수 미분에 대한 연쇄법칙은 알지만 그것이 적용되는 다른 문제에서 사용하는 방법을 인식하지 못하고 있다(Cottrill, 1999, p. 39).

I: 기억나는 단어나 기호로 연쇄법칙에 대해 적을 수 있나요?

Tim: 연쇄법칙이요…?

I: 도함수를 구하는 연쇄법칙.

Tim: $y=x^2-7x+5$에 연쇄법칙을 적용한다고요?

I: 아뇨. 연쇄법칙은 특정 종류의 도함수를 구할 때 적용하는 한 가지 규칙입니다. 연쇄법칙을 사용한 기억 없어요?

Tim: 음 그럼, 교재 밖에서 y의 도함수에 대한 연쇄법칙의 예를 가져와도 되나요? ($f(x)=y^n$, $y^{n\prime}=ny^{n-1}y'$…라고 쓴다)

I: 연쇄법칙을 사용하는 문제의 예를 보여줄게요. 예를 들어, 여기 18번를 봅시다. 원래 문제는 sin($5x^4$)입니다.
[학생에게 옳은 풀이가 적힌 설문지의 문제를 보여준다].

Tim: 이 문제를 내가 어떻게 풀었는지 그 규칙을 알려달라는 건가요?

I: 예, 맞아요. 거기서 도함수를 어떻게 찾았어요?

Tim: 아, ($f(x)=u(x)'f'(x)$를 쓰고 줄을 그어 지우며 중얼중얼) … 모르겠어요. 연쇄법칙을 어떻게 하는지 예를 보여주면 그것을 어떻게 하는지 알 수 있어요.

I: 제 말이 그 말입니다. 당신이 여기 적어놓은 이 풀이…

Tim: 음…

I: 당신은 연쇄법칙을 사용했어요.

Tim: 네

I: 이 답을 구하려면, 이 풀이는 맞아요. 그렇죠? 그러면 연쇄법칙이 생각나나요?

Tim: 어, 그래서 당신이 내게 원하는 건…

I: 우리는 sin($5x^4$)에서 시작했고 당신이 답으로 적은 것을 보고 그런 풀이를 어떻

1 이 절에 나타난 학생 응답에 대한 문제들은 이 장 끝에 부록으로 제시되어 있다.

게 떠올렸는지 기억해보세요.

Tim: 오! 그래서 먼저 바깥에 있는 것의 도함수를 구해요. 사인의 도함수는 코사인이에요.

I: 예, 맞아요.

Tim: 그런 다음 안에 있는 것의 도함수를 구해요. 그래서 안쪽에 $5x^4$이 있으니까 $20x^3$라고 써요.

I: 좋아요.

Tim: 그건 너무 쉬워요. 그런데 당신이 하라고 한 것은 어떻게 해야 하는지 모르겠어요.

I: 모르겠다고요? 그러면… 여기서 질문은 "연쇄법칙은 무엇을 말하는가"입니다.

Tim: 여기에 x의 함수, 그런 것이 있다면 그리고 그것에 도함수를 취하면, 맞아요, 먼저 바깥에 있는 것의 도함수를 구하고 안에 있는 것의 도함수를 구해요.

비록 Tim이 멱규칙을 정확하게 기억해서 사용하고 약간의 도움을 받아 연쇄법칙 공식을 사용하지만, 특정 문제에만 관련되는 Action으로만 자신의 풀이를 설명한다. 그는 각각의 Action을 서로 연관성 없이 따로 설명하고 있다.

7.4.2 Inter－단계

7.3절에서 언급한 것처럼 Inter－단계에서는 Schema를 구성하는 Processes와 Objects 사이의 관계와 변환이 구성된다는 특징이 있다. 이 단계에 있는 개인은 개별 항목들을 그룹으로 만들고 여기에 같은 이름을 붙인다. 7.4.1절에 제시된 예들을 사용하여 Inter－단계를 설명한다.

- **함수**: 학생이 함수의 유형은 다르지만 그에 적용하는 연산들 사이에 유사성을 알게 되면서 연산들 사이의 관계를 구성할 수 있게 되고, 함수의 유형을 같은 종류의 활동 예, 즉 알고 있는 함수에서 새로운 함수를 구성하는 수단으로 인식할 수 있게 된다.

- **도함수**: 도함수 Schema의 Inter－단계에 있는 학생은 접선의 기울기로서 도함수 Process와 주어진 점에서 변화율로서 도함수 Process를 관련지어 도함수를 함수의 극값 변화를 설명하는 수단으로 생각할 수 있다(Baker et al., 2000).

- **연쇄법칙**: 연쇄법칙 Schema의 Inter−단계는 멱법칙이나 합성함수의 도함수 같은 서로 다른 연쇄법칙의 예가 더 일반적인 것임을 인식하는 것이 특징이다. 즉, 개인은 특수한 예들이 서로 관련되어 있고 그러한 법칙들이 더 일반적인 법칙의 예임을 알게 된다(Clark et al., 1997; Cottrill, 1999).

다음 발췌문은 Peg가 Inter−연쇄법칙 단계임을 보여준다. Peg은 연쇄법칙을 기준으로 하여 합성함수와 관련된 문제들이 포함된 미분 문제들을 서로 다른 그룹으로 나눈다. 비록 지수함수와 삼각함수를 구별하였으나 연쇄법칙을 주요 분류 기준으로 유지한다. 그렇지만 항등함수에 적용된 지수함수나 삼각함수에는 괄호가 없어서 이들을 그녀 기준에 포함시키지 못하고 있다. 그녀는 음함수에 연쇄법칙을 사용해야 한다고 생각하지 못하고 함수의 합성이 적분에 사용된 예도 알지 못한다. 그녀의 분류 기준은 괄호에 기반한 것으로 보인다(Cottrill, 1999, p. 46).

I: 그래서 5개 그룹으로 나눠지나요?

Peg: (잠시 생각) 네. 5개 그룹이에요.

I: 좋아요. 그렇게 분류하는 특징은 뭔가요?

Peg: 1은 가장 직접적 특징입니다. 그것은 그 법칙을 그냥 그대로 사용하면… 그 법칙 이름이 뭐죠? 멱법칙.

I: 그렇죠.

Peg: 그건 멱법칙입니다. 어, 2와 3은 2를 제외하고 거의 같아요. 이 식은 그 법칙을 사용하려면 다시 써야 해요. 6과 7도 멱법칙입니다. 멱법칙을 한 다음 연쇄법칙입니다. 어, 4, 5, 8, 9는 삼각함수 항을 가지고 있고 그러면 삼각함수를 알아야 해요. 그리고 10은 별도의 법칙을 가진 e에 관한 함수입니다.

I: 좋아요. 당신이 그것을 했을 때…

Peg: 그리고 가장 쉬운 것부터 가장 어려운 것까지 내 관점에서는 거의 비슷합니다. e에 관한 함수가 실제로 어렵지는 않지만, 그것은 어렵지 않고 단지 다르다는 것을 알고 있어요. 왜냐하면 다른 것과 비슷하게 그 공식을 따르지 않는 것처럼 보이기 때문입니다.

I: 음, 그룹을 나눌 때 고려한 다른 방법이 있었나요?

Peg: (잠시 생각) 어… 그 시간 안에 처음 떠오른 생각으로 했어요. 여기 더 오래 앉아 있었다면 다른 방법이 생각났을 거라고 확신해요.

I: 좋아요. 다른 기준은 무엇인가요?

Peg: (잠시 생각) 어, 다른 기준들은 미분해야 하는 항을 하나 가진 것과 두 개 가지고 있는 것이 될 수 있습니다. 또는 연쇄법칙이 있는 모든 것, 또는 연쇄법칙이 있는 모든 것은 무엇이든 그리고 마지막 식에 항을 더 추가해야 하는 것을 아는 것입니다.

I: 그래서 마지막 질문 몇 가지는 당신이 좋아하는 단어나 기호를 기억나는 대로 최대한 사용해서 연쇄법칙을 적어주세요. 여기에 그 예가 있습니다. 6번과 7번은 이 종이의 16번과 17번입니다. 당신의 답에 연쇄법칙을 사용했더군요. 그래서 어떤 아이디어를 떠올리는 데 도움이 되도록 그것들을 사용하길 원한다면…

Peg: (잠시 생각) 알았어요.

I: 녹음할 수 있게 소리내어 읽어줄래요.

Peg: 알았어요. $f(g(x))$의 도함수를 구할 때 $f'(g(x))$에 $g'(x)$를 곱합니다. 기본적으로 바깥 항의 도함수를 구하고, 바깥 항을 사용하는 이유는 안쪽 항이 합성된 그것을 내가 보는 방식이기 때문이고, 그런 다음 안쪽 항의 도함수를 곱합니다.

I: 좋아요. 잘했어요. 여기 목록 6번에서 10번까지 마지막 다섯 문장이 있습니다.

Peg: 네.

I: 연쇄법칙을 사용하도록 의도되었고, 6, 7, 8번에서 연쇄법칙을 사용한다고 당신이 말했어요. 9번과 10번에서 연쇄법칙이 사용되는 것이 보이나요?

Peg: 네, 보입니다. 하지만 그것들은 삼각함수도 가지고 있어서 따로 분리했어요.

I: 네, 괜찮아요. 아래에 적은 당신이 생각한 규칙이 그것에 적용되나요? 아니면 그 중 6개 모두? 아니면 5개 모두에 적용되나요?

Peg: (잠시 생각) 어… 제가 보는 대로 말하자면 제가 그 문제를 보는 방식으로는 그랬어요. 저는 바깥 항과 안쪽 항을 봅니다. 제가 보는 바깥 항은 멱법칙이나 삼각함수로 정확하게 해결하는 방식 중 하나입니다. 그런 다음 안쪽으로 가서 그리고 당신도 알 듯이…

I: 좋아요. (잠시 생각) 19번 풀이에 매우 흥미로운 것이 있네요.

Peg: 맞게 풀었다고 생각하지 않아요.

I: 사실 당신의 풀이가 많이 잘못됐다고 생각하지 않아요. 그러나 당신이 한 것은 연쇄법칙을 사용해서 식을 전개한 것이네요. 그 식은 $\cos t$의 세제곱이고, 당신

은 세 개의 cos t의 곱을 적었고 이는 코사인의 세제곱이네요.

Peg: 네.

I: 그리고 당신은 거기에서 도함수를 구했어요.

Peg: 그렇지만 저는 그것을 다 끝내지 못했어요. 그렇죠?

I: 아니요. 당신은 다른 곱을 구했어야 했어요.

Peg: 네, 그렇지만, 전 그렇게 했습니다.

I: 그렇지만, 당신이 내 질문을 기억할 수 있다면, 조금 전에, 음, 그 문제에서 연쇄법칙이라고 말하지 않았나요?

Peg: 그것은 지금까지도 분명하지 않습니다. 왜냐하면 그것은 연쇄법칙만큼 직접적이지 않아요. 왜냐하면 변수 t는 그것과 결합된 것이 아무 것도 없어요. 괄호 안에 미분할 것이 있어요. 여기··· 그렇다면 3 코사인 제곱 t에 마이너스 사인 t를 곱한 것이 되나요? 이게 답인가요?

I: 네. 정확해요.

Peg: 그러나 이 문제는 다른 문제들처럼 연쇄법칙 사용이 분명하게 보이지 않아요.

(Cottrill, 1999, p. 46)

이 예에서 Peg는 다른 문제들에서 연쇄법칙을 알아차렸다. 그녀는 합성함수에서 안쪽 함수와 바깥쪽 함수를 구별할 수 있는 문제에 적용할 수 있는 Process로서 연쇄법칙을 생각한 것이다. 그렇지만 이를 구별할 수 없을 때는 일반 법칙과의 관계를 인식하지 못한 것이다.

7.4.3 Trans-단계

Inter-단계에서 발달된 협응과 관계를 반성할 수 있는 학생에게는 새로운 구조가 생겨난다. 그러한 관계들을 종합하여 그 학생은 Schema에 관련된 변환을 인식하고 기본 구조를 구성한다. 이렇게 함으로써 Trans-단계에서 Schema가 발달하게 된다. Trans-단계에서 중요한 점은 일관성의 발달이다. Schema에 포함된 관계성을 인식할 수 있고 그리고 그 문제 상황에 그 Schema를 적용하는 것이 적합한지를 판단할 수 있을 때 개인이 구성한 Schema가 일관성이 있다고 한다. 몇 가지 경우에 있어 어떤 개념의 수학적 정의와 관련된 구조가 Schema의 일관성을 나타낸다. 이는 개인이 Schema의 명확한 구조를 알고 그 문제 해결에 적합한 Schema 내용을 선택할 수 있음을 의미한다. 다음 예는 이를 설명한다.

- **함수**: Trans－함수 단계에 있는 개인은 함수 환(ring)과 함수의 무한 차원 벡터공간 같은 함수의 여러 변환 체계를 구성할 수 있다. 함수 Schema의 일관성이 있다는 것은 모든 함수가 정의역과 치역, 그리고 정의역의 대상을 치역의 대상으로 변환시키는 Process를 가진다는 사실을 인식할 때이다(Dubinsky & McDonald, 2001).

- **도함수**: Trans－도함수 단계에 있는 학생은 변화와 관련된 문제들을 종합적으로 생각한다. 예를 들어, 학생은 주어진 한 점에서 접선의 기울기로서 도함수를 그 점에서 함수의 변화율과 관련지을 수 있다. 또한 이 학생은 도함수의 여러 표상 사이 변환도 구성할 수 있다. 도함수 정의와 관련된 구성의 관점에서 미분가능성에 대한 조건을 결정하는 능력으로 이 학생이 도함수에 대한 Schema의 일관성을 가지고 있음이 입증된다(Baker et al., 2000).

- **연쇄법칙**: Trans－연쇄법칙 단계에 있는 학생은 함수의 합성을 미분과 관련시킬 수 있고, 연쇄섭칙의 여러 예들이 함수의 합성을 통해 동일한 일반적 법칙을 따른다는 사실을 인식할 수 있다. Schema의 구성 요소들은 '안쪽－바깥쪽' 알고리즘 목록으로 설명되는 것에서 여러 상황에 적용할 수 있는 단일 규칙인 $(f \circ g)'(x) = f'(g(x))g'(x)$로 발달한다. 이 일반적 원리를 이해하는 능력이 있을 때 Schema의 일관성이 있다고 볼 수 있다(Clark et al., 1997; Cottrill, 1999).

다음 발췌문(Cottrill, 1999, p. 49)에서 Jack은 Trans－연쇄법칙 단계의 Schema를 구성했음을 보여준다. 이는 멱법칙, 지수법칙, 그리고 삼각함수와 음함수에 대한 법칙처럼 연쇄법칙의 여러 예를 구별하는 능력과 연쇄법칙을 기준으로 난이도 순서대로 모든 미분 문제를 분류하는 그의 능력으로 알 수 있다. 또한 그리고 그는 괄호 같은 외부적 특징이 아니라 함수와 그 합성의 관점에서 연쇄법칙을 설명한다. 이 발췌문에서 Jack은 적분 문제에서 라이프니츠 법칙을 사용한다. 비록 조금의 도움이 필요했으나 그는 그 문제를 해결하고 답을 찾기 위해 연쇄법칙을 일반화할 수 있었다.

Jack: 잘 모르겠지만 아마 10을 넣을 것 같은데요. 왜냐하면 e가 되면 그것은 기본적으로 연쇄법칙, 그리고 연쇄법칙과 멱법칙 둘 다이기 때문입니다. 맞아요 7을 보면, 7은 곱법칙과 연쇄법칙 그리고 멱법칙… 8은 곱법칙만 필요해요. 저는 그냥 4, 5, 8, 9를 하나로 묶을 겁니다. 왜냐하면 그것들은 삼각함수를 가지고 있어요. 삼각함수를 잘 모른다면 정말 도함수를 구하기 쉽지 않거든요. 만약 연쇄법칙을 알고 지수, 로그 같은 것들의 사용을 이해한다면 연쇄법칙은 엉망으로 되지 않아요. 간단한 수학을 안다면 멱법칙 때문에 문제 풀이를 망치진 않아요. 곱법칙도 이 법칙과 관련된 것만 잘 지킨다면 크게 엉망이 되지 않아요. 그러나 삼각함수는, 아시다시피 지금은 생각조차 할 수 없어요. 저는 그것들을 한동안 사용하지 않았는데, 하나가 음수이면 하나는 아니고 이건 이렇게 바뀌고… 그리고 사인, 사인의 도함수가 부호가 변하는지 아닌지를 잊어버렸다면 크게 망치게 되고 그것들은 순환하기 때문에 틀린 답을 얻게 되요. 그리고 잘못된 도함수로 시작했다면 이미 사이클이 엉망이 된거죠. 그러면 다른 것을 다 알고 있더라도 어쨌든 엉망이 되어버려요.

Jack: 음, 어, (잠시 생각) 이걸 어떻게 쓸 수 있을까? 그러니까… 보자… 음, 그냥 머릿속에서 생각난 것입니다.
(아무 말 없이 $f(g(x))' = f'(g(x)) \cdot (g'(x)) \leq (g(x)) \leq x'$를 쓴다.)

I: 좋아요.

Jack: 그냥 생각나는 대로 적은 것입니다.

I: 좋아요. 녹음을 위해 소리 내어 읽어줄래요.

Jack: 음, 도함수를 구해요, 기본적으로 연쇄법칙을 사용할 때마다 안에 다른 함수를 가지고 있는 함수를 보게 되요. 음, 모르겠어요, 그것은 합성을 다루는 것과 비슷해요, 음, 그리고 합성의 도함수를 구하기 위해서 먼저 바깥 함수의 도함수를 구해요. 안에 있는 함수에 대해서는 아무것도 하지 않아요. 안쪽 함수에서 바깥 함수를 구하고, 그것의 도함수를 먼저 구하고 안쪽의 함수는 그대로 남겨둬요. 그리고 안쪽 함수의 도함수를 곱해요. 그리고 그 변수에 대한 도함수를 곱하거나 몇 번이고 그것을 분해해야 해요. 왜냐하면 안에 뭐가 많이 들어있는 거대한 함수는 변수 x를 얻기 위해 연쇄법칙을 여러 번 해야 하기 때문이지요.

I: 좋아요.

Jack: 그래서, 제 말은 그것이 $f \circ g$같은 단순한 합성일 수도 있지만 만약 $h(f(g))$을 가지고 있다면, 안에 $f \circ g$을 안에 두고 h의 도함수를 구하고, g를 안에 두고 f의 도함수를 구하고, g의 도함수를 구하고, 그런 다음 x의 도함수를 구해요.

I: 좋아요.

...

I: 이 문제를 풀어볼래요?
(Jack에게 피적분함수가 단항식인 라이프니츠 문제를 제시하였다.)

Jack: 이거, 네. 이 함수를 적분할 수 있어요. (적분을 적는다.)

I: 그 함수 $H(x)$에 이름을 붙일 수 있나요?

Jack: 이거 무슨 뜻인가요?

I: 네

Jack: 그래서 이것이 $H'(x)$($H'(x) = 4\sin^2(x)\cos(x)$라고 적는다.) 그래서 적분하면 $H(x)$입니다. 이것이 답이라고 생각합니다.

Jack은 음함수와 적분의 도함수를 포함한 다양한 문제에 연쇄법칙을 적용한다. 이 발췌문에서 그는 연쇄법칙 정의에 대한 모든 구성 요소를 구성했다는 증거를 제공한다.

<표 7.1>은 위에서 논의한 각 예에 대한 Triad 단계를 요약한 것이다.

Triad의 각 단계에서는 앞 단계에서 습득한 지식을 재조직한다. 한 단계에서 다음 단계로의 변화에는 Schema의 구성 요소 증가뿐 아니라 새로운 관계의 구성 또는 Schema의 구성 요소 사이의 새로운 형태의 관계나 변환의 구성이 포함된다. 연쇄법칙에서 분명히 알 수 있듯이 Intra－연쇄법칙 단계의 학생들은 특정 규칙에 따라서 합성함수의 도함수를 구할 수 있다. Intra－단계에서 Inter－단계로의 변화는 연쇄법칙에 대한 새로운 예의 추가뿐 아니라 그 법칙들 사이 공통성을 볼 수 있도록 하는 즉, 더 일반적인 현상의 특별한 경우로서 그 법칙들을 볼 수 있도록 하는 변환의 구성을 포함하는 생각의 이동과 관련이 있다. Inter－단계에서 Trans－단계로의 변화가 있다는 것은 미분가능한 모든 합성함수에 적용되는 연쇄법칙이라는 단일 법칙을 인식하는 경우이다.

Triad는 연구자에게 다른 정신 구조 사이 관계에 주의를 집중하여 문제상황의 풍부함을 고려하면서 학생들의 사고를 분석하고, 사고가 어떻게 발달하는지를 볼 수 있는 도구를 제공한다. Triad라는 도구는 문제 해결과 관련된 복잡성, 아이디어들 사이의 새로운 관계가 어떻게 출현하는지, 어떤 관계가 새롭게 형성된 구조에서 중요한 역할을 하는지, 그리고 Schema의 일관성 발달을 활용한다. Schema의 이러한 모든 중요한 측면은 관련된 여러 문제 해결 상황에서 학생들의 활동을 통해 나타난다.

▼ 표 7.1 여러 Schema의 Triad 단계 비교

개념	Intra–	Inter–	Trans–
함수	하나의 함수와 그 함수를 적용하여 수행할 수 있는 여러 활동에 초점을 두는 경향이 있다.	함수 합성 Process를 포함한 여러 유형의 함수에 대한 산술 연산 Processes 사이의 유사성 또는 차이점을 찾을 수 있다. 알고 있는 함수로부터 새로운 함수를 구성하는 수단으로서, 같은 종류의 활동 예로서 모든 개별 함수 유형 사이의 관계를 구성한다.	함수 환과 함수의 무한 차원 벡터공간 같은 여러 함수 변환 체계를 구성할 수 있다. Schema의 일관성은 모든 함수가 정의역, 치역, 그리고 정의역의 대상이 치역의 대상으로 변환되는 Process에 있다는 사실을 인식하는 것으로 입증된다.
도함수	도함수를 특정 점에서 접선의 기울기로 해석하고, 특정 구간에서 함수의 증가, 감소를 결정하기 위해 도함수를 구하는 Action 또는 Process를 수행한다. 변화율 문제를 해결할 수 있는 능력이 있다. 개별 Action 또는 Process에 초점을 둔다. 그래서 곡선의 행동을 설명하는 것과 변화율 문제를 해결하는 것은 도함수를 구할 필요가 있을 때만 관련지을 수 있다.	접선의 기울기로서 도함수 Process를 주어진 점에서 변화율로서 도함수 Process와 관련지을 수 있다. 함수의 극값 변화를 설명하기 위한 수단으로 도함수 구하기 위해 위의 두 Process 사이 관계를 구성한다.	주어진 점에서 함수의 접선의 기울기 또는 주어진 점에서 함수의 변화율 등 변화와 관련된 모든 문제를 도함수와 관련짓는 종합을 구성한다. 도함수에 대한 여러 표상 사이 변환을 구성하는 능력이 있다. 도함수 정의를 포함한 구성의 관점에서 미분가능성의 조건을 결정할 수 있는 능력으로 일관성이 입증된다.
연쇄 법칙	멱법칙 또는 일반적인 공식처럼 암묵적으로 연쇄법칙을 사용하는 각 경우에 대해 계산하는 규칙을 알고 있다. 그러나 이것들이 서로 관련이 있다는 것은 모른다.	멱법칙이나 합성함수의 도함수 같은 연쇄법칙의 여러 예가 더 일반적인 어떤 것을 나타낸다는 것을 인식한다. 합성함수의 '바깥' 부분을 미분한 후 '안쪽' 부분의 미분을 곱한다는 일반적인 규칙에 의해 연쇄법칙의 특정한 예들이 관련지어진다는 것을 알 수 있다.	함수의 합성과 미분을 연관시킬 수 있다. 연쇄법칙의 여러 예가 함수의 합성을 통해 하나의 일반적 규칙을 따른다는 사실을 인식할 수 있다. 일관성은 Schema의 구성 요소를 여러 상황에 적용할 수 있는 단일 법칙 $(f \circ g)'(x) = f'(g(x))g'(x)$로 설명할 수 있는 능력으로 입증된다.

7.5 Schema로 동화되는 새로운 구성

지식의 구성은 역동적 Process이다. 새로운 상황을 마주한 개인은 이전 지식을 재구성하여 새로운 지식을 구성할 수 있다. Schema 개념은 연구자들이 여러 메커니즘에 의한 변화와 관련된 역동성을 이해하는 데 도움이 된다. 수학적 개념이나 주제와 관련된 새로운 Actions, Processes, Objects가 구성됨에 따라 이전에 구성된 개념 사이에도 새로운 관계가 형성된다. 새로운 Actions, Processes, Objects 또는 Schema는 이미 구성된 Schema의 일부가 되거나 재구성된 Schema에 의해 동화된다.

예를 들어, 개인의 함수 Schema에는 정의역과 치역, 그리고 정의역의 원소를 치역의 원소에 대응 방법 등으로 형성된 일변수 함수의 정의가 포함된다. 다변수 함수를 공부하면서 이전에 구성한 일변수 함수 Schema를 사용하여 이 새로운 함수 Process들을 동화시키려고 한다. 동시에 정의역 개념이 실수 구간과의 협응으로 확장됨으로써 조절과 재평형화가 일어날 수 있다. 선형변환 학습에서 벡터공간을 정의역과 치역으로 볼 수 있도록 정의역과 치역 개념이 모두 확장됨에 따라 개인의 함수 Schema는 추가적 재구성이 일어난다. 조절과 재평형화의 이러한 작용에서 학생은 함수의 여러 유형을 구별하고 새로운 유형의 함수를 자신의 기존 Schema 구조에 통합하는 방법을 배운다. 이런 인지 활동의 결과에 의해 지식은 성장하게 된다.

도함수 Schema의 경우, 편도함수에 관한 활동은 다변수 함수의 도함수를 다루는 새로운 Schema의 구성을 촉진할 뿐만 아니라 여러 유형의 함수와 그들의 도함수 사이의 관계를 발달시킬 수도 있다. 이러한 동화는 일변수 함수와 다변수 함수를 모두 포함하는 광범위한 문제 해결 상황에 적용할 수 있는 확장된 Schema를 만들게 된다.

7.6 Schema의 상호작용

학습 Process에서 지식이 발달함에 따라 개인은 끊임없이 변화하고 다양한 발달 단계에 부합하는 Schema를 구성하게 된다. 각 Schema 자체는 Actions, Processes, Objects 및 다른 Schemas와 그러한 구조들 사이 관계들로 구성된다. 문제 해결 상황에 따라 개인은 여러 Schema를 협응해야 할 때도 있다. 연구 목표 중 하나는 발달시킬 필요가 있는 여러 Schema를 확인하고 그들이 협응하는 방법 또는 상호작용하는 방법을 파악하는 것이다. 그러므로 Schema 발달을 이해하는 연구는 Schema가 어떻게 구성되는가 뿐만 아니라, 연관된 다른 Schema들과 어떻게 협응하는가를 탐구한다. 이러한 관계의 예는 7.6.1절과 7.6.2절에서 알아본다.

7.6.1 학생들의 미분적분 그래프 Schema에 대한 두 가지 연구

Baker et al.(2000)과 Cooley et al.(2007)은 비정형화된 미분적분 그래프 문제를 해결하기 위한 학생들의 시도를 두 Schema의 상호작용 관점에서 기술하였다. 첫 번째 연구인 Baker et al.(2000)은 학생들이 함수의 그래프를 그리기 위해 일차도함수, 이차도함수, 연속성과 극한에 관한 정보를 어떻게 협응하는지를 조사하였다. 다음은 인터뷰에서 학생들에게 주어진 문제이다.

(a) 다음 조건을 만족하는 함수의 그래프를 그리시오. (h 는 연속이다.)

$$h(0)=2, h'(-2)=h'(3)=0, \text{그리고 } \lim_{x\to 0} h'(x)=\infty$$
$$-4<x<-2 \text{그리고 } -2<x<3 \text{ 일 때, } h'(x)>0$$
$$x<-4 \text{이고 } x>3 \text{ 일 때 } h'(x)<0$$
$$x<-4,\ -4<x\ -2,\ 0<x<5 \text{ 일 때 } h''(x)<0$$
$$-2<x<0,\ x>5 \text{ 일 때 } h''(x)>0$$
$$\lim_{x\to -\infty} h(x)=\infty,\ \lim_{x\to\infty} h(x)=-2$$

(b) 여러분이 그린 그래프 외에 같은 조건을 만족하는 다른 그래프가 존재하는가? 여러분의 답을 입증하시오.

(c) 연속성 조건은 없애고 다른 조건들을 남긴다면, 그래프는 변하는가? 어떤 방식으로 변하는가? 가능한 다른 그래프가 존재하는가? 다른 그래프가 존재한다면, 그 예를 하나 그릴 수 있는가?

문제 해결 상황을 다루기 위한 시도에서 학생들은 몇 가지 어려움을 겪었다. 그들은 정의역의 주어진 각 구간을 별개로 작업하는 경향이 있었고, 다른 속성과 관련된 Process들을 연결하지 못했고, 여러 구간에 걸쳐서 그 속성에 대한 Process들을 협응하지 못했다.

종합해 보면, 이러한 어려움으로 학생들은 정확한 함수 그래프를 그리지 못했다. 자료 분석에서 저자들은 두 Schema의 상호작용이 그 어려움의 원인임을 밝혔다. 연구자들은 이러한 Schema를 '구간 Schema'와 '속성 Schema'라고 불렀다. 저자들은 그 Schema들과 이들 Schema의 상호작용에 대한 발생적 분해를 개발하였고, 이로부터 '미분적분 그래프 Schema'라고 부르는 새로운 Schema가 밝혀졌다.

두 번째 연구인 Cooley et al.(2007)은 같은 발생적 분해를 사용하여 이전 문제에 새로운 문제를 추가하여 미분적분학을 성공적으로 공부한 학생들이 주어진 문제를 해결하는 동안 같은 정신 구조를 구성하는지를 연구하였다. 이 연구는 다른 표상적 맥락을 사용한 문제에 대해 학생들이 자신의 지식을 사용하는 방식을 조사하고 미분적분 그래프 Schema의 여러 성분을 사용하는 능력을 분석하였다. 저자들은 기존 문제를 수정하였을 때 학생들이 구간 Schema와 속성 Schema를 어떻게 적용하여 재구성하고 협응하는지를 알고 싶어 했다. 학생들에게 제시된 과제는 미분적분 수업에서 일반적으로 제시되는 과제보다 난이도가 더 높고 유형도 달랐다. 이러한 과제를 제시하는 목적은 학생들이 새로운 문제 해결 상황에 대해 그들이 구성한 정신 구조를 다루는 방법을 알기 위함이다.

7.6.2 미분적분 그래프 Schema의 발달

연구자들은 학생들의 어려움과 수행 능력의 차이가 속성 Schema와 구간 Schema를 협응할 수 있는 능력에 기인할 수 있다는 사실을 발견했다. 각 Schema에 대한 발생적 분해는 다음과 같다.

7.6.2.1 속성 Schema의 발달

- Intra-속성 단계: 다른 속성과 별개로 함수의 한 속성에 대응하는 Action 또는 Process에 초점을 둔다. 다른 속성이 있음을 인식하지만 그들과 관련된 Process들을 그래프의 관점에서 하나의 Process로 협응시키지 못한다.

- Inter-속성 단계: 함수의 속성과 관련된 일부 Process 사이의 관계를 구성하고, 이 Process들을 함수의 그래프에 대응하는 Process로 변환한다.

- Trans-속성 단계: 구간에 대한 함수 그래프 속성이나 조건들과 관련된 모든 Process들 사이의 협응에 따른 변환을 인식한다. 이 Schema의 일관성은 주어진 구간에서 올바른 함수 그래프를 그리는 데 필요한 모든 속성들의 협응과 그 그래프와 관련된 모든 요소들을 인지했는지로 입증된다.

7.6.2.2 구간 Schema의 발달

- Intra-구간 단계: 각각의 구간에서 Action 또는 Process로서 함수의 속성에 초점을 둔다. 인접한 구간에 대한 함수의 속성과 관련된 Process들의 협응은 아직 구성되지 않았다.

- Inter-구간 단계: 함수의 정의역의 일부분인 집합들의 합집합으로서 인접한 구간의 그룹을 만든다.

- Trans-구간 단계: 함수의 정의역 전체를 형성하기 위해 교집합과 합집합으로 모든 구간의 관계를 구성한다. Schema의 일관성 여부는 정의역의 중복 구간과 연결 구간에서 그려지는 그래프와 그려지지 않는 그래프를 설명할 수 있는가에 따라 입증된다.

이 두 Triad가 이중 Triad로 결합되면 두 Schema의 상호작용을 분석할 수 있고, 미분적분 그래프 Schema라는 단일 Schema를 설명할 수 있다. 그 발달은 다음과 같이 설명될 수 있다.

Intra-속성, Intra-구간 단계에서는 분리된 구간에서 정의된 함수의 속성에 대해 하나 또는 몇 개의 분리된 Action을 취한다. 그 Action들은 단일 속성과 그래프의 분리된 구간의 관계에서 비롯된다.

Intra-속성, Inter-구간 단계에서는 함수 정의역의 부분인 집합들의 합집합으로서 인접 구간에서 정의된 함수의 속성에 대해 하나 또는 몇 개의 분리된 Action을 취한다.

Intra-속성, Trans-구간 단계에서는 함수 정의역 전체에 걸쳐 함수의 속성에 대한 하나 또는 몇 개의 분리된 Action을 취한다.

Inter-속성, Intra-구간 단계에서는 함수의 속성과 관련된 일부 Process가 구성된다. 그러나 분리된 구간에 정의된 함수의 속성에 대해 하나 또는 몇 개의 분리된 Action을 취한다. 그 Action들은 단일 속성과 그래프의 개별 구간의 관계에서 비롯된다.

Inter－속성, Inter－구간 단계에서는 함수의 속성과 관련된 일부 Process가 관련된 함수 정의역의 인접 구간에 대해 구성된다.

Inter－속성, Trans－구간 단계에서는 함수의 속성과 관련된 일부 Process가 함수의 정의역 전체에 걸쳐 구성된다.

Trans－속성, Intra－구간 단계에서는 함수의 조건과 관련된 모든 Process와 임의의 구간에서 함수의 그래프 속성들의 협응과 관련된 변환을 인식한다. 그러나 개별 구간에서 정의된 함수의 속성에 대해 하나 또는 몇 개의 분리된 Action을 취한다. 그 Action은 단일 속성과 그래프의 분리된 구간의 관계에서 비롯된다.

Trans－속성, Inter－구간 단계에서는 함수의 조건과 관련된 모든 Process와 임의의 구간에서 함수 그래프 속성의 협응과 관련된 변환과 함수 정의역의 인접 구간 사이의 구성된 관계를 인식한다.

Trans－속성, Trans－구간 단계에서는 함수의 조건과 관련된 모든 Process와 함수의 정의역 전체에 걸쳐 임의의 구간에서 함수 그래프 속성의 협응과 관련된 변환을 인식한다.

첫 번째 연구(Baker et al., 2000)는 학생들 사이에 매우 다양한 차이가 있음을 밝혔고 그 발생적 분해는 학생들의 구성을 자세하게 설명하는 유용한 도구임이 입증되었다. 두 번째 연구(Cooley et al., 2007)에서 발생적 분해의 유용성은 다시 입증되었다. 그리고 더 많은 학생이 관계를 효과적으로 설명하고 자신의 추론을 간결하게 설명하는 증거를 보였고 이는 그들이 Trans－속성, Trans－구간 단계의 그래프 Schema를 구성하였음을 나타낸다. 두 연구에서 Trans－속성, Intra－구간 단계를 제외하고 미분적분 그래프 Schema의 각 단계에 있는 학생의 예가 발견되었다. 다음 발췌문은 학생들의 응답 중 일부이다.

이들 학생 중 한 명인 Carol은 일차도함수에서 얻은 정보를 주로 사용하여 함수 그래프를 그렸다. 그래프 근처에 이차도함수의 부호를 의미하는 표를 만들었으나 사용하지 않았다. 그녀는 자신의 그래프를 다음과 같이 설명하였다.

> Carol: 네. 그것은 －4에서 3으로 증가하고 있어요. 그래프가 3을 지난다고 말하는 건 아닙니다. 이 그래프는 위로 오목하므로 증가합니다. 그래서 이 점이 변곡점이고, 이 점을 지나면 모두 내려갑니다. －2에서 극소입니다. 그것이 극한이기 때문입니다.

단일 구간에 대한 두 조건을 협응하려고 노력하면서 Carol은 “x=5의 오른쪽에 있는 그래프가 위로 오목일 때 어떻게 x=3의 오른쪽에 있는 그래프가 감소할 수 있는지 이해가 안 됩니다"라고 말했다.
심지어 오목과 변곡점에 대한 논의 중에도 그녀는 이 속성들을 그래프와 관련짓지 않았다. 그리고 그것들을 협응하지 못했다. 그녀의 일차도함수에 대한 이해는 x=−2에서의 변곡점과 수직 접선을 그래프로 통합할 수 있게 해주었다.

I: 자, 이제 x가 0으로 갈 때 극한이 무한대입니다. 그것은 성립하나요?
Carol: 음, 그것은 기울기가 무한대로 간다는 것을 의미힙니다.

그런 다음 그녀는 y축을 따라 수직선을 그렸다. 이는 그녀가 Intra−속성, Inter−구간 단계에서 미분적분 그래프 Schema를 사용하고 있음을 입증한다. (Baker et al., 2000, p. 579)

John은 미분적분 그래프 Schema의 Inter−구간 단계에서 Inter−속성을 다룰 수 있다는 증거를 제공한다. 일부 구간에 대한 속성들을 협응하는 데 어려움을 보이고 구간에 걸쳐 그 속성들을 협응하는 데도 어려움을 보였기 때문이다.

John: −4에서 −2까지 기울기는 양수가 됩니다. 그래서 그래프는 양의 기울기 방향으로 갈 것입니다. 그리고 −2에서 −3까지… 보자, 여기가 혼동되는 부분입니다. x가 0에 가까이 갈 때 무한대로 가는 $h'(x)$의 극한이 0으로 가면 기울기는 무한대가 되기 때문입니다.
I: 맞아요.
John: 그런데 0의 오른쪽은 어떻게 되나요?
I: 좋은 질문이에요.
John: 그래서 그것을 버리지 않는다면 그래프가 증가해야 한다는 것을 알고 있어요. 그리고, 3까지 그런 다음 3에서 방향을 바꿔 5까지도요. 왜냐하면 x=5에서 오목하므로 그것은 다시 방향이 바뀌어야 하기 때문입니다.
I: 좋아요.
John: 왜냐하면, 잠깐, 그렇게 안 되네요. 질문해도 되요?
I: 잠깐만…
John: 잠깐만. 그리고 $h''(x)$가 x=5에서 음에서 양으로 바뀌므로 그래프는 다른 방향으로 바뀌게 될 것입니다, 그렇죠? 그러나 무한대로 갈 때 극한은 −2입니다.

I: 맞아요.

John: 그리고 5에서 바뀌고, 그런 다음 -2에 접근합니다.
(y=−2에서 수평점근선 아래로 떨어지는 위로 오목한 그래프를 구성하였다.)

I: 그럼 이제 −2 저 아래로 내려가나요?

John: 그래야 한다고 생각합니다. x가 5보다 클 때 그것이 위로 오목이면 조금이라도 올라가야 해요.

I: 그래요?

John: 왜냐하면 만약 그래프가 −2로 가까이 간다면, 이렇게 (y=−2 바로 위에 수평선을 그린다.) 가야 하고 직선이 될 것이기 때문입니다.

I: 그것은 위로 오목이면서 여전히 감소할 수 있나요?

John: 아마도. 저는 그럴 수 있다고 확신합니다.

I: 좋아요.

John: 그것이 어떻게 될지는 잘 모르겠네요.

John은 x=−4의 조건과 그래프를 연결하였다. 그러나 그는 그래프가 뾰족한 점을 가지고 있다고 생각할 수 없었다. 그는 요구된 속성과 다르게 매끄러운 그래프를 그렸다.
(Baker et al., 2000, p. 281)

또 다른 학생인 Stacy는 그래프의 오목함에 대해 노트에 적고, 그래프를 그릴 때 적은 내용을 사용하였으나 일차도함수를 주로 사용했다. 정의역 전체에 걸쳐 구간의 합집합을 가지고 풀었으나 극한 조건을 협응하는 데 상당한 도움이 필요했고, $x=-4$에 대한 조건을 고려하는 데 어려움을 겪었다(Baker et al., 2000, p. 583).

Stacy: 그래서 어떻게 수평 접선 없이 x=−4에서 감소하다가 증가하도록 그래프를 그릴 수 있어요? 그리고 그것은 연속이니까 이들 중 하나는 불가능해요—그런 점 (뾰족한 점)

I: 글쎄, 그런 점이 있다면 연속이 아닐까?

Stacy: 좋아요. 그래서 그건…. 제가 무슨 생각하는지 모르겠어요. 그래프는 매끄럽고, 이게 제가 생각하는 겁니다.

그녀는 대부분의 속성을 협응할 수 있었지만, x=0과 x=−4에서의 정보를 협응할 수 없었다. 그녀는 또한 말로는 조건들을 협응하였으나 그 정보를 그래프로 가져오지 못했다. 그 결과, 그녀의 Schema는 Inter−속성, Trans−구간 단계에 있다고 생각된다. 이것은 [그림 7.1]에 나타나 있다.

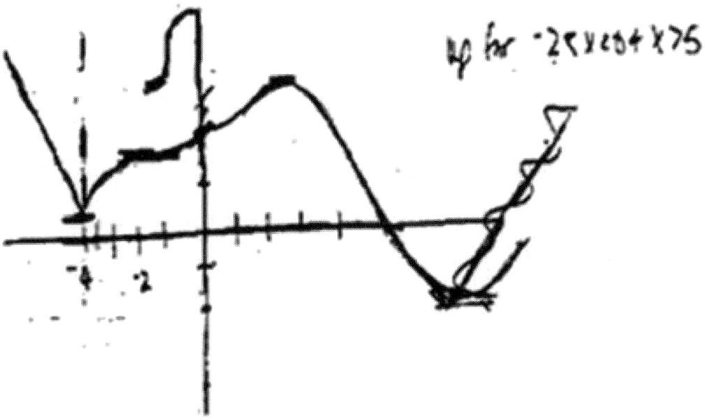

❙ 그림 7.1 ❙ Stacy가 그린 함수 그래프 (Baker et al., 2000, p. 605)

이 예는 두 Schema가 지식 구성에서 어떻게 상호작용하는지를 보여주고, Schema의 발생적 분해가 어떻게 개념 학습에 관련된 특수성의 연구를 지원하는 매우 유연한 도구가 될 수 있는지를 보여준다. 이 도구는 학생들이 어려움을 극복하고 일관성 있는 지식을 발달시키는 데 도움을 주는 수업을 설계하는 일에도 도움을 줄 수 있다. 개별 학생이 소유한 수학 지식을 여러 Schema의 발달 및 상호작용과 관련지을 수 있고, 여러 수학적 구조 사이의 새로운 관계를 구성하는 개인의 능력과 관련지을 수도 있다. 여러 Schema로부터 Object 구성은 수학적 이해의 또 다른 중요한 특징이며 다음 절에서 설명한다.

7.7 Schema의 주제화

피아제는 여러 책에서 주제화에 대해 말했다. 예를 들어, 피아제는 반영적 추상화와 어떻게 "행동과 조작이 사고의 대상으로 주제화되는지"에 대해 말하면서 주제화를 논의했다(Piaget, 1975/1985, p. 49). Garcia와의 연구(1983~1989)에서 피아제는 Schema의 주제화 개념을 도입했다.

> 많은 경우 추상적 수학 개념은 일반적인 중요성에 관한 어떠한 반성이나 심지어 그것들이 사용되고 있다는 사실에 대한 인식도 없이 도구적인 방법으로 먼저 사용된다. 그러한 의식적 인식은 다소 시간이 걸리는 Process를 거쳐 비로소 생겨나는데, 결국 사용된 특정 개념은 반성의 대상이 되고, 그런 다음 그 자체가 기본 개념이 된다. 단순한 사용이나 의식적이지 않은 적용으로부터 결과가 있는 사용으로의 이러한 변화 및 개념화는 주제화를 구성한다.(p.105)

피아제와 가르시아에 따르면 Schema의 발달은 개인이 Schema의 구성 요소와 그 관계를 알게 되는 느린 Process가라 한다. 한동안 개인은 Schema의 구성 요소와 그들 사이 관계를 되새겨보지 않고도 어떤 문제를 해결하는 데 Schema를 사용할 수 있다. 궁극적으로 개인은 Schema를 구성하는 구성 요소와 그 관계의 의미를 반성할 수 있고, Schema에 대한 의식적인 행동을 수행할 수 있게 된다. 이렇게 되면 피아제와 가르시아는 Schema가 주제화된 것으로 간주한다. 이런 의미에서 주제화는 문제 해결에서 Schema가 의식적으로 사용되는 메커니즘이다(예 Piaget & García, 1983/1989, pp. 65~113).

APOS 이론에서 주제화는 피아제와 가르시아가 제시한 설명과 다소 다른 방식으로 Schema의 발달 및 그 의미와 연관된다. 초기 APOS 논문에서 주제화는 여섯 종류의 반영적 추상화 중 하나로 설명되었다(Asiala et al., 1996; 3장 참고). Clark et al.(1997)에서는 "우리는 개인이 Schema를 전체적 실체로 생각하고, Schema에 대한 행동을 수행할 수 있다면 Schema가 주제화된 것으로 간주한다"(p.353)라고 설명하였다. 나중에 주제화는 Schema가 Object로 변환되는 메커니즘으로 간주되었다(Czarnocha et al., 1999; Asiala et al., 1997a). 이러한 아이디어는 2.2절에 나타나 있다. 마지막으로 APOS 이론에서 주제화의 의미를 명확히 하기 위해 일부 특정 연구는 Schema를 조작하고, Schema를 다른 Schema와 비교하는 등의 Schema에 대한 Action을 할 수 있을 때 주제화가 발생한다고 주장한다. 또는 앞에서 설명한 것처럼(Clark et al., 1997) 문제 상황의 조건이 달라져서

Schema의 재구성을 위해 Schema의 구성 요소를 되돌리거나(탈주제화) 필요한 Action과 Process를 만들려고 Schema를 분해할 수 있을 때 주제화가 발생한다고 주장하기도 한다. 후자의 경우 재구성에는 구성 요소는 같지만 구성 요소 사이 관계는 다른 Schema들의 비교가 포함된다(Cooley et al., 2007). 이러한 모든 설명이 같지는 않지만, 일반적으로 주제화는 Schema에 대한 Action이나 Process를 수행할 수 있도록 Schema가 Object로 변환되는 메커니즘이라고 말할 수 있다.

Schema의 주제화에 초점을 둔 APOS 이론 연구는 단 하나뿐이다(Cooley et al., 2007). 이 연구에서는 미분적분학을 성공적으로 학습한 대학생들이 미분적분 그래프 Schema를 주제화했는지를 확인하려고 인터뷰하였다. 연구자들은 어떻게 학생들이 일차 및 이차도함수, 극한, 연속 같은 함수의 속성 사이 관계를 구성하는지와 어떻게 학생들이 이 속성들을 함수의 그래프와 관련짓는지를 조사하였다. 9번 문제가 인터뷰에 사용되었다. 자료 분석은 Schema들끼리 그룹화할 수 있는지를 설명하고, 필요시 Schema의 일부를 이용할 수 있는 능력이 있는지를 알아보기 위해 여러 서로 다른 속성 및 구간들의 협응에 초점을 두었다.

문제 9

(a) 다음 조건을 만족하는 함수의 그래프를 그리시오. (h는 연속이다.)

$$h(0)=2,\ h'(-2)=h'(3)=0\text{이고 } \lim_{x\to 0}h'(x)=\infty,$$
$$h'(x)>0 \text{ 일 때 } -4<x<-2\text{이고 } -2<x<0\text{이고 } 0<x<3;$$
$$h'(x)<0 \text{ 일 때 } x<-4\text{이고 } x>3;$$
$$h''(x)<0 \text{ 일 때 } x<-4\text{이고 } -4<x<-2 \text{ 이고 } 0<x<5;$$
$$h''(x)>0 \text{ 일 때 } -2<x<0\text{이고 } x>5;$$
$$\lim_{x\to-\infty} h(x)=\infty\text{이고 } \lim_{x\to-\infty} h(x)=-2$$

(b) 여러분이 그린 그래프 외에 같은 조건을 만족하는 다른 그래프가 존재하는가? 자신의 답을 정당화하시오.

(c) 연속성 조건을 없애고 다른 조건만 남긴다면 그 그래프는 어떤 방식으로 변하는가? 가능한 다른 그래프가 존재하는가? 다른 그래프가 존재한다면, 그 예를 하나 그릴 수 있는가?

(d) 일차도함수 조건을 모두 없애고 다른 조건만 남긴다면 그 그래프는 어떤 방식으로

변하는가? 가능한 다른 그래프가 존재하는가? 다른 그래프가 존재한다면, 그 예를 하나 그릴 수 있는가?

(e) 이차도함수 조건을 모두 없애고 다른 조건만 남긴다면 그 그래프는 어떤 방식으로 변하는가? 가능한 다른 그래프가 존재하는가? 다른 그래프가 존재한다면, 그 예를 하나 그릴 수 있는가?

이 문제의 해답은 겹치는 구간에서 변하는 몇 가지 속성들의 협응과 관련이 있다. 필요한 협응은 [그림 7.2]에 도식으로 제시되어 있다.

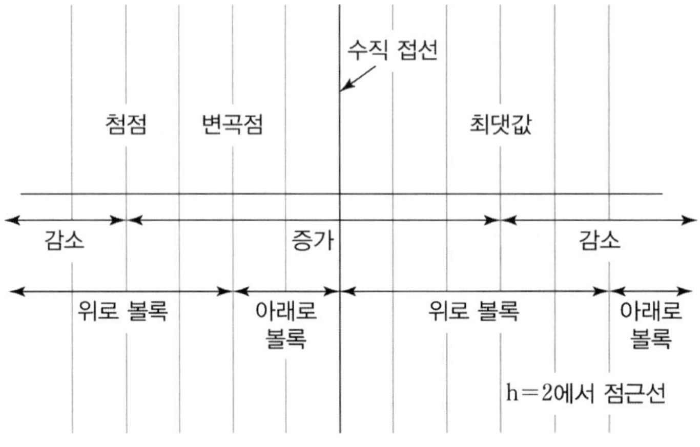

❙ 그림 7.2 ❙ 문제 해결에 필요한 협응에 대한 도식

이 그림은 그래프를 그리는 데 필요한 정의역 구간에 걸쳐 여러 속성의 상호작용과 겹침을 묘사한다.

문제 해결에 성공한 학생들에 대해 연구자들은 Schema의 필요한 부분에 유연하게 접근했는지, 그리고 특정 문제 상황의 요구에 적응했는지를 판단하였다. '미분적분 그래프 Schema'의 Trans-속성, Trans-구간 단계로 분류될 수 있는 학생들에 대해 연구자들은 이들이 Schema를 주제화했는지를 살펴보았다. 연구자들은 Schema가 주제화된 학생들이라면 주어진 문제를 해결하면서 Schema를 반성하고 Schema에 행동을 가할 수 있도록 Schema의 구조를 충분히 의식해야 한다고 가정했다. 이 가정이 사실인지 판단하기 위해 연구자들은 학생들에게 문제 9에 포함된 모든 부분의 풀이를 다시 생각해보도록 하였다. 분석에서 연구자들은 그래프의 어떤 속성이 변하고 어떤 속성이 변하지 않는지를 결정하는 학생의 능력에 주의를 기울였다.

일반적으로 Schema의 주제화는 Schema와 관련된 문제의 전체적 움직임에 대한 개인의 인식, 여러 상황에서 Schema의 유연한 사용, 그리고 Schema에 대한 의식적인 행동을 수행할 수 있는 능력으로 표시된다. 이 절에서 살펴본 연구(Cooley et al., 2007)에서 연구자들은 주제화는 모든 구간에 걸쳐 모든 속성의 관점에서 그 정의역에 대한 함수의 전체적 움직임을 인식한 것으로 보이는 학생들 사이에서 발생했다고 생각하였다. 즉, 7.6절에서 설명한 것처럼 일관성 있는 그래프 Schema를 구성한 것으로 보이는 학생들 사이에서 주제화가 발생하였다고 판단했다. 또한 학생들이 Schema를 구성 요소로 분해하거나 구성 요소 사이 관계를 분석하여 문제 해결에 적당한 Schema를 찾아내서 필요한 목적에 따라 전체(totality)[2]로 사용될 Schema를 재구성할 수 있다면 주제화가 발생했다고 간주한다.

인터뷰에서 제시된 문제와 함수의 속성들이 달랐기 때문에 함수의 모든 구간에 걸쳐 주어진 모든 속성들을 협응했음이 증거로 나타나는 학생들을 Schema를 주제화한 학생으로 판단하기로 했다. 저자들에 따르면 함수의 속성을 바꿔 이러한 증거를 보여준 학생들에 대해 저자들은 미분적분 그래프 Schema가 학생들 이해의 핵심적 일부가 되었고 Schema를 Object로 다룰 수 있는, 다시 말해 Schema가 주제화되었다고 주장했다.

이 연구의 초점은 Schema를 주제화한 학생을 찾는 것이다. 학생들이 Schema를 전체로 간주하는지를 확인하려는 것은 아니다. 이러한 두 개념의 차이를 이해하기 위해서는 더 많은 연구가 필요하다. 다음 발췌문에서 Susan은 Trans-구간, Trans-속성 수준의 Schema 발달을 보여주지만, 주제화하지는 못했다. 이 발췌문에서 Susan은 구간들에 걸쳐 주어진 모든 조건을 협응했다는 증거와 함수 그래프에 필요한 여러 변환을 종합했다는 증거를 보였다. 그렇지만 연속에 대한 속성을 제거하고 그 함수의 움직임에 관한 질문에서 변하지 않는 그래프의 속성과 변하는 속성을 고려하는 데 어려움을 겪었다. 비록 자신의 미분적분 그래프 Schema를 인식했더라도, Schema에 대한 Action에서 보인 모순은 아직 주제화가 일어나지 않았음을 시사한다.

다음 문제에 대한 Susan의 활동에서 이러한 어려움을 관찰할 수 있다(Cooley et al., 2007, p. 10).

---

2 Dubinsky et al.(2013)에서 새로운 단계로 제안되기 전에 전체[totality]라는 용어는 Process에서 Object로의 집약화의 일부를 의미하였고 여기서는 이 의미로 사용되었다. 8장에서는 이 용어를 APOS 이론의 Process와 Object 사이에 가능한 새로운 단계로서 이와 다르게 사용한다.

문제 7c

다음 조건을 만족하는 연속 함수의 그래프를 그리시오.

함수의 정의역은 -1에서 1

$(-1,0)$에서 증가, $(0,1)$에서 감소

$\left(-1,-\frac{1}{2}\right)$와 (0,1)에서 아래로 오목, $\left(-\frac{1}{2},0\right)$에서 위로 오목

$x=-\frac{1}{2}$에서 함수는 어떻게 되는가?

$x=0$에서 어떻게 되는가?

이런 함수는 유일한가? 만약 연속 조건을 없앤다면 그래프를 어떻게 바뀌는가? 여러분의 답을 정당화하시오.

다른 그래프가 존재한다면, 한 가지 예를 그릴 수 있는가?

I: 그리고 연속 조건을 없앤다면, 어떻게 될까요?

Susan: 그걸 없앤다면…. 음… 불연속이 돼야 하니까 중간에 있는 이 구간에서 연속 정의를 삭제해야죠. 그래서 그것은 점프가 있고 연속이 아니니까 정의역의 다른 두 구간에서 정의되겠네요.

I: 글쎄, 그 생각대로라면 바뀐 게 하나도 없는데. 제가 말하는 질문은 여기서 함수의 정의역, 증가 또는 감소하는 속성 등은 모두 똑같고 당신이 그린 것처럼 반드시 연속일 필요가 없다는 것만 바뀐다는 것입니다.

Susan: 아! 이제 이해했습니다. 그러면 내가 말한 건 틀렸어요. 즉, 그 함수는 여기 제가 그린 것과 같네요. 세 개가 아니라 하나의 함수라는 말이네요. 물론, 그것은 부분적으로 정의되어 있고 유일하지 않아요. 각 점에서 가지는 값을 알지 못하기 때문입니다. 우리는 증가하는지 또는 감소하는지만 알고 있어요. 그래서 그 그래프는 여기서 증가하거나 감소할 수 있고, 그 조건들을 만족하는 많은 그래프와 함수가 존재할 수 있습니다. 그리고 연속성을 없앤다면, 글쎄, 잘 모르겠어요. 생각 좀 해 보고요. 제 생각에 $-\frac{1}{2}$과 1에서 뾰족한 점을 가지는데, 우린 어떻게 되는지 몰라요. 우린 그 개구간에서 어떻게 되는지만 알아

요. 맞아요, 거기에 작은 구멍이 있을 수 있다고 생각해요, 그렇지 않나요? 나머지는…. 그렇지만… 정의역이 −1에서 1까지고, 그렇다면 정의가 잘 된다는 뜻이죠. 구멍이 있다면 그것은 정의될 수 없어요. 글쎄, 좀 이상하겠지만, 그 점들에서 작은 구멍이 있을 수 있고, 그 점들이 여기 위나 여기 아래에 정의되어 점프가 안 생기게 할 수 있어요. 그렇게 생각해요. 맞는 것 같아요. 사실, 잘 이해되지 않아요. 어려운데요 그렇죠? 네, 모르겠어요. 계속해서 8번을 할까요?

I: 네, 원한다면, 그런데 이 문제에 대해 조금 더 생각해 보지 않겠어요?

Susan: 그러고 싶지만 어떻게 하는지를 모르니까 문제죠. 왜냐하면 아는 것은 이들 점에서 도함수가 있지만 다른 점에서는 도함수가 없어요. 그리고…

I: 거기에서 도함수가 정의된다는 사실이 당신에게 무엇을 말해주나요?

Susan: 뭔가 말해주나요? 네, 연속성에 대해 정리가 생각나는데 그 자세한 내용은 기억이 나지 않아요. 다음 문제로 넘어가는 것이 좋을 것 같은데요.

I: 그럽시다.

문제 9에서 Susan은 [그림 7.3]의 그래프를 그리고 구간에 걸쳐 속성들의 협응을 설명한다. 그렇지만 그녀는 일부 조건을 제거했을 때 구간에 걸쳐 그 속성들을 통합하는 데 어려움을 겪였다. 그녀의 모든 응답을 고려해 볼 때 연구자들은 그녀가 Trans−구간, Trans−속성 수준의 미분적분 그래프 Schema임이 입증되지만, Schema를 그 구성 요소로 분해하고 변하지 않고 남아있는 그래프의 양상을 구별하는 데 필요한 Action을 수행하지는 못했다고 결론지었다. 결과적으로 연구자들은 그녀의 Schema가 주제화되지 않았다고 판단했다.

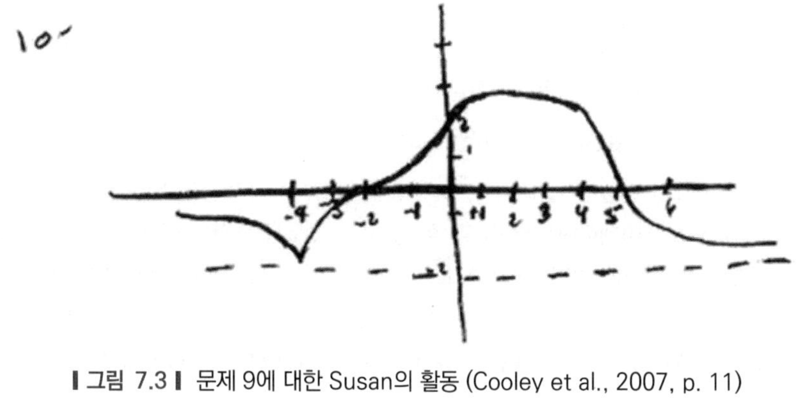

❙ 그림 7.3 ❙ 문제 9에 대한 Susan의 활동 (Cooley et al., 2007, p. 11)

인터뷰에 응한 28명의 학생 중 딱 한 명 Clara만 주제화의 증거를 보였다. 그녀는 바뀐 문제를 제시했을 때 어떤 함수의 속성이 바뀌지 않고 남아있는지 설명할 수 있었다. 그녀는 각 변화가 그래프에 미치는 영향을 자세하게 설명했다. 즉, 다음 인터뷰 발췌문에서 알 수 있듯이 그녀에게는 그 해당 Schema가 Object임을 보여준다(Cooley et al., 2007, p. 13).

위에 설명된 문제 7에서 그녀는 연속성 제거에 대해 다음과 같이 대답한다.

I: 연속 조건을 제거한다면 어떻게 되나요?

Clara: 연속 조건을 제거한다면, 예를 들어, x=0에서, 그 함수는 여전히 함수이지만 0에서 도함수는 가지지 않게 됩니다. 예를 들어, 이렇게(그 점 주변에 가능한 그래프를 그린다), 또는 이렇게 될 수도 있어요(그 점 주변에 가능한 다른 그래프를 그린다). $x = \frac{1}{2}$ 또는 $-\frac{1}{2}$에서 도함수가 존재하지 않으므로 이차도함수도 존재하지 않으므로 변곡점이라고 말할 수 없어요.

I: $-\frac{1}{2}$에서 도함수가 존재하지 않는다는 조건이 있나요?

Clara: 네, 잠깐만요 아니요, 그런 조건은 없어요. 그렇지만 연속성을 제거하면 도함수가 없는 점에서 곡선을 끊을 수 있고… 알았어요, 제가 틀렸어요. 변곡점에서 일차도함수가 있어야 해요. 예를 들어, 0은 연속이 됩니다. 연속성을 제거하면 그 함수는 0에서만 변할 수 있습니다.

Clara는 어떤 속성이 변하지 않는지와 그 속성이 적용된 구간을 설명했다. 그녀는 어떤 조건을 제거하고 유연하게 그 정보를 새로운 그래프로 재구성할 수 있었다. 그리고 그 그래프가 주어진 정보와 일치하는지 이유를 설명할 수 있었다. 다음은 문제 9에 대한 그녀의 활동을 예시한 것이다.

Clara: 아니요, 그건 유일하지 않지만(함수의 그래프를 언급하면서), 모든 그래프가 기본 모양이 이거랑 같아야 합니다….

I: 그리고 연속성을 제거하면 어떻게 되나요?

Clara: 그러면 그건 변할 수 있습니다. 그 구간은 −2에서 열려있어요. 도함수가 0이므로 도함수가 존재한다는 것을 알 수 있어요. 그래서 그것은 함수가 거기서 x=−2에서 연속이어야 함을 의미합니다. 극한 조건 때문에 3과 0에서 같은 일이 일어나요. 도함수의 극한이 무한이어야 하므로, x=0에서 불연속일 수 있어요. x=0에서 점근선을 가질 수 있어요. 그러나 0에서 h는 여전히 2여야 해요. 그리고 그 함수는 0의 양쪽에서 증가해야 합니다. 그래서 그 조건들이 충족되었어요.

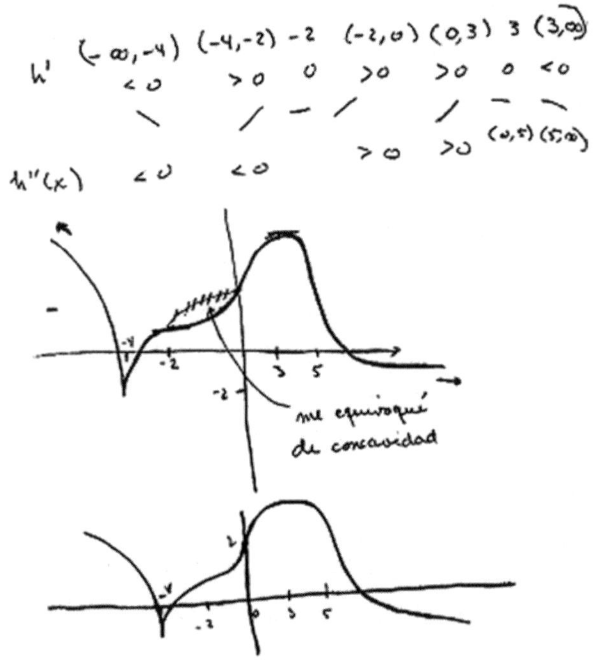

▎그림 7.4▐ 주제화된 Schema를 나타내는 Clara의 활동 (Cooley et al., 2007, p. 15)

I: 연속성 조건을 제거했을 때 그래프를 끊을 수 있는 점은 x=0 밖에 없나요?

Clara: 어디 보자, 아니요 제가 −4를 건너뛰었네요. x=−4에서 도함수에 대한 조건이 없어요. 그래서 그래프는 거기서도 끊어져요. 거기에 점근선이 있을 수 있어요. (Cooley et al., 2007, p. 14).

[그림 7.4]는 문제를 그 부분으로 나누고, 새로운 조건이 가리키는 변화를 도입하는 Clara의 능력을 보여준다. 그녀는 자신의 결정에 대한 이유를 제시했고 각 상황에서 필요한 Schema의 부분을 구별하고 새로운 그래프로 그것들을 통합할 수 있음을 보여주었다 (Cooley et al., 2007, p. 16).

I: 이제 연속성은 그대로 두고 일차도함수 조건을 제거한다면 어떻게 될까요?

Clara: 일차도함수 조건을 제거한다면, h(0)는 여전히 2이고, 이차도함수 조건은 같아요. h의 이차도함수 조건은 x=−4에서 도함수가 정의되지 않았음을 의미합니다. 그러나 h의 일차도함수에 대한 조건이 없다면 함수는 −4에서 −2까지 구간에서 감소할 수 있어요. 그리고 3에서 최댓값을 가지지 않아도 되니까 이런 그래프가 그려지겠네요.

I: 좋아요. 이제 마지막 부분인데, 이차도함수 조건이 제거되었다고 생각해 봅시다. 함수 그래프는 어떻게 되나요?

Clara: 이차도함수 조건이 없더라도, 0에서 함숫값과 도함수의 극한은 여전히 있어요. 그러면 함수는 음의 무한대에서 −4까지 감소하고, −2에서 0 그리고 0에서 3까지 증가하고, 3부터 무한대까지 감소해요. 그러나 그래프의 오른쪽 끝은 y=−2로 가까이 갑니다. y=−2에 점근선이 있어요. 그래서 이런 그래프를 그릴 수 있죠. −2와 0 사이 그리고 0과 3 사이에서 오목성이 변할 수 있어요. 일차도함수만 0이 될 수 없고 그래프의 오른쪽 끝에 점근선 때문에 변곡점이 있어야 해요. 그 조건이 없다면, 3의 오른쪽 어디서라도 심지어 3에서도 오목성이 변할 수 있어요. 음, 정확히 3에서는 아니네요. 왜냐하면 도함수가 0이고 3을 지나면 감소하기 때문입니다. 그러나 3의 오른쪽에 변곡점이 있을 가능성이 있어요. x=5는 변곡점이 될 필요는 없고, x=−4는 뾰족한 점일 필요는 없어요. 그리고 다른 변곡점이 있을 수 있고, 여전히 다른 조건을 만족해요. 그래서 더 자유롭게 그래프를 변경할 수 있어요. 예를 들어, x=5에서는 아무런 제한이 없어요.

Clara의 경우 Schema 내 개념들 사이의 관계가 안정적이며, Schema의 여러 부분을 적절하게 사용하고 재평가할 수 있음을 Clara는 보여주었다. 그녀는 Object로서 Schema에 대한 행동을 수행할 수 있었다. 그녀의 설명에서 Action들의 결과를 의식적으로 통제할 수 있음을 보여주었다. 연구자들은 이것이 주제화의 명백한 증거라고 생각했다.

미분적분 그래프 Schema가 주제화된 학생을 찾을 수 있었다는 사실은 Schema의 주제화가 가능하다는 증거이다. 또한 이런 이해 수준이 얼마나 보편적인지 알기 위한 더 많은 연구가 필요하지만, 학생의 의식적이고 유연한 수학적 지식의 사용에 대한 증거를 찾는 것이 가능함을 이 연구는 보여준다.

이 연구에서 Schema를 주제화한 한 학생은 세 개의 미분적분 강좌와 해석학 강좌를 이수하였다. 이러한 사실은 Schema의 주제화는 시간이 걸리며 반성을 위한 많은 기회와 좋은 수업 전략이 필요함을 말해준다. 그러나 이러한 결론을 뒷받침하기 위해서는 더 많은 연구가 필요하다.

부록

연쇄법칙 연구의 인터뷰에서 사용된 문제들(Cottrill, 1999)

다음 각 함수의 도함수를 구하고, 풀이 Process를 모두 서술하시오.

11. $f(x) = 11x^5 - 6x^3 + 8$	12. $g(x) = 3/x^2$
13. $h(x) = (x^2 - 3)$	14. $y = 3e^x - 4\tan(x)$
15. $y = x^2 \sin(x)$	16. $F(x) = (1 - 4x^3)^2$
17. $G(x) = 2(5x^2 + 1)^4 - 4x(5x^2 + 1)^4$	18. $H(x) = \sin(5x^4)$
19. $y = \cos^3(t)$	20. $y = e^{-t^2}$

인터뷰를 위한 추가 질문 문항

$F(x) = \int_0^{\sin x} e^{t^2} dt$일 때, $F'(x)$를 구하시오.

CHAPTER

08

APOS 이론의 새로운 단계와 수준의 자격을 갖춘 Totality

8장은 APOS 이론에서 가능성 있는 새로운 단계 또는 구조의 출현 및 수준의 사용에 대한 논의에 초점을 둔다. 잠재성 있는 새로운 단계인 Totality는 Process와 Object 사이에 있을 것이다. 이 관점에서 볼 때, 이 장에서 설명하는 Totality의 지위 및 수준의 사용은 잠정적인 것에 불과하다. 분수에 관한 연구(Arnon, 1998) 및 순환소수 $0.\dot{9}$와 1 사이의 관계에 대한 확장 연구(Weller et al., 2009, 2011; Dubinsky et al., 2013)의 단 두 연구에서 독립된 단계, 수준에 대한 필요성에 대한 증거가 발생하였기 때문이다. Totality가 독립된 단계로 존재하는지, 이러한 맥락에서 수준이 실제로 필요한지를 결정하고 이것을 구성하는 정신 메커니즘이 무엇인지를 조사하는 것은 향후 연구해야 할 주제로 남겨둔다. 또한 무한 Process를 포함하는 맥락과 유한 Process를 포함하는 맥락 모두에서 다른 맥락에 대한 Totality와 수준의 역할에 관한 연구도 필요하다. 학생 대부분이 APOS 이론의 각 단계를 구성하도록 돕는 명시적인 교수 전략이 필요하며 한 단계에서 다른 단계로의 진보를 설명하는 수준은 이러한 교수 전략에 대한 정보를 알려줄 수 있다는 것은 분명해 보인다. 이에 더하여 수준의 관찰은 그러한 구조의 구성에서 학생들의 진보를 평가하는 데 도움이 될 수 있다.

$0.\dot{9}$와 1 사이의 관계에 관한 연구에서 수준과 Totality에 대한 증거는 5장에서 설명하였으며 이 장에서는 이에 대한 논의를 다루고자 한다. 그리고 분수에 관한 연구에서 나온 수준에 대한 증거는 9장에서 다룬다.

이 장은 APOS 이론에서 단계 사이 진보 및 관련된 교수 전략에 대한 일반적 논의, 피아제 연구와 APOS 기반 연구에 나타난 **단계**stages 및 **수준**levels이라는 용어에 대한 설명, 그리고 단계 사이의 수준과 Process와 Object 사이의 새로운 단계로서 Totality의 필요성을 시사하는 $0.\dot{9}$에 대한 연구의 요약에 대해 설명한다. 선행 연구에서 APOS 이론 안팎으로 Totality의 아이디어와 관련된 개념들이 나타났기 때문에, Totality의 그러한 사용과 제안된 의미 사이의 차이를 지적할 필요가 있다. 이러한 논의에는 단계로서 Totality의 잠정적 특성에 대한 검토와 Totality의 지위를 결정하기 위한 향후 연구의 필요성에 대한 논평이 포함되어 있다.

8.1 단계 사이의 진보

APOS 기반 연구에서 한 가지 중요한 문제는 Action, Process 또는 Object 중 한 단계에서 '더 높은' 다음 단계로의 인지적 진보를 이해하는 것이다. 특정 개념 학습에서 주체는 Action 단계에는 도달하지만 Process에 도달하는 데 어려움을 겪거나 Process 단계에는 도달하지만 Object로 진척하지 못하는 경우가 많다. 어떻게 학생들이 이러한 어려움을 극복하도록 도움이 되는 수업을 할 수 있을까? 이 질문에 답하려면 그러한 어려움이 발생하는 이유를 먼저 이해해야 한다. 즉, "한 단계에서 다음 단계로 이어지는 메커니즘(Action에서 Process로의 내면화와 Process에서 Object로의 집약화)은 어떻게 기능하는가?"라는 질문에 대한 답을 찾아야 한다.

이 질문들에 대한 몇 가지 '일차적인' 답들이 있다. Action에서 Process로의 진보에서 개인이 Action을 아직 성공적으로 내면화하지 못했다면 Process를 구성하지 못할 수 있다. 5장에서 논의한 것처럼 학생들이 이러한 정신 구조를 구성하도록 돕는 유력한 교수 전략 중 하나는 행동을 컴퓨터 절차로 표현하는 것으로, 적절한 값을 입력하고 그 입력값에 대한 행동을 수행하고 결과를 반환하도록 하는 것이다. 연구에 따르면 이런 식으로 컴퓨터 프로그램을 작성하는 것이 학생들이 Action에서 Process로 이동하는 데 도움이 된다고 한다(Weller et al., 2003). 아직 이러한 컴퓨터 프로그램을 작성할 수 없는 구체적 조작기(Piaget, 1975) 어린이들을 위한 수업은 상상할 수 있는 Action으로 시작하는 것이 좋다. Action의 내면화에서 상상력의 역할은 9장에서 논의된다.

Process에서 Object로의 진보에서 Process에 대한 변환을 성공적으로 구성하지 못하고 적용하지 못한다면 Process는 Object로 진보되지 못할 수 있다. 다시 말하지만, 5장에서 논의된 전략은 컴퓨터 프로그래밍을 사용한다. 일단 Process가 컴퓨터 절차로 표현되면, 학생은 컴퓨터 절차를 다양한 방법으로 변환하기 위해 컴퓨터 코드를 작성한다(제공된 프로그래밍 언어가 충분히 강력하다면). 5장에 제시된 것처럼 연구는 이러한 유형의 활동이 Process에서 Object로의 집약화를 촉진한다는 것을 보여주었다(Weller et al., 2003).

그러나 이러한 수업 처치가 도움 되지 못하는 상당수 학생들은 어떨까(Weller et al., 2003)? 위에서 제시한 것처럼 이 질문에 대한 해답을 찾기 위한 연구는 "Action에서 Process로, 그리고 Process에서 Object로 이동하는 데 어려움을 겪는 이유는 무엇인가?"라는 질문에 대한 조사로 시작해야 한다. 후자 문제에 대한 조사는 한 단계에서 다른 단계로 나아가기 위해 노력할 때 (그 노력이 성공적이든 아니든 간에) 개인에게 발생할 수 있는 사고의 종류를 이해하기 위한 시도에서 출발한다. 그러나 단계 사이의 진보에 대한 조사를 논의하기 전에, 단계가 무엇인지, 수준이 무엇인지, 그리고 그들 사이 차이점이 무엇인지를 고려해야 한다.

8.2 단계와 수준

피아제는 자신의 연구에서 단계뿐 아니라 단계 사이의 수준도 고려했다. $0.\dot{9}$와 1 사이의 관계에 대한 예비 교사들의 이해(Weller et al., 2009, 2011; Dubinsky et al., 2013) 및 아동의 분수 개념 발달(Arnon, 1998)에 관한 APOS 기반 연구에서 자료는 단계 사이에 수준이 존재함을 시사했다. 이 맥락에서 단계는 정신 구조인 Action, Process 또는 Object 중 하나를 가리키며 수준은 이들 중 두 단계 사이 발달의 중요한 지점을 가리킨다. 수준과 단계를 모두 고려할 때 개인의 수학 개념 이해 발달에 대한 전체적인 조사는 단계 사이의 진보, 수준 사이의 진보, 수준에서 단계로 진보, 그리고 단계에서 수준으로 진보가 포함된다. 8.2.1절과 8.2.2절에서는 피아제의 연구와 $0.\dot{9}$와 1 사이의 관계에 관한 연구에 나타난 수준과 단계를 좀 더 자세하게 논의한다.

8.2.1 단계와 수준에 대한 피아제 연구

다음은 Piaget(1974/1976, 1975)와 Dubinsky et al.(2013) 연구를 바탕으로 한 주장들이다.

- 단계는 건너뛸 수 없다.
  만약 그 단계를 건너뛰어 생략한다면 그 개념에 대한 주체의 이해는 일관성이 부족하다고 할 수 있다. 따라서 단계는 순차적이어야 하며 각 단계는 연속적인 단계로 발달되어야 한다.

- 수준은 특정 주체의 데이터에 반영될 수도 안될 수도 있다.
  주체가 다음 수준이나 단계로 빠르게 이동하게 되어 수준을 건너뛰거나 매우 빠르게 그 수준을 완료하기 때문에 이런 일이 일어날 수 있다. 또한 이미 도달한 상위 수준이나 단계에서는 그 수준을 관찰할 수 없기 때문이다.

- 단계는 주체에 따라 변하지 않으며 일반 이론의 일부이다. 개념에 따라 수준이 다르다 (Dubinsky et al., 2013).
  피아제는 여러 개념이 서로 다른 수준에서 발달하는 예를 여러 연구에서 제시하였다.

수준의 역할은 한 단계 또는 그 단계 자체에서 다음 수준을 구성하기 위한 메커니즘을 분석하는 것이다. 이는 수준의 정의에 반영되어야 한다. 피아제에 따르면 단계는 수준과 함께 순차적이며 각 단계는 그 후속 단계 발달에 기여한다. 특히 모든 수준은 다음 단계의 발달에 기여한다.

8.2.2 APOS 이론에서 수준

분수(Arnon, 1998)와 무한 Process(Weller et al., 2009, 2011; Dubinsky et al., 2013)에 관한 APOS 기반 연구는 수준은 위에서 설명했듯이 피아제의 수준과 상당히 비슷하게 수준을 사용하고 있다. 아르논[Arnon]은 분수에 대한 몇 가지 개념 학습을 연구하였다. 그녀는 이러한 개념에 대해 Action에서 Process로 진보되는 Process에서 그녀가 "더 미묘한 차이"라고 부르는 것을 발견했다. 이 차이들은 그녀가 '연속체(continuum)'라고 언급했던 것을 구성하며 Action 단계에서 Process 단계로 진보되는 Process 내의 수준으로 간주할 수 있다. (더 자세한 내용은 9장 참고.) 한편, $0.\dot{9}$와 관련된 연구에서는 서로 다른 모든 단계 사이에 다른 수준들의 존재가 발견되었다.

APOS 기반 연구에서 정의된 수준은 이 장과 9장에 논의된 것처럼 특정 내용에 관한 것이며 인터뷰 데이터에서 나타났다. 그래서 Dubinsky et al.(2013)과 Arnon(1998)에 보고된 수준이 다른 주제의 연구에서, 심지어 무한 수학적 Process나 분수와 관련된 연구에서도 반드시 발견된다고 기대할 수 없다. 이는 위에서 설명한 피아제 아이디와 그의 다른 연구와 일치한다. 특정 수학 개념의 지식에 대한 인지 발달로서 단계는 일반적이고 특정 내용에 따라 달라지지 않는 구조로 정의된다. 반면 위에서 설명했듯이 수준은 특정 주제와 여러 개인에서 수집된 데이터에 따라 다르다. 예를 들어, '하노이 타워' 실험(Piaget, 1974/1976)에서는 단계를 수준으로 나누지 않고 모든 데이터를 주요 3단계 Ⅰ, Ⅱ, Ⅲ로만 제시하고 있다. '네 다리로 걷기' 실험(Piaget, 1974/ 1976)에서 Ⅰ 단계와 Ⅱ 단계는 각각 ⅠA, ⅠB와 ⅡA, ⅡB로 표시되는 두 수준으로 나뉜다. '서열화'에 대한 실험(Piaget, 1974/1976)에서 Ⅰ 단계의 데이터가 두 수준을 가지므로 Ⅰ 단계 내에 네 개의 수준 ⅠA(i), ⅠA(ii), ⅠA(iii), ⅠB가 있다. 피아제 연구와 APOS 기반 연구 모두에서 단계 내 수준의 정의는 인터뷰 증거에 기반한다.

8.3 무한 연구에서 출현한 새로운 단계들

단계 사이의 수준 외에도 Process에서 Object로의 진보에서 학생들이 겪는 많은 어려움으로 인하여 APOS 이론은 가능한 또 하나의 변화를 고려하게 되었다. 이러한 진보에서 겪는 장애물은 $0.\dot{9}$와 1 사이의 관계에 대한 연구(Weller et al., 2009, 2011; Dubinsky et al., 2013)에서 나타났다. 이 연구는 특정 수학 상황에서 이러한 진보 Process에서의 어려움을 보고 하였고, 선행 연구(Sfard, 1991; Breidenbach et al., 1992)의 결과를 확증하였다.

실제로 스파드는 Process에서 Object로의 이러한 진보가 "본질적으로 너무 어려워서 특정 수준에서 특정 학생에게는 도달할 수 없는 상태로 남아 있을 수 있다"(Sfard, 1991, p. 1)라고 하였다.

무한 개념의 역사적 발달에 관한 연구(Weller et al., 2004; Dubinsky et al., 2005a, b)의 결과들에 따르면 무한 Process에 대한 Process에서 Object로의 진보에서 특히 많이 어려울 수 있음을 시사한다. Brown et al.(2010)는 이러한 어려움을 인정하고 이러한 경우의 Object를 **초월적 대상**[transcendent object]이라고 불렀다. 그것은 무한 Process를 구성하는 수열의 모든 대상과 매우 다른 속성을 가진다. Dubinsky et al.(2013)의 많은 연구 참여자가 Process 단계에는 도달했으나 Object 단계에는 도달하지 못했다. 이러한 진보를 하지 못한 연구 참여자들의 인터뷰 응답에는 차이가 있었다. 데이터 분석에 따르면 이러한 차이를 해석하는 한 가지 방법으로 Process와 Object 사이에 Totality라는 새로운 단계를 설정하고, Process에서 Totality로, Totality에서 Object로의 두 진보 Process를 연구하는 것이라고 시사한다. [그림 8.1]은 [그림 2.1]에 이러한 새로운 단계가 포함된 그림이다.

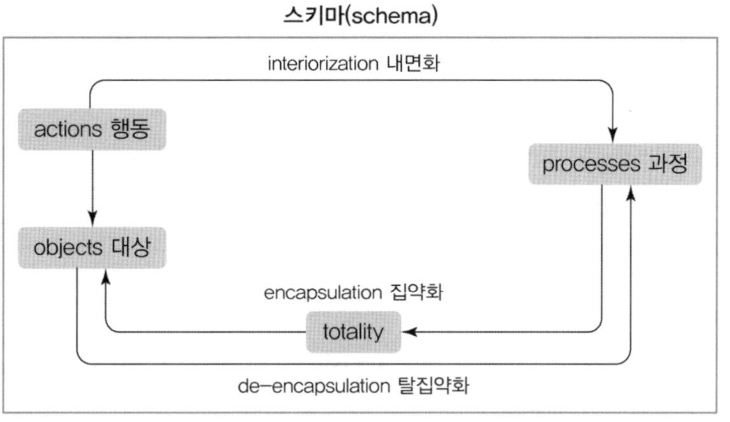

| 그림 8.1 | Totality와 APOS 이론

8.3.1 새로운 단계의 도입

선행 연구에 따르면 Process에서 $0.\dot{9}$의 Object 개념으로 진보에서 겪는 학생들의 어려움을 극복하는 데 도움을 주고자 했던 노력은 별로 도움이 되지 않았다고 한다. 비록 Zazkis & Leikin(2010)과 Weller et al.(2009, 2011)의 연구는 예외라고 하더라도, 이 세 연구에서 보고된 진보는 학생들 어려움 극복이라는 문제에 대한 완벽한 해결책과는 거리가 멀었다. 특히 초 · 중등 예비 교사에 대한 Weller et al.(2009, 2011)의 APOS 기반 연구에서 APOS 기반 수업을 이수한 몇 명의 학생은 $0.\dot{9}$에 대한 Object와 $0.\dot{9}=1$에 대한 신념에 대해 전통적 수업을 이수한 학생보다 다소 더 많은 진보를 이루었지만, 많은 학생은 그러지 못했다. Carly는 후자 그룹에 속하는 학생이다. 그녀는 $0.\dot{9}$에 대한 Process를 구성했다는 실질적인 증거를 제시했다. 인터뷰에서 그녀는 $0.\dot{9}$가 "계속 나아간다"는 아이디어에 대해 반복해서 말했다. 다음 발췌문은 이러한 예를 보여준다.

I: 소수점이 있고 그 소수점 뒤에 9가 백 개가 있다면, 그것은 $0.\dot{9}$인가요?

Carly: 어느 정도까지는, 백 개라 하더라도 끝나잖아요. 그런데 이건($0.\dot{9}$) 무한이니까 계속 쭉 가야하고요.

$0.\dot{9}$가 계속 간다는 표현은 Process를 나타내는 것으로 간주되었다. 한편 Object로서 $0.\dot{9}$에 대해 말할 충분한 기회가 주어졌으나 Carly처럼 많은 연구 참여자는 다음에 제시된 예처럼 Process 지향 언어를 압도적으로 사용하였다.

Carly: $0.\dot{9}$는 결국 1이 아니기 때문입니다. 1은 범자연수이고 1은 1인데 $0.\dot{9}$는 1의 근삿값에 해당합니다.

여기서 Carly는 $0.\dot{9}$와 1이 같음을 부정할 뿐 아니라 심지어 $0.\dot{9}$가 숫자라는 생각조차 거부하고 있는 것 같다. 또한 Carly 같은 연구 참여자들은 $0.\dot{9}$에 대한 변환을 생각하거나 구성하는 어떠한 증거도 보이지 않았다.

다음은 Tanisha와 인터뷰에서 발췌한 비슷한 예다. 그녀는 $0.\dot{9}$가 영원히 계속 가지만 X에 대한 방정식 $0.\dot{9}+X=1$를 해결하기 위해 $0.\dot{9}$에 대한 연산은 할 수 없다고 (여기와 다른 곳에서) 반복해서 말했다.

I: 네. 자, $0.\dot{9}$ 더하기 X는 1과 같다는 방정식이 있다면, X에 무엇이 들어간다고 생각합니까?

Tanisha: 좋아요. $0.\dot{1}$이겠죠. $0.\dot{1}$을 넣으면 분명히 10이 될 것이기 때문입니다. 하지만 … X가 무엇이 될 수 있는지 모르겠습니다. 그게 제가 놓치고 있는 부분입니다. 9와 그것 사이에 있는 것, 음, 0.9와 1 사이에 있는 것, 그 사이에 있는 것이요.

I: 그것을 결정하지 못하는 이유가 뭔가요?

Tanisha: 왜냐하면 9가 계속 되기 때문에, 음 제 말은… 진짜로 10,000까지 계속되길 바란다면 X가 무엇인지 찾을 수 있을 것입니다. 하지만 영원히 계속되면 9는 멈추지 않아요. X가 항상 변하는 건 아니지만, 그러나 그것은 9가 계속 될거에요.

이 두 예는 Estelle 같은 연구 참여자와 확연하게 다르다. Carly와 Tanisha처럼 Estelle은 $0.\dot{9}$에 대한 Process(8.3.1.1절의 발췌문 참조)를 구성한 것으로 보이지만, $0.\dot{9}$를 Object로 생각하는 능력과 $0.\dot{9}=1$에 대한 신념의 표현(8.3.1.2절의 발췌문 참조)에서 Carly, Tanisha와 다르다.

8.3.1.1 Estelle: Process

Estelle: 9를 계속 추가하면 그 수열이 절대로 끝나지 않지만, …음 이건 어려운 문제네요.

I: 어렵긴하죠.

…

Estelle: 계속 9를 하나씩 더 추가하기 때문에.

…

8.3.1.2 Estelle: Object

Estelle: 알았어요. 그래서 $0.\dot{9}$ 더하기 X가 1과 같습니다. X값을 구하려면 양변에서 $0.\dot{9}$을 뺀다. 그러면 $0.\dot{9}$는 1과 같아질 겁니다. 왜냐하면…

…

왜냐하면 $0.\dot{9}$가 계속 되는 경우 배웠던 것처럼, 9 위에 점은 그것이 계속 된다는 것을 의미합니다. 그래서 그것 위에 점이 있고 또 그 점이 무한이 있다면 그것은 무한이 될 것입니다. 그래서 그러한 모든 9를 한 번에 가지게 되어 그건 1과 같습니다.

I: 그리고 그것이 1과 같아질지 어떻게 알았나요?

Estelle: $0.\dot{9}$는 9가 계속 되기 때문에 1과 같아요. 무한한 9는 하나의 숫자잖아요.

질문에서 Process에 조작을 적용하는 능력이나 $0.\dot{9}$를 '숫자' 또는 '사물'로 언급하는 능력은 Object의 지표로 간주되었고, 이러한 조작을 수행하지 못하는 것은 그 반대의 증거로 간주되었다.

위 발췌문에서 Estelle이 "그것은 무한이 될 것이다. 그래서 그러한 모든 9를 동시에 가진다"라고 말한 것은 Process에서 Object로 성공적 진보이며 더 잘 이해한 것으로 생각된다. 모든 9를 한 번에 볼 수 없는 연구 참여자들은 Object에 도달하지 못했다. Estelle처럼 이러한 능력이 있는 일부 연구 참여자는 Object에 도달했으나, 일부는 모든 9를 한 번에 볼 수 있는 능력은 있으나 도달하지 못했다. 이는 Process와 Object 사이에 새로운 단계의 가능성을 시사했다. 이 새로운 단계인 Totality는 Estelle이 표현한 대로 모든 9를 한 번에 보거나 상상할 수 있는 능력을 말한다. Estelle은 Totality 단계에 도달했고, $0.\dot{9}$에 대한 Object 단계 도달을 위해 나아가고 있는 것으로 보인다.

다음은 다른 예를 제시한다. 여기서 Natasha는 모든 9를 한 번에 볼 수 있는 것으로 보였으며 Totality의 증거를 제시하였다.

Natasha: 영원히 계속 된다면, 그 끝에서, $0.\dot{9}$는 하나의 전체가 될 것입니다.

그러나 방정식 $0.\dot{9}+X=1$의 해를 구하는 데 그녀는 어려움을 겪는다.

I: 거기에(X에) 다른 것을 넣을 수 없다는 거죠?

Natasha: 예. $0.\dot{0}1$[1] 같은 숫자가 있다고 생각하지 않아요. 왜냐하면 그것은 끝이 있다는 것을 의미하기 때문입니다. 하지만 9는 절대로 끝나지 않는데 왜 0은 끝나야 하나요? 그리고 그 0들 끝에 있는 1을 추측할 수 있고 끝에 1이 있고, 0은 계속 됩니다. 그러면 그 1은 뒤로 밀려나요. 모든 0은 영원하기 때문입니다.

비록 Natasha가 Totality 단계에 도달했지만, 그녀의 두 번째 발췌문은 그녀가 $0.\dot{9}$를 Object로 볼 수 없음을 시사한다.

Natasha처럼 Process에서 Totality로 진보되었으나 Object에 도달하지 못한 연구 참여자들은 Process와 Object 사이에 명확한 단계로서 Totality의 가능성을 뒷받침한다.

8.4 $0.\dot{9}$에 대한 단계 사이 수준

Dubinsky et al.(2013)의 데이터 또한 단계 사이 수준 존재, 즉 Action에서 Process로, Process에서 Totality로, 그리고 Totality에서 Object로의 점진적인 진척 지점들을 밝혀냈다. Dubinsky et al.(2013)에는 **분석 프레임워크**Framework for Analysis(FFA)라는 자세한 설명이 있는데, 이는 순환소수라는 맥락에서 모든 수준과 단계를 결정하는 객관적이고 합리적인 기준을 제공하는 조작적 정의를 제시한다. 그 기준은 연구 참여자 대부분의 수준을 결정하는 데 충분했지만, 몇 가지 경우에는 인터뷰로 돌아가 해석해야 할 필요가 있었다. 다음 발췌문에 대한 해석은 단계 사이의 수준을 결정하는 데 사용된 FFA에 요약된 조작적 정의에 대한 근거를 제공한다.

---

1 $0.\dot{0}1$은 0이 반복되고 끝에 1이 있는 것을 말한다.

8.4.1 Action에서 Process

몇 명의 연구 참여자는 유한개의 9를 적는 것으로 Action의 증거를 보였으나 Process나 그 이상 단계의 증거는 제공하지 않았다. 이 연구 참여자들은 Action 단계로 진보했으나 그 이상은 아니었다. 반면에 Action을 구성하고 Process 단계로 진보했다는 충분한 증거를 제시한 연구 참여자들이 있었다. 그렇지만 분명히 결정할 수 없는 연구 참여자도 있었다. 예를 들어, Maria는 $0.\dot{9}$에서 9가 영원히 계속된다는 아이디어를 표현한 여러 문장을 만들었는데 이는 Process임을 나타내는 분명한 지표이다. 그러나 그녀 또한 유한개의 9로 충분하다고 생각한다고 말했다.

> I: 그래서 0.999는 $0.\dot{9}$와 같다고 생각하나요?
> Maria: 아마 0.999는 아니지만, 아마 네 개나 다섯 개 정도 지나면 확실히 그럴 겁니다.

이러한 발췌문은 Maria가 $0.\dot{9}$에 대한 Process를 완벽하게 구성하지 못했지만 Action에서 Process로 전이 중임을 시사했다. 이는 Action과 Process 사이에 **출현 과정**[Emerging Process](EP)이라는 수준의 존재를 시사했다.

<표 8.1>은 FFA(Dubinsky et al., 2013)를 기반으로 한 Action에서 Process로의 전이에서 단계 및 수준 사이의 진보에 대한 조작적 정의를 요약한 것이다. 이 표에서 '세그먼트'는 그 내용을 요약하기 위해 매우 간단한 설명(대부분의 단문이나 구절)이 포함된 녹취록의 짧고 일관성 있는 에피소드를 말한다. 화살표는 수준 또는 단계 사이 전이를 나타낸다.

▼ 표 8.1 Action에서 Process로의 진보

진보	기준
A	# Action의 증거에 해당하는 세그먼트 수 〉0 그리고 Process의 증거에 해당하는 세그먼트 수 = 0
A → EP	# Process의 증거에 해당하는 세그먼트 수 〉0 그리고 A에서 P로의 전이에서 어려움을 나타내는 인터뷰 세그먼트가 1개 이상 (예 Process가 요구될 때 주체는 이 Process를 Action 관점에서 생각했다)
A → EP → **P**	# Process의 증거에 해당하는 세그먼트 수 〉0 그리고 A에서 P로의 전이에서 어려움을 나타내는 인터뷰 세그먼트가 없음

A: Action　　EP: Emerging Process　　**P**: Process

8.4.2 Process에서 Totality

위의 예처럼 Process 단계에 도달한 학생들 중 몇 명은 순환소수를 Totality로 보거나 보이기 시작했다는 증거를 제시했다. 다른 학생들은 이러한 증거를 보이지 않았다.

이 두 단계 사이의 진보를 더 자세히 연구하기 위해 세 수준 Totality로 출발[Start towards Totality](ST), Totality로 진보[Progress towards Totality](PT), Totality의 출현[Emerging Totality](ET)을 도입하였다. 다음은 몇 가지 예이다.

Carlos는 $0.\dot{9}$가 영원히 계속된다는 것에 관한 많은 진술을 했는데 예를 들면 아래와 같다.

> Carlos: 왜냐하면, 다시 0.9는··· 0.9의 반복에 대해 말하고 있어요. 그래서 그 공간을 반복할 겁니다. 그래서 그것은 계속, 그러니까 항상 변하고 있어요.

그래서 그는 Process 단계에 도달했다고 생각되었다. 다음 단계인 Totality에 대해서는 달랐다. Totality에 대한 지표 중 하나는 다음과 같은 사고 실험의 결과 분석과 관련이 있다. 정사각형을 10등분하고 9칸을 색칠한다. 남은 한 칸을 다시 똑같이 10등분으로 나누고 이 Process를 무한히 반복한다. 연구 참여자에게 정사각형에서 얼마나 많은 부분이 색칠되는지 생각해 보게 하였다. 정사각형 전체를 색칠하는 것은 그 Process에 대한 Totality를 나타낸다(그러나 Object는 아니다. 왜냐하면 그 Process에 Action이나 Process를 적용하지 않았기 때문이다). 색칠되지 않는 부분이 남았다는 것은 Totality에 도달하지 못했음을 나타낸다. 이 문제에 대한 논의에서 Calos는 처음에는 "그것을 모두" 색칠해야 한다는 의견을 표현했다. 그러나 두 번째에는 항상 조금 남게 된다고 주장했다. 이러한 그의 불일치 반응과 $0.\dot{9}$를 "한 번에 모두" 보는 것을 어려워하는 경우가 많았다는 사실은 Totality로 출발(ST) 이상은 아님을 시사한다.

반면에 Rosa는 모든 9가 한 번에 모두 존재한다는 것에 대해 긍정적 의견과 부정적 의견을 같은 빈도로 표현하는 것처럼 보였다. 예를 들어, 그녀는 다음과 같이 말한다.

> Rosa: 저는 9가 영원히 계속된다는 것을 상상할 수 없어요.

그러나 사고 실험에 대해 질문했을 때 그녀는 정사각형 전체를 색칠해야 한다고 주장한다. 긍정적 진술("한 번에 모두" 볼 수 있는 능력)과 부정적 진술("한 번에 모두" 보지 못하거나 어려워하는 경우)의 수가 상대적으로 같다는 것은 Totality로 진보(PT)을 시사한다.

Susan은 다음과 같이 말한다.

Susan: 절대로 끝나지 않는 9를 상상할 수 없어요.

그러나 "실제로 $0.\dot{9}$는 절대로 끝나지 않아요" 같은 문구를 두 배 더 많이 사용했으며 사고 실험에서는 정사각형 전체가 색칠될 것이라고 주장한다. 비록 그녀의 응답이 어려움을 드러냈지만, 긍정적 진술과 부정적 진술의 상대적 우세는 Totality의 출현(ET) 수준을 나타낸다.

마지막으로 9를 한 번에 모두 보는 지표를 보이고 그 반대의 증거를 보이지 않는 연구 참여자는 Totality 단계에 도달한 것으로 간주되었다.

<표 8.2>도 FFA(Dubinsky et al., 2013)를 기반으로 한 Process에서 Totality로의 전이에서 수준 또는 단계 사이의 진보에 대한 조작적 정의를 요약한 것이다. 이 표에서 '세그먼트'는 인터뷰 녹취록에서 짧은 한 부분을 말하며 화살표는 단계 및 수준 사이의 전이를 가리킨다.

▼ 표 8.2 Process에서 Totality로의 진보

진보	기준
ST	# Totality로 못 봄에 해당하는 세그먼트 수 > Totality로 봄에 해당하는 세그먼트 수
ST → PT	# Totality로 못 봄에 해당하는 세그먼트 수 = Totality로 봄에 해당하는 세그먼트 수
ST → PT → ET	# Totality로 못 봄에 해당하는 세그먼트 수 < Totality로 봄에 해당하는 세그먼트 수
ST → PT → ET → **TOT**	# Totality로 못 봄에 해당하는 세그먼트 수 = 0

ST: Start Toward Totality PT: Progress Toward Totality ET: Emerging Totality
TOT: Totality
Process에서 Totality로의 진보에서 어떠한 수준이라도 Totality로 봄에 해당하는 세그먼트의 수가 0보다 클 필요가 있다.(여기서 "Totality로 봄"은 학생이 Process를 Totality로 본다는 것을 의미하고 "Totality로 못 봄"은 학생이 Process를 Totality로 보지 못함을 의미한다.)

8.4.3 Totality에서 Object

APOS 이론에서 Process에서 Object로의 이동은 Process에 대한 Action이나 Process를 생각하거나 수행할 수 있는 능력으로 나타난다. Process에 도달한 연구 참여자 중 몇 명은 Process에서 Totality로의 진보에서 일부 수준에 도달한 다음 Object로의 진보를 보였다. 그렇지만 어려움의 증거는 이러한 진보를 경감시켰다. Process에서 Totality로의 진보에서 다른 수준을 보이는 위 예와 비슷하게 인터뷰 증거는 Object로의 진보에서 중간 수준의 도입이 필요함을 시사한다. Object로 출발[Start towards Object](SO), Object로 진보[Progress towards Object](PO), Object의 출현[Emerging Object](EO)과 같은 수준이 나타났다. 이 결정은 이러한 수준 중 하나 이상 진보되지 않은 연구 참여자가 있다는 사실로 확인되었다. 다음은 몇 가지 예이다.

Awaethu는 방정식 $0.\dot{9}+X=1$의 해가 $X=0$임을 알 수 있었다. 그렇지만 그녀는 $0.\dot{9}$를 '반복되는 것'으로 봤기 때문에 $0.\dot{9}$가 1과 같음을 보이기 위한 조작을 어려워했다. 그러므로 그녀는 Object로 출발(SO) 수준으로 정해졌다.

반면 Roberto는 Object에 도달했다는 증거와 도달하지 않았다는 증거를 비슷하게 제시하여 Object로 진척(PO) 수준으로 지정되었다.

Rita는 비록 $0.\dot{9}$와 1이 같음에 대한 신념을 나타내는 등 Object의 지표를 제공하고 그 반대의 지표는 보이지 않았으나 긍정적 진술의 부족으로 그녀의 수준을 결정하기 위해 FFA의 단순한 적용 이상의 해석이 필요했다. 그녀는 $0.\dot{9}$의 9와 $0.\dot{0}$의 0이 멈춘다고도 하고 멈추지 않는다고도 말했다. 그리고 $0.\dot{9}$는 "멈추지 않기 때문에 1이 된다"라고 말하기도 했다. 마지막 진술은 Object를 시사하지만 그 앞 진술은 혼동을 보여주었다. Rita는 다음과 같이 말했다.

> Rita: 그러나 1 빼기 $0.\dot{9}$에서 0은 9가 멈출 때까지 영원히 계속되고, 그러면 그 두 수가 서로 같지 않게 되고 그 끝에 1이 있게 됩니다.

Rita가 $0.\dot{9}$와 1의 차를 $0.\dot{0}$라 생각하고 0이라고 말하지 못하는 것은 집약화에 어려움이 있음을 나타낸다. 그렇지만 FFA 기준에 따르면 $0.\dot{9}$에 대한 연산을 수행하는 능력을 포함하여 전적으로 긍정적 진술을 했다는 사실은 그녀가 Object를 구성했음을 시사한다. 집약화의 명백한 어려움으로 Object의 출현(EO)로 지정되었다.

Rita: 저에게 방정식을 제시하면 그 방정식을 믿을 겁니다. 그것이 같음을 증명하기 위해 수를 제시할 수 있지만 제가 아는 가장 간단한 방법은 1 빼기 0.9입니다. 9가 멈추지 않는 한 그 차는 $0.\dot{0}$이 될 것입니다.

마지막으로 Clyde는 적어도 10개의 $0.\dot{9}$에 대한 연산을 정확하게 수행했고, 그것을 수직선 위 적절한 위치에 나타내었다. 다음 대화에서 그는 $0.\dot{9}$를 방정식의 대상 X라는 기호로 나타내었다.

Clyde: 머릿속으로 그것이 방정식에서처럼 X라고 생각합니다.

I: 그렇죠.

…

Clyde: $0.\dot{9}$를 다루는 것은 그것을 시각화하려는 노력조차 어렵기 때문에 그것을 X 기호로 생각해요. 그런 방식으로 $0.\dot{9}$를 다룰 때보다 더 구체적으로 머릿속에서 그것을 생각할 수 있어요.

그는 Object의 확실한 증거를 제시하고 그 반대의 증거는 보이지 않았기 때문에 $0.\dot{9}$에 대한 Object를 구성한 것으로 지정되었다.

▼ 표 8.3 Totality에서 Object로의 진보

진보	기준
SO	# Object로 못 봄에 해당하는 세그먼트 수 + Object로 보기 위한 시도에 해당하는 세그먼트 수 ≥ Object로 봄에 해당하는 세그먼트 수
SO → PO	# 0 < Object로 못 봄에 해당하는 세그먼트 수 + Object로 보기 위한 시도에 해당하는 세그먼트 수 < Object로 봄에 해당하는 세그먼트 수
SO → PO → EO	# Object로 못 봄에 해당하는 세그먼트 수=0, Object로 보기 위한 시도에 해당하는 세그먼트 수 =0, Object로 봄에는 정확히 하나의 맥락이 포함
EO인지 **O**인지를 판단하기 위해 설문이나 녹취문을 검토	# Object Sees includes 2 different contexts # Object로 못 봄에 해당하는 세그먼트 수=0 # Object로 보기 위한 시도에 해당하는 세그먼트 수 =0 # Object로 봄에는 서로 다른 두 개의 맥락이 포함

진보	기준
SO → PO → EO → O	# Object로 못 봄에 해당하는 세그먼트 수=0 # Object로 보기 위한 시도에 해당하는 세그먼트 수 =0 Object로 봄에는 서로 다른 세 개 이상의 맥락이 포함

SO: Start Toward Object　　PO: Progress Toward Object　　EO: Emerging Object
O: Object
Totality에서 Object로의 진보에서 모든 수준은 Object로 봄에 해당하는 세그먼트의 수가 0보다 클 필요가 있다.(여기서 "Object로 봄"은 Process를 Object로 인식함을 의미하고, "Object로 보기 위한 시도"는 Process를 Object로 보기 위해 시도함을 의미하고, "Object로 못 봄"은 Process를 Object로 인식하지 못함을 의미한다.)

<표 8.3>은 FFA(Dubinsky et al., 2013)을 기반으로 한 Totality에서 Object로의 전이에서 단계 및 수준 사이의 진보에 대한 조작적 정의를 요약한 것이다.

8.5 이전에 사용된 Totality 아이디어

Dubinsky et al.(2013)보다 훨씬 이전 연구에서 Process와 Object 사이에 단계를 도입하는 유사한 아이디어가 논의되었다. 더빈스키는 함수를 Process가 아닌 함수 공간의 한 점으로 볼 수 있는 Totality로서 함수 개념을 언급하였고(Dubinsky, 1984), Process를 "전체적 실체"로 볼 수 없는 개인의 무능력과 그 이유에 대해 언급했다(Dubinsky, 1987). Ayers et al.(1988)은 Process에서 하나의 전체적 실체로의 집약화와 이를 정신 대상으로 생각하는 것을 언급했다. Cornu & Dubinsky(1989)는 단계에 따라 행동을 수행하는 것과 이를 전체(totality)로 보는 것을 구별했다. 마지막을 제외한 이러한 모든 예에서 Totality는 개별 단계가 아니라 Object의 일부로 받아들인 것으로 보인다. 마지막 예에는 다음과 같은 주석이 있다.

> 주체가 단계별로 수행할 수는 있지만 전체로 보지 못하고 다른 사람에게 설명할 수 없는 경우를 행동이라고 한다. (Cornu & Dubinsky, 1989, p. 74)

비록 Process와 Object의 후속 단계 어디에 totality가 위치하는지에 대해 코르누[Cornu]와 더빈스키는 다소 모호한 입장을 취하지만, totality가 Action의 한 부분이 아니며

Object와 분리된 새로운 단계라고 제안하지도 않았다. 어쨌든 코르누와 더빈스키는 이렇게 한 번 언급했을 뿐 그 이슈에 대해 논의하지도 조사하지도 않았다.

수학에서 무한 개념의 역사 및 실무한과 잠재적 무한의 구별에 관한 일련의 논문(Weller et al., 2004; Dubinsky et al., 2005a, b)은 다음과 같은 진술에서 totality를 여러 번 언급했다.

> 어떤 개인이 Process를 totality로 인식하고 이 totality에 대해 수행하는 변환을 깨닫고 그러한 변환을 실제로 구성할 수 있다면(명시적으로 또는 상상 속에서) 그 개인은 Process를 인지 대상으로 집약화하였다고 말한다(Dubinsky et al., 2005b, p. 256).

Brown et al.(2010)은 totality를 분리된 단계로 제안하지는 않았으나 집약화를 위한 중요한 예비 단계로 논의하였다. Dubinsky et al.(2008)에서도 totality에 대해 다시 언급하였으나 새로운 단계로 간주하지는 않았다. 그리고 Sfard(1992)도 Process와 Object 사이에 새로운 단계를 도입했다. 그녀는 그것을 **응축된 조작 개념**[condensed operational conception]이라고 불렀다. 이 개념은 주체가 입력이 출력으로 변환되는 자세한 방법에 주의를 기울이지 않고 Process를 입·출력 기계 정도로만 보는 경우를 의미한다. 이 개념은 여기서 논의된 Totality 단계와는 상당히 달라 보인다. 어쨌든 스파드의 이론을 비롯해서 APOS 이론과 관련된 관점들은 책 뒷부분에서 논의될 수 있을 것으로 본다.

Dubinsky et al.(2013)의 Totality에 대한 논의에서 전체를 언급한 일부 선행 연구와 다른 주요한 두 가지 차이점을 소개했다. 첫째, 위에서 지적한 것처럼 선행 연구들은 일반적으로 Totality를 Object의 일부로 간주했다. 둘째, Dubinsky et al.(2013)에서는 Totality는 Process에서 Totality로, Totality에서 Object로의 진보에 대한 데이터에 근거하여 새로운 단계로서 가능성이 있는 단계로 소개되었다.

8.6 단계로서 Totality의 잠정적 특성

이 책을 쓰는 시점에서 Totality가 실제로 단계인지, Process와 Object 사이에 있는 수준인지, Process의 일부인지 또는 Object의 일부인지를 판단할 수 있는 충분한 증거는 없다. 출발, 진보 및 출현 수준은 관찰 당시 연구 참여자의 사고 특성에 대한 범주화일 뿐이라서 개념에 따라 매우 다를 것임이 분명하므로 수준으로 가장 잘 나타낼 수 있다. 그렇지만 Dubinsky et al.(2013)의 연구에 따르면 적어도 순환소수에 대해서는 Totality가 다른 단계의 수준이나 일부가 아니라 별도의 단계로 기능할 가능성이 크다. 이는 Totality가 개인이 수학 개념에 대해 생각하는 방식의 변화를 나타내는 것으로 보이기 때문이다. 이러한 발달은 다른 수학 개념에 대한 사고의 발달에서 유사한 방식으로 일어날 수도 있다. 이는 무한 Process에서 그리고 심지어 매우 많은 단계를 포함하는 유한 Process에서 매우 가능성 있어 보인다. 어쨌든 Totality가 수학 개념의 영역 전반에 걸쳐 하나의 단계로 나타나는 정도와 Totality를 구성되는 메커니즘(현재는 거의 아무것도 알려지지 않음)은 계속 연구해야 할 문제로 남아 있다.

CHAPTER

09

APOS 이론을 사용한 초등학교 수학 지도

1990년대 상반기 동안 이스라엘 텔아비브의 교육 공학 센터(CET, Center for Educational Technology) 수학팀은 이스라엘 초등학교(1~6학년, 6~12세)에서 사용하던 기존의 수학 교수 자료를 수정하기 시작했다. 그 수정에서 한 가지 중요한 점은 수업에 피아제와 APOS 이론의 아이디어를 도입한 것이다. 특히 4학년과 5학년의 분수 수업에 도입되었다.

9장에 설명된 자료와 결론은 분수에 관한 두 연구에서 나온 것이다. 하나는 부분과 전체 사이 관계에 대한 학생의 이해에 관한 연구(Arnon, 1998)이고, 다른 하나는 분수의 동치류와 관련된 학생의 활동에 관한 연구(Arnon et al., 1999; 2001)이다. 이 장에서는 초등학교 수준에서 피아제와 APOS 이론의 아이디어를 어떻게 적용하는지 독자들이 잘 이해하도록 그리고 초등학교과 중학교 이후 학생의 학습을 비교하기 위해 두 논문을 자세히 설명한다.

이 책의 2장에서 더빈스키가 피아제의 아이디어를 중학교 이후 수학 학습에 어떻게 적용하였는지를 설명했다. 피아제에 따르면 중학교 이후의 학생은 **형식적 조작기**stage of formal operations이다. 이는 그들이 행동을 가하는 대상이 구체적이기보다 추상적임을 의미한다. 초등학생 대부분은 **구체적 조작기**stage of concrete operations이다. 이는 행동을 가하는 대상이 구체적일 필요가 있음을 의미하는데, 즉 감각을 통해 대상이 지각된다는 것이다(Piaget, 1975, 1974/1976). 따라서 APOS 이론 관점에서 초등학교와 중학교 이후 수학 교실의 주요 차이점은 행동이 적용되는 대상의 이러한 특성에 있다.

이 두 연구에 제시되고 이 장에서 논의된 자료는 1990년대 초에 수집되었다. 그 이후 APOS 이론은 단계 사이에 수준의 가능성과 Process와 Object 사이에 새로운 단계(Totality, 8장 참고)의 가능성에 대한 최신 아이디어를 포함하여 발달했다. 이 장에서는 이들 연구에서 수집된 자료에 대한 현재 APOS 이론 관점의 해석을 제공한다. 이 해석은 1990년대에 제시된 방식과 다소 다르다. 특히 이 장에서는 8장에서 부여된 의미로 **수준**level이라는 용어를 사용한다. 수준은 어떤 개념의 발달에서 한 단계에서 다음 단계 사이의 진보가 나타나는 지점을 의미한다.

이 장은 다음과 같이 구성되어 있다. 9.1절에서는 초등학교에서 APOS 이론의 적용과 중학교 이상에서 APOS 이론의 적용에 대해 논의한다. 9.2~9.5절에서는 초등학교 4학년 분수의 부분 · 전체 해석에 대한 학습에 관한 연구를 논의한다. 9.2절에서는 분수에 대해 APOS 기반 수업을 이수한 학생들과 피아제 학파인 네셔Nesher의 패러다임(Nesher, 1989)에 기반한 표준 교수법을 사용한 분수 단원 수업을 이수한 학생들의 성과를 비교한다. 9.3절에서는 Arnon(1998)이 분수와 부분 · 전체 해석에 대한 학생들의 사고를 조사한 연구에서 식별된 Action과 Process 사이에 수준의 존재 가능성에 대해 논의한다. 9.4절에서는 구체적 대상에 대한 Action이 Process로의 내면화에서 상상력의 역할에 대해 논의한다. 9.5절에서는 5학년에서 배우는 분수의 동치류 개념에 초점을 둔다. 9.6절에서는 초등학교에서 APOS 이론 사용에 대해 현재 알려진 사실들을 요약한다.

9.1 APOS 이론의 적용의 대비: 초등학교 vs 중학교 이후

피아제의 인지발달 이론은 개인이 자신의 경험을 반성함으로써 지식을 구성한다는 가정을 기반으로 한다. 초등학교인 구체적 조작기에 이러한 경험들은 구체적이어야 한다(Piaget, 1975, 1974/1976). 형식적 조작기에 와서는 이러한 경험들은 추상적이다. 구체적이란 용어와 추상적이란 용어는 종종 다른 의미로 사용된다. 이 장 전체에서 이 두 용어는 Arnon et al.(2001)에 설명한 의미로 사용된다. 여기서 구체적이란 용어는 실제 또는 상상 가능한 물리적 대상의 사용을 말한다. 예를 들어, 많은 아동은 분수를 다루면서 두꺼운 종이로 만든 원 조각, 그림 또는 정신 이미지로 나타낸 원 조각의 도움을 받을 때 편안해한다(그림 9.1 참조).

분수에 대한 다른 구체적 표상들도 그 논문에 설명되어 있다. 구체적 경험은 학습자의 감각과 관련될 필요가 있다는 의미로 구체성에 대한 이러한 해석을 이해할 수 있다.

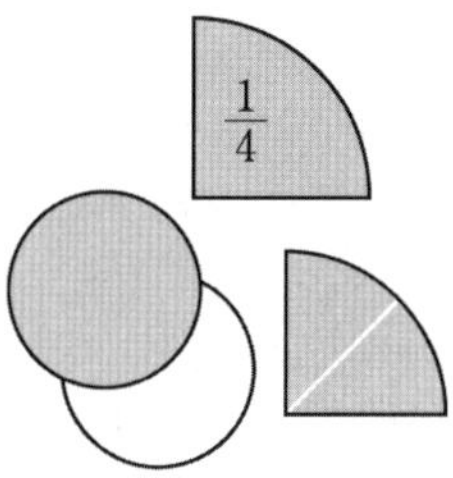

| 그림 9.1 | 잘라낸 원 조각들

[그림 9.1]에 잘라낸 원 조각과 전체 원이 있다. 어떤 조각에는 그 조각이 나타내는 분수가 적혀있고, 어떤 조각에는 없다. 수학자들도 구체물을 종종 사용한다. 예를 들어, 수학자들은 실함수를 다룰 때 데카르트 그래프를 사용하고, 기하에서 정리를 증명하려고 시도할 때 2차원과 3차원 물체의 그림을 사용한다(Arnon et al., 2001, p. 171).

추상적이란 용어는 물리적 세계의 표상 없이 수학 개념을 사용하는 것을 말한다(Arnon et al., 2001, p. 171). 예를 들어, 사람들은 함수의 그래프를 참조하지 않거나 함수를 나타내는 데 사용될 수 있는 물리적 내용을 사용하지 않고 실함수를 조작한다. 대신 그들은 수학적 언어나 구문 그리고 관련된 수학적 구조에 대한 지식과 그 구성 요소를 결합하는 규칙을 사용한다.

추상적 맥락(중학교 이후)과 구체적 맥락(초등학교) 사이에 APOS 이론의 차이점은

[그림 9.2]와 [그림 9.3]에 나타나 있다.

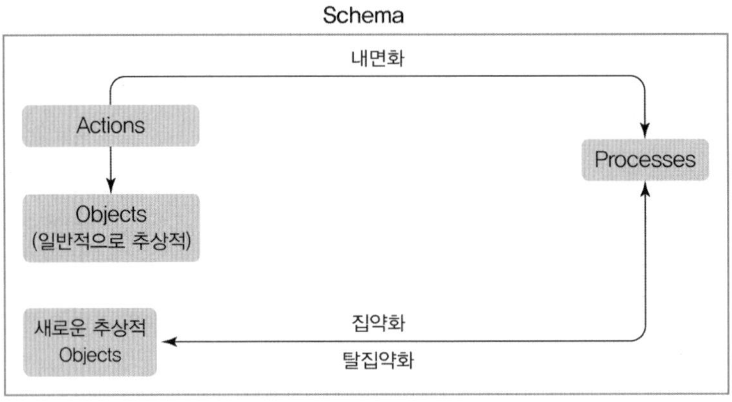

❙ 그림 9.2 ❙ 중학교 이후 학생을 대상으로 한 APOS

[그림 9.2]는 중학교 이후 맥락을 나타낸다. 초기 Object뿐 아니라 Process의 집약화로 출현한 Object도 일반적으로 추상적이다.

피아제에 따르면 구체적 조작기 아동(약 2세부터 11세 또는 13세까지)은 실제 (구체적) 세계에서 자기 손으로 수행하거나 자신의 상상 속에서 수행한 행동을 반성함으로써 정신 (추상적) 개념을 발달시킨다(Piaget, 1975, 1976). [그림 9.3]에 이 내용이 표현되어 있다.

[그림 9.3]은 [그림 9.2]를 수정한 것으로 구체적 조작기 아동에 맞도록 APOS 이론의 적용을 나타낸다. 이 그림은 물리적 Object에 적용된 Action이 아동의 마음속에서 추상적인 수학적 Object를 어떻게 발생시키는지를 보여준다. 구체적 조작기 학생들이 행동을 가하는 Object는 구체적이어야 한다. 내면화된 Action의 집약화로 구성된 Object는 중학

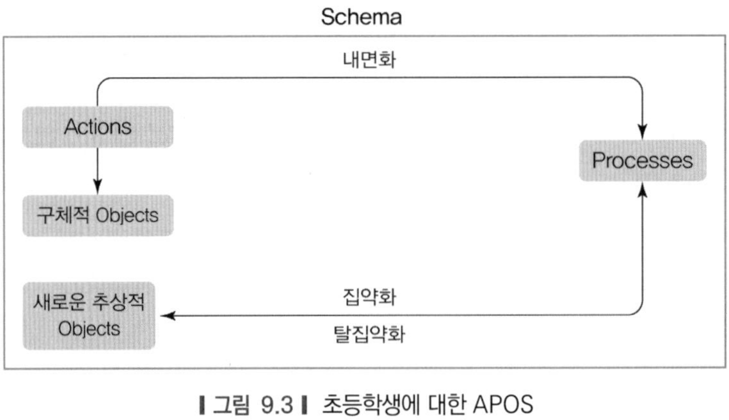

❙ 그림 9.3 ❙ 초등학생에 대한 APOS

교 이상의 학습자의 사고 수준과 마찬가지로 추상적이다. Arnon(1998)의 연구참여자 중 두 학생에게서 이러한 집약화가 나타났다. 이에 대해서는 9.3.3.절에 설명되어 있다.

9.2 표준 수업과 APOS 기반 수업 비교

분수에 대한 초등학교 4학년 교육과정에는 분수의 부분 · 전체 해석에 대한 수업이 있다. 분수 $\frac{k}{n}(k, n \in Z, n \neq 0)$에 대하여 전체를 나타내는 어떤 대상을 n개의 부분으로 똑같이 나누고 그 n개 중 k개를 선택한다.[1] 원과 그 부분(잘라낸 원 조각들)들을 표상체로 사용했다.

전통적 수업 절차에 따르면 초등학교 4학년 학생들은 원을 '전체'로, 다양한 단위 분수를 나타내는 이미 만들어진 원 조각들을 조작하면서 부분 · 전체 해석에 대해 학습한다. 이 원 조각들은 각각 분수 $\frac{1}{n}$을 나타내는 조각 n개로 이루어져 있고 $\frac{1}{20}$을 나타내는 조각까지 있다. 판지로 만든 각각의 원 조각에 그 조작을 나타내는 분수 기호 $\frac{1}{n}$을 인쇄했다(Arnon, 1998, p. 87). 다음은 이들 조작물에 대한 행동의 예이다. 학생들에게 이 원 조각들을 사용해서 텅 빈 원이나 분수 $\frac{1}{3}$을 나타내려면 $\frac{1}{9}$조각이 몇 개 필요한지를 물었다. 이 장에서는 이러한 유형의 조작물을 사용한 수업 절차를 STN(표준)이라 한다. 이러한 수업에서 학생들은 원을 실제로 나누지는 않는다. 결과적으로 이러한 활동은 표현하고자 했던 부분 · 전체에 대한 해석보다는 그 원 조각들의 특성에 대해 학생들에게 반성하도록 하는 것은 아닌지 의심되었다. 학교의 비공식 보고서에 따르면 이러한 구체물을 가지고 활동한 4학년 학생 중 일부는 부분 · 전체 개념을 잘 발달시켰으나 많은 학생은 그러지 못했다.

수학팀은 이러한 상황을 개선할 방법을 조사하기 시작했고 피아제와 APOS 이론의 아이디어가 그 방향을 제시하였다.

피아제는 외부 세계와의 접촉으로 얻어지는 경험을 세 가지 유형으로 구분하였다.

A. "단순 연습", 이로부터 지식이 반드시 추출될 것임을 의미하지는 않는다.

B. "물리적 경험", 아동들이 물리적 대상을 조작하고 "단순한 추상화 Process"를 통해 대상의 성질을 추상화한다.

1 분수의 부분 · 전체 해석과 다른 해석에 대해서는 Arnon(1998), pp. 65~74를 참조 바람.

C. "논리 – 수학적 경험", 이 경험에서 아동은 대상을 조작하고, 자신이 그 대상에 적용한 행동 그 자체와 변환의 속성을 구성한다. 2장에서 설명한 것처럼 이러한 유형의 경험에서 지식은 반영적 추상화에 의해 구성된다.(Piaget, 1975, p. 193~194도 참고)

2.2 절에서 피아제의 반영적 추상화가 어떻게 APOS 이론의 기틀(정신 구조뿐 아니라 내면화 같은 정신 메커니즘)을 형성하였는지 예를 들어, 알아보았다(Dubinsky, 1991). 하지만 이 STN 수업 활동은 피아제 경험 중 B 유형에 더 가깝다. 그런 결과로, 부분 · 전체 Action의 내면화와 반영적 추상화 대신 학생들은 "단순한 추상화 Process"나 B 유형의 경험을 사용했고 원 조각의 속성을 식별하려는 경향이 있었다.

새로운 수업을 개발하였는데, 이 수업의 목적은 C 유형 경험의 가능성을 높이고 분수의 부분 · 전체 해석의 구성 강화를 목적이었다. 이를 위해 개발팀은 [그림 9.4]와 같이 서로 다른 종류의 수업 자료를 도입했다. 이 판지 도구를 **파티션링**[partitioning rings]이라 한다.

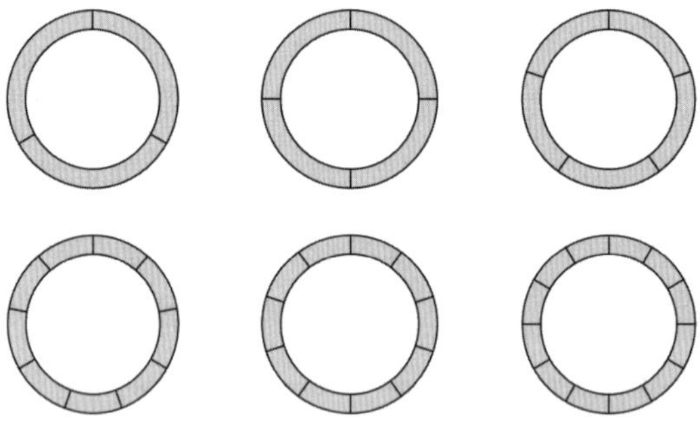

| 그림 9.4 | 파티션링(Arnon, 1998, p. 210)

조작 세트에는 파티션링 외에도 중심이 표시된 같은 크기의 빈 원도 있었다. 파티션링의 안쪽 원은 쉽게 밀어낼 수 있도록 구멍이 뚫려있었다. 분수 $\frac{k}{n}$을 나타내려면 학생은 n개로 똑같이 나누어진 링을 선택하고 중심이 표시된 빈 원 위에 그것을 올려둔다. 링에 표시된 선분과 원의 중심을 이어서 원을 n개로 똑같이 나눈 후 k개를 색칠한다. 이것이 학생들이 내면화하기를 기대했던 행동이었다. 이 행동은 분수 $\frac{k}{n}$에 대해서 하나의 원('전체')을 선택하고 그것을 (분모에 따라) n개로 똑같이 나누고 그 부분 중 (분자에 따라) k개를 색칠하는 단계로 구성되었다. 이 수업 후 여러 분수를 나타내는 이미 만들어진 원 조각들을 수업에 도입한다. 이 원 조각에는 단위 분수가 아닌 분수($\frac{k}{n}$, $k > 1$)의 조각도 포함되었다. 학생들이 이 원 조각들의 이름을 정하는 것이 중요한 활동이므로 의도적으로 조각에 이름을 붙이지 않았다(Arnon, 1998, p. 87~89). 이 장에서는 이러한 수업과 함께 이 수업 자료를 사용한 교실을 EXP(실험이란 뜻으로)라고 부르기로 한다.

사전 제작된 원 조각을 사용하는 것은 C 유형의 경험보다 B 유형을 촉진하기 때문에 APOS 이론은 분수의 원 표상을 그리는 행동이 내면화될 때까지 사전 제작된 원 조각의 도입을 미뤄야 한다고 제안한다. 이러한 내면화에 대한 주요한 증거는 학생들이 이러한 표상을 만드는 방법을 말로 설명할 수 있는 능력이다. 다음은 Offir와의 인터뷰 일부를 발췌한 내용이다.

Offir에게 구체물 없이 그 조작 세트에 포함되지 않는 두 수 $\frac{1}{100}$과 $\frac{1}{13}$을 비교하게 했다. 그는 $\frac{1}{100}$이 $\frac{1}{13}$보다 작다고 생각하는 이유를 설명한다.

> … (중략) … 이제 전체를 13개로 나누면 그 부분들은 좁고 특정 크기를 가져요 그리고 … 전체를 백분의 1로 나누면… 더 빽빽해져요.. 백 개의 부분, 백 개의 원 조각은 점점 더 작아집니다(두 주먹으로 좁아지는, 더 가까워지는 제스쳐를 하면서). (Arnon, 1998, p. 105.)

내면화의 또 다른 지표는 파티셔닝을 사용하지 않고 분수를 나타내는 그림을 체계적으로 그리는 능력이다. 이는 [그림 9.5]와 [그림 9.6]에 나타나 있다. 첫 번째 그림은 Yulia, 두 번째 그림은 Gail이 그린 것으로 아무런 도구 없이 손으로 그렸다.

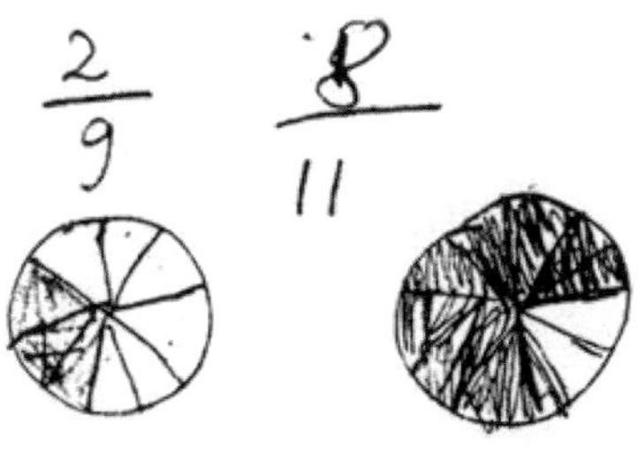

▎그림 9.5 ▎ Yulia가 그린 그림
(Arnon, 1998, p. 220)

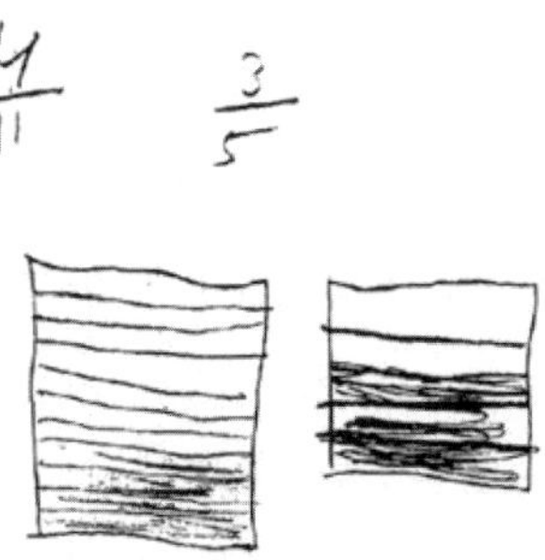

▎그림 9.6 ▎ Gali가 그린 그림
(Arnon, 1998, p. 115)

어설픈 그림이지만 정확한 아이디어가 나타나 있다. 이러한 유형의 그림은 분수에 대한 특정 행동을 수행하도록 요구했을 때 학생이 물리적 표상을 재구성하는 능력이 있음을 보여주는 것이다.

EXP와 STN의 두 수업은 새로운 수학 개념의 구성이 물리적 대상에 적용하는 행동으로 시작한다는 피아제의 아이디어를 기반으로 하였다(Piaget, 1975; 1974/1976). 두 수업 방식의 차이는 각 수업에서 사용된 행동의 본질에 있다. Arnon(1998)은 EXP 수업이 학습을 향상시켰는지를 조사하였으며 데이터 분석은 향상되었음을 보여주었다.

Arnon(1998)은 데이터 분석에서 단위 분수의 비교, 비(非)단위 분수의 구성, 비(非)단위 분수의 비교, 단위 분수와 정수의 곱의 네 가지 분수 개념을 조사하였다. 산술 연산에 대한 두 수업 방식은 덧셈, 뺄셈, 비교 및 곱셈의 산술 연산 처리 방식이라는 중요한 공통 특징이 있었다. 이 연산들은 알고리즘 학습을 위한 수단일 뿐만 아니라 학생의 분수 개념을 Process에서 Object로 발달시키는 집약화를 촉진하는 촉매이다. 두 수업에서 학생들은 구체물을 가지고 쉽게 해결할 수 있는 경우만 다루었다. 예를 들어, 구체물 세트에 원 조각이 있고, 한 분모가 다른 분모의 배수인 분수들의 덧셈만 다루었다. $\frac{2}{5}+\frac{1}{10}$ 같은 문제에서 학생들은 적당한 원 조각을 서로 옆에 놓은 다음 $\frac{1}{10}$ 조각으로 $\frac{2}{5}$를 덮는다. 그리고 답이 $\frac{3}{10}$이라는 결론을 내리는데 계산은 하지 않았다.[2]

STN 수업 한 반, EXP 수업 한 반, 두 반이 이 연구에 참여했다. 각 수업은 4학년 마지막 학기에 진행되었다. 여름 방학 후 5학년이 되었을 때 인터뷰를 했다. 인터뷰는 개별로 했으며 녹음을 한 후 녹취록을 작성하였다. 4학년 때 사용했던 조작물은 이 인터뷰 때는 제공되지 않았다. 그 조작물은 말로만 언급되었고 학생들은 인터뷰하는 동안 그 조작물을 그림으로 재구성하였다. 인터뷰는 두 단위 분수의 비교, 비(非)단위 분수의 비교, 그리고 단위 분수와 정수의 곱과 같은 산술 문제로 구성되었다. 단위 분수와 비(非)단위 분수를 구성하는 개념에 대한 정보는 이항 연산에 대한 논의에서 파생되었다.

이 데이터는 STN과 EXP, 두 그룹 사이의 수학적 성과 비교(이 절에서 논의), 조사된 네 가지 개념에 대한 Action과 Process 사이의 가능한 발달 수준 존재 여부(9.3절), 이 네 가지 개념에 대한 예비 발생적 분해와 비(非)단위 분수의 개념 구성에 대한 자세한 설명(9.3절), 그리고 아동의 상상 속 구체적 대상에 대한 조작의 보편성에 대한 정보를 제공했다.

2 교육과정에 따르면 분수 개념이 Object로 발달하길 바라는 5, 6학년에서 분수 연산에 대한 알고리즘을 학습한다.

학생들의 Action에서 Process로의 진보에 대한 분석에서 응답은 다음 세 범주로 분류되었다.

i . Action에 그침: 구체적 대상에 대한 어떤 행동도 내면화되었다는 증거가 없음
ii . Action에서 Process로의 전이: 구체적 대상에 대한 부분적으로 또는 완전히 잘못된 Action의 내면화에 대한 증거
iii . 최소한의 Process: 올바른 Action의 내면화에 대한 증거

인터뷰에서 구체물을 사용하지 않았으므로 연구자는 Action 그 자체에 대한 지식이 아니라 내면화의 수준만 알아낼 수 있었다. 그렇더라도 연구자는 분수나 구체적 표상을 언급한 설명이나 그림의 부족 또는 응답 부족에 따라 Action의 증거 없음을 추적할 수 있었다. 이러한 증거는 Action의 증거 없음(범주 i)으로 분류되었다.[3] 저자는 부분적으로 또는 완전히 잘못된 행동의 내면화를 가리키는 언어 또는 그림도 추적할 수 있었다. 이는 그 학생의 개념이 Action에서 Process로 전이되고 있음을 가리킨다. 이러한 응답은 범주 ii 로 분류되었다. 완전하고 정확한 Action의 내면화를 드러내는 응답들은 범주 iii으로 분류되었고, 이는 Process를 가리킨다.

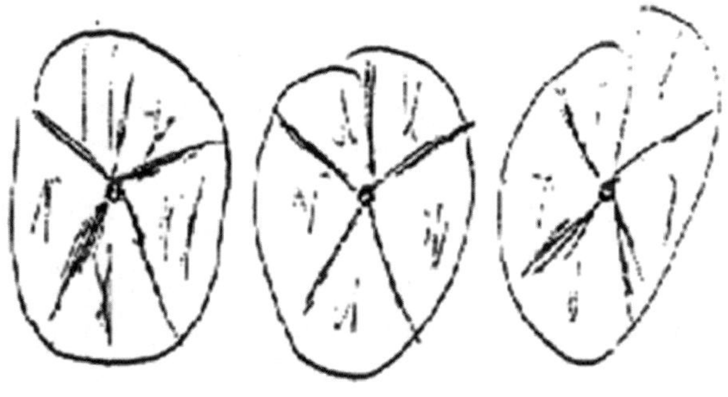

| 그림 9.7 | 분수 $\frac{3}{5}$의 구성에 대한 Avi의 부정확한 행동

[그림 9.7]은 Avi의 비(非)단위 분수 구성에 대한 완전히 틀린 행동의 내면화(범주 ii)를 나타낸다.

3 학생이 Action 증거 없음의 응답을 제공한 경우, 구체물을 제공했을 때는 올바른 Action을 수행할 수도 있다.

Avi는 인터뷰에서 $\frac{3}{5}$을 나타내는 이 그림(Arnon, 1998, p. 111)을 그리고 다음과 같이 말했다.

I: 이 그림에는 $\frac{1}{5}$이 몇 개 있나요?

…

Avi: 아, 그러니까 원마다 5개가 있고 그걸 모두 합치면 15개입니다.

I: 그래서 $\frac{3}{5}$은 $\frac{15}{5}$인가요?

Avi: 이 (그림)? 5분의 어, 3⋯ 3분의.

…

I: 왜 원을 세 개 그렸는지 다시 설명해 볼래요?

Avi: 어, 왜냐하면 분자가 3이기 때문이에요.

Avi의 행동은 두 가지 면에서 부정확했다. 첫째, 분자를 원 세 개로 나타낼 수 있다고 생각하여 분자를 잘못 해석한 다음 세 개의 원을 각각 5등분하고 15개 부분을 모두 색칠했다. 이 행동의 어떤 단계도 옳지 않다. Avi의 응답은 범주ⅱ로 결정되었다.

다음은 부분적으로 부정확한 행동의 내면화(범주ⅱ)에 대한 예이다. Dafni는 단위 분수를 구성한 다음 단위분수 $\frac{1}{10}$을 구성하기 위해 무엇을 해야 하는지 설명했다.

Dafni: 모든 원에 10이 있어야 해요. 그러고 나서 하나를 지워요.

Dafni가 그 원을 10등분한 후 하나를 색칠하고 아홉 개는 색칠하지 않는다고 제안한 것은 옳다. 하지만 색칠한 부분을 지운다고 말한 것은 옳지 않다. 왜냐하면 색칠하지 않은 부분은 그 분수를 나타낸다는 그녀의 믿음을 보여주기 때문이다. Dafni의 비(非)단위 분수에 대한 잘못된 개념은 $\frac{2}{5}$와 $\frac{4}{6}$를 비교하려는 시도에서도 나타났다.

I: (그 비교를) 확인하기 위해서 친구들이 무엇을 해야 하는지 설명해줄 수 있나요?

Dafni: 6개로 나누어진 원을 그리고 그중에 4개를 색칠해야 해요.

I: 그래요.

Dafni: 그런 다음 남은 부분이 무엇인지 알고 5분의 2에 대해서도 똑같이 해요.

I: 네? 그러면 어느 것이 더 큰지 어떻게 알 수 있나요?

Dafni: 나온 크기대로…

I: 색칠된 부분의 크기대로? 아니면 남겨진 부분의 크기대로?

Dafni: 남은 것 중에서요.

$\frac{1}{10}$에 대한 표상과 유사하게 Dafni는 다시 원을 정확하게 나누고, 개수도 맞게 색칠했다. 그렇지만 색칠된 부분을 버리고 색칠 안 된 "남겨진 부분"을 그 분수라고 잘못 해석하였다. 이는 다시 부분적으로 틀린 행동의 범주에 포함되었다(범주 ⅱ). 이는 조사된 각 개념(단위분수의 비교, 비(非)단위분수의 구성, 비(非)단위분수의 비교, 곱셈)에 대한 Dafni의 사례이다.

연구에서 조사된 네 가지 개념 각각에 대한 학생의 모든 응답은 내면화의 세 범주로 설명되었다. 각 범주별, 각 개념별 STN과 EXP 학생의 성과 비교에서 EXP 학생들의 성과가 항상 더 좋았다. <표 9.1>은 비(非)단위분수의 비교에 대한 STN과 EXP의 결과를 비교한 것이다. 이 개념에 대한 올바른 행동은 다음 단계로 구성된다. 적당한 두 원 조각을 선택하고, 두 조각이 같아지도록 또는 하나가 다른 하나로 완전히 덮이도록 두 조각을 포개는 것으로 구성된다. 만약 그 조각들이 같다면 그 두 분수는 같다. 한 조각이 다른 조각을 완전히 넘치게 덮는다면, 그 조각이 나타내는 분수가 더 큰 분수이다. 이 행동은 그 조각들을 사용하지 않고 달성하기 힘든데도 STN 학생의 약 3분의 1과 EXP 학생의 3분의 2가 해결하였다.

▼ 표 9.1 비(非)단위분수 비교 개념에 대한 각 그룹별 학생 비율 비교

비단위분수 비교, 내면화 정도	STN 반 N = 28 (%)	EXP 반 N = 32 (%)
Action에 그침	32	12.5
Action에서 Process로의 전이	39	22
최소한의 Process	29	66

<표 9.1>의 결과들을 비교해보면, 비(非)단위분수의 비교에 대한 행동이 완전히 내면화된 EXP 학생의 비율이 STN 학생의 비율의 2배 이상임을 알 수 있다. 비교 결과가 이 연구에서 조사된 네 가지 개념 모두에서 비슷했다. 누적 비교는 <표 9.2>에 나타나 있다(Arnon, 1998, p. 174).

▼ 표 9.2 조사된 네 가지 개념에 대한 내면화

조사된 네 가지 개념에 대한 내면화	STN 반 N = 28 (%)	EXP 반 N = 32 (%)
내면화된 올바른 행동이 없음	25	17
내면화된 올바른 행동 1개	21	10
내면화된 올바른 행동 2개	14	3
내면화된 올바른 행동 3개	18	27
내면화된 올바른 행동 4개	21	43

<표 9.2>는 각 그룹에서 정확하게 내면화된 행동의 수에 대한 학생의 비율을 나타낸다. 예를 들어, 조사된 네 가지 개념에 대해서 EXP 학생의 43%와 STN 학생의 21%가 네 개의 올바른 행동을 모두 내면화한 것으로 판단되었다. 즉, 조사된 모든 개념에 대해 적어도 Process를 구성하였다. EXP 학생의 70%와 STN 학생의 39%가 조사된 개념 중 2개 이상의 행동을 내면화했다. 이 표를 보면 EXP 학생들이 STN 학생보다 더 쉽게 올바른 내면화를 했음을 알 수 있다. 이는 파티션링(EXP 수업에 사용된 조작물)의 도움을 받아 분수 표상을 구성하는 행동이 미리 만들어서 이름을 붙인 원 조각(STN 수업에서 사용된 조작물)을 사용하는 활동보다 더 쉽게 내면화된다는 주장을 뒷받침한다. 심지어 EXP 학생 중 2명은 비(非)단위분수 개념에 대한 Object를 구성했다는 증거를 보였다. 그러나 STN 학생은 이러한 증거를 보이는 학생이 한 명도 없었다(9.3.3.절 참고).

9.3 분수 개념에 대한 Action에서 Process로의 전이를 위한 발생적 분해와 수준

이 절에서 사용되는 수준이라는 용어는 8장에서 설명한 의미로, APOS의 한 단계에서 다른 단계로의 전이에서 발생하는 발달 단계를 말한다.

9.3.1 몇 가지 분수 개념의 발달에 있는 수준

초등학생의 분수 학습에 관한 연구에서 Arnon(1998)은 Action에서 Process로의 전이에 초점을 두었다. 피아제에 따르면 이러한 전이는 행동의 무의식적 적용에서 완전히 의식적으로 적용으로의 변화이다. 피아제는 그의 책 Piaget(1974/1976). *The Grasp of*

*Consciousness*에서 의식의 점진적 발달에 대해 논의했다. 피아제는 그러한 전이는 "구성되어야 하며 단순한 깨달음의 Process로 축소될 수 없다"고 하였다(Piaget (1974/1976), p. 322). 피아제는 조사한 여러 상황에서 무의식에서 의식으로 진보되는 지점이 존재한다고 생각했다.

피아제의 설명과 비슷한 현상이 8장에서 논의되었다. 이러한 진보 지점을 APOS 이론에서는 수준이라 한다. 연구자들은 순환소수 개념에 대한 발달에서 새롭게 제안한 Totality를 포함하여 APOS의 모든 단계 사이 발달 수준을 파악하였다(Dubinsky et al., 2013). Arnon(1998)은 여러 분수 개념에 관한 연구에서 Action에서 Process로의 전이에서 수준이 있음을 확인하였다.

피아제의 결과와 8장에서의 설명과 비슷하게 Arnon(1998)은 수준은 단계와 달리 일반적이지 않고 내용에 따라 다르다고 확신했다. <표 9.3>에는 비(非)단위분수 개념 구성에 대한 수준이 설명되어 있다.

▼ 표 9.3 비(非)단위분수 구성의 내면화 수준

	비(非)단위분수 구성
Action에서 Process로의 전이	• k(분자) 개의 원을 그리고, 각각을 n(분모)개로 똑같이 나눈다. – 완전히 잘못된 행동 • 남은 부분(색칠 = 지움) – 부분적으로만 잘못된 행동

이 개념의 Action에서 Process로의 전이에 대해 연구자는 두 수준이 존재함을 보였다. 이는 <표 9.3>의 오른쪽 열에 제시되어 있다. 조사된 다른 분수 개념에 대한 수준도 발견되었다. 예를 들어, 두 비(非)단위분수의 비교에 대한 Action에서 Process로의 전이에서 여섯 개의 수준이 식별되었다. 이 수준들은 <표 9.4>에 나타나 있다(Arnon, 1998).

▼ 표 9.4 비(非)단위분수 비교의 내면화 수준

	두 비(非)단위분수의 비교
Action에서 Process로의 전이	• 더 큰 분자 ⇒ 더 큰 분수(원 개수를 센다)
	• 더 큰 분모 ⇒ 더 큰 분수(등분된 조각 개수를 센다)
	• 더 작은 정수(분자와 분모)가 더 큰 조각을 의미하므로 더 큰 분수이다
	• 더 작은 분모가 더 큰 조각을 의미하므로 더 큰 분수이다.
	• 더 큰 색칠 안 된 조각의 **넓이** ⇒ 더 큰 분수 • 더 큰 색칠 안 된 조각의 **개수** ⇒ 더 작은 분수

한 학생이 Action에서 Process로의 전이에서 어떤 수준에 있다는 것이 그 학생이 그 이전 수준을 모두 거쳤음을 의미하지는 않는다는 것에 유의해야 한다. 이 학생은 수준 중 일부를 건너뛰었을 수도 있다. 이런 경우에는 수준의 존재를 확인하기 위한 더 많은 연구가 필요하다.

9.3.2 조사된 개념에 대한 발생적 분해

표에 제시된 여러 개념에 대한 데이터는 각 개념에 대한 Action에서 Process로의 전이에 있는 수준으로 해석될 수 있다. 표에 제시된 자료로부터 발생한 각 개념에 대한 예비 발생적 분해는 Asiala et al.(1996)와 4장과 6장에 설명된 것처럼 연구를 계속하는 데 유용할 것이다.

[그림 9.8]은 비(非)단위분수 구성에 대한 <표 9.3>에서 유도된 Action에서 Process로의 전이에 대한 발생적 분해이다.

위에 설명된 결과에는 Process에서 Object로의 전이에 대한 데이터도 일부 포함되어 있지만 완전한 발생적 분해를 설계하기에 충분하지 않다. 그럼에도 불구하고, Object에 대한 몇 가지 흥미로운 결과를 9.3.3절에 제시할 것이다.

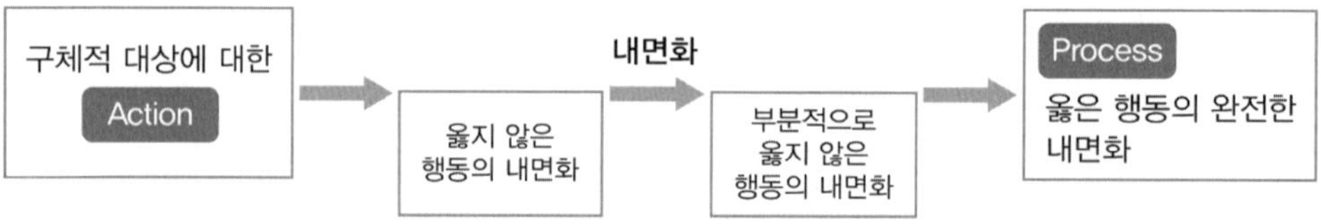

❙ 그림 9.8 ❙ 비(非)단위분수 구성에서 Action에서 Process로의 발생적 분해

9.3.3 추가 성과: 추상적 Objects

위에서 언급한 것처럼 EXP와 STN 수업에서 모두 물리적 조작물에 대한 활동을 통해 분수를 비교하고 간단한 연산을 하였다. 이 행동들은 분수 개념에 대한 Process에서 정신 Object로의 집약화를 지원하기 위한 것이다. 학생들에게 어떠한 알고리즘도 가르치지 않았다. 비록 이 연구가 Action에서 Process로의 발달을 조사하기 위해 시작되었으나, 추상적 대상으로서 분수를 비교하는 형식적 행동을 수행했을 때 두 학생이 Object 단계에 도

달했다는 증거를 보였다.

예를 들어, EXP 학생인 Judi는 $\frac{2}{5}$와 $\frac{4}{6}$를 비교할 때 $\frac{1}{2}$을 추상적 기준으로 사용하였다.

I: $\frac{2}{5}$와 $\frac{4}{6}$ 중 어느 것이 더 큰가요?

Judy: $\frac{4}{6}$가 더 큰 것 같아요.

I: 왜요?

Judy: 왜냐하면 $\frac{2}{5}$는 반보다 작고, $\frac{4}{6}$는 반보다 크기 때문이에요. $\frac{3}{6}$이 반이고 $\frac{2}{5}$는 아직 반에 도달하지 못했기 때문입니다(Arnon, 1998, p. 129).

비교 방법 측면에서 볼 때 Yulia도 $\frac{4}{10}$와 $\frac{3}{4}$를 비교할 때 $\frac{1}{2}$를 기준으로 사용하였다.

Yulia: $\frac{4}{10}$는 (180도보다 작은 호를 그리며) 대략 이 정도 그리고 이건 (180도보다 큰 호를 그리며) 대략 이 정도. (Arnon, 1998, p. 155)

Judi와 달리 Yulia는 가상의 호가 180도보다 작거나 크다는 제스처로 $\frac{1}{2}$을 나타내었다. 이 두 발췌문을 비교해보면 Judi의 응답이 분수 Object 구성에 대한 증거임을 알 수 있다.

EXP 학생인 Dan도 $\frac{4}{6}$가 $\frac{2}{5}$보다 큰 이유를 설명할 때 동치인 분수와 추이성질을 사용하였다.

Dan: $\frac{2}{5}$는 $\frac{4}{10}$입니다. 그리고 $\frac{4}{6}$는 $\frac{4}{10}$보다 더 큽니다. (Arnon, 1998, p. 129)

EXP 학생인 Dan과 Judi는 추상 대상으로서 비(非)단위분수를 다루는 것처럼 보였다. Process를 Object로 집약화한 것으로 보인다. 그들은 원 조각인 구체적 대상을 언급하지 않고서도 비교 문제를 적절하게 잘 해결했다. 이 둘은 비록 원 조각인 구체적 대상에 대한 행동으로 학습을 시작했으나 APOS 이론에서 예측한 대로 그들은 추상 대상을 구성하였다. STN 학생 중 이러한 유형의 발달에 대한 증거를 제시한 학생은 아무도 없었다.

9.4 상상 속에서 구체적 대상 조작하기

피아제 이론에서는 구체적 대상에 대한 행동의 내면화는 학습자가 자신의 행동에 대한 의식이 출현함으로써 입증된다고 한다. 이는 Piaget(1974/1976). *The Grasp of Consciousness*에 자세히 설명되어 있다. APOS 이론의 경우 내면화는 개인이 Action을 내적으로 통제할 수 있는 능력의 출현이 있을 때로 본다. APOS 이론에 따르면 구체적 조작기 학습자의 경우 내면화는 학습자의 상상 속에서 Action을 수행할 수 있는 능력으로 입증될 수 있다. 또한 위에서 설명된 분석으로부터 출현한 수준은 가상의 구체적 Object를 상상 속에서 조작하는 Action으로 정의되었다. 새로 정의된 수준의 범위를 이해하기 위해 상상 속에서 구체적 Object를 조작하는 빈도를 조사하는 것은 흥미로웠다.

인터뷰(Arnon, 1998)에서 학생들은 원래 구체물 조작 활동을 통해 학습한 과제를 완성하였다. 그렇지만 인터뷰는 구체물 없이 진행되었다. 이 연구 목적 중 하나는 학생들이 구체물 없이 이러한 문제를 해결하는 방법을 조사하는 것이었다.

어떤 학생은 그들이 사용한 구체물과 비슷한 그림을 그렸다. 이러한 그림을 그리는 능력은 학생들이 상상 속에서 그 Action을 수행했음을 나타낸다. 다른 학생들은 이러한 Action들을 상상 속에서 수행했다는 증거로 전문 용어와 제스처를 사용했다. 아르논은 학습자들이 가상의 구체적 대상에 대한 행동을 상상 속에서 수행한 예를 나타내는 6개 기준을 개발하였다.

9.4.1 기준 1: 자신의 응답이 가상의 구체적 대상에 대한 행동의 결과라고 학생이 명시적으로 언급함

다음은 그 예이다. EXP 학생인 Gil은 다음과 같이 말했다.

> … (중략) … 만약 $\frac{2}{5}$를 그리면 어… $\frac{1}{3}$? 왜냐하면, $\frac{4}{6}$, $\frac{1}{6}$과 $\frac{1}{6}$은 $\frac{2}{6}$이고, $\frac{2}{6}$는 $\frac{1}{3}$과 같아요. 그래서 그건 $\frac{2}{3}$와 같아요.(Arnon 1998, p. 128)

"$\frac{2}{5}$를 그리면"이라는 Gil의 말은 $\frac{2}{5}$의 표상을 그리는 상상을 했거나 상상할 수 있었음을 나타낸다. 그러나 인터뷰에서 그림을 그리지는 않았다.

EXP 학생인 Roni는 $\frac{4}{6}$가 $\frac{2}{5}$보다 크다고 말했다. 그의 설명에서 상상 속 그림을 사용했음을 알 수 있다.

I: 어떻게 아나요?

Roni: 어… 원을 그렸더니 (그림을 그리지 않음) 더 크게 나왔어요. 음. 비교해보니 그것이 더 컸어요.

I: 머릿속에서 원을 그렸나요?

Roni: 네.

(Arnon, 1998, p. 151)

다음 발췌문에서 EXP 학생인 Lina는 $\frac{2}{5}$가 $\frac{4}{6}$보다 크다고 생각하는 이유를 설명하고 있다.

Lina: $\frac{1}{5}$이 더 커요. $\frac{2}{5}$와 그… $\frac{1}{6}$.

I: 어떻게 알아내려고 하나요? 생각하는 것을 내가 볼 수 있게 해 줄래요?

Lina: …

I: 알아내기 위해 머릿속으로 무엇을 하려고 하나요?

Lina: 각 형태가 어떻게 생겼는지 보려고, 그것을 정렬하려고요.

Lina의 마지막 응답은 표상("각 형태가 어떻게 생겼는지")을 구성하였다는 증거와 상상 속에서 Action을 수행("그것을 정렬하려고")하였다는 증거를 제시한다.

다음 발췌문에서도 그녀가 상상했음이 나타난다.

I: 그것을 그려볼 건가요?

Lina: 아니요.

I: 아니라고? 그려보지 않아도 되나요? 그러면 머릿속에서 무엇을 그렸나요? 머릿속에서 정렬하기 위해 무엇을 하려고 하는지 설명해 줄 수 있나요?

Lina: 원이요.

I: 네….

Lina: 어떻게 그 원을…. 같이….

I: 그 원은… 그림은 어떻게 생겼나요?

Lina: 다섯 부분으로 나눠요.

I: 네, 그리고

Lina: 그리고 5분의 2를 가지고 와요.

I: 무슨 뜻이죠? 원을 하나 그리고 다섯 부분으로 나눕니다. 이제 뭘 하죠?

Lina: 어… 두 번째 원은 6개로 나눠요.

I: 아직 첫 번째 원이에요. 5분의 2를 나타내려면 첫 번째 원으로 뭘 하려고 해요?

Lina: …

I: 원을 다섯 부분으로 나누면 충분한가요?

Lina: 아니요.

I: 그렇지만?

Lina: …

I: 뭘 하려고 해요?

Lina: 색칠?

I: 색칠? 색칠하나요?

Lina: 어, 2, 어, 5분의 2.

I: 여섯 부분으로 나누고, 6분의 4를 색칠해요.

전체 대화에서 그림을 그리지 않았기 때문에 연구자는 이것을 기준 1에 해당한다고 판단했다 (Arnon, 1998, p. 151).

9.4.2 기준 2: 구체물 세트에 없었던 가상의 원 조각을 활성화

9.2절에서 논의되었던 Offir의 $\frac{1}{100}$과 $\frac{1}{13}$의 비교는 기준 2의 예이다. 이 아이디어는 Piaget & Inhelder(1966/1971)의 **진정한 예상 이미지**authentic anticipatory image 개념과 일치한다. 이는 주체가 미지의 대상을 미리 상상하고 그 대상에 적용된 행동을 예상할 때 나타나는 개념이다. 다음 발췌문에서 STN 학생인 Sharon은 진정한 예상 이미지를 제공하는 것으로 보인다.

I: 만약에 이렇게 두꺼운 종이로 만든 것을 가지고 있다면 어떻게 그 것을 가지고 ($\frac{1}{7}$이 $\frac{1}{11}$보다 크다는 답을) 확인할 수 있나요?

Sharon: 말하자면 1, 11, $\frac{1}{11}$, 어, 그것이 매우 작다는 것을 알고 있어요.

I: 수업 시간에 $\frac{1}{11}$ 조각이 있었나요?

Sharon: 어, 아니요. $\frac{1}{11}$은 없었어요.

I: 네, 그럼 $\frac{1}{11}$에 대해 어떻게 알고 있어요?

Sharon: …

I: 수업 시간에 $\frac{1}{11}$이 있었나요?

Sharon: 아니요.

I: 그럼 수업 시간에 없었는데 어떻게 $\frac{1}{11}$에 대해 아나요?

이 인터뷰 질문에 대한 Sharon의 응답은 분명한 예상 이미지에 대한 증거를 제시한다.

Sharon: 아, $\frac{1}{10}$이 있어요. $\frac{1}{10}$은 11에 가까워요. 그래서 10을 가지고 확인했어요. 또한 6을 가지고도 그것이 더 크다는 것을 확인했어요.

잠시 후 그녀는 추가 증거를 제시한다.

I: 어떻게 확인했나요?

Sharon: $\frac{1}{11}$을 놓고, $\frac{1}{7}$을 이렇게, 그 위에 이렇게 놓고 확인했어요. 만약 $\frac{1}{7}$에 남는 부분이 있다면, $\frac{1}{7}$이 더 크다는 것을 알 수 있어요.(Arnon, 1998, pp. 153~154)

9.4.3 기준 3: 그림 사용

학생들이 그린 그림은 실제 조작물을 비슷하게 그린 것으로 당연히 부정확하다. 분수를 비교하는 경우 부정확한 그림 자체는 별로 쓸모가 없었다. 왜냐하면 수업 중에 분수를 비교하는 방법 때문이다. 다시 말해, (Sharon의 발췌문 마지막 부분에 서술된 것처럼) 어느 원 조각이 더 큰지 비교하려고 한 개 원 조각을 다른 조각 위에 올려놓는 물리적 방법을 사용했기 때문이다. 아르논은 상상 속에서 행동을 수행한다는 증거로 간주되기 위한 그림의 조건을 설명했다. EXP 학생인 Rikki는 기준 3의 증거가 되는 유용한 그림을 그렸다. 다음 예에서 Rikki는 자신이 그린 그림을 사용하여 곱셈 문제를 해결하려고 한다. 문제 $\frac{1}{5} \times 3$를 풀면서 그녀는 $\frac{1}{5}$을 나타내는 [그림 9.9]를 그렸다.

❙그림 9.9❙ Rikki의 $\frac{1}{5}$ 그림

그런 다음 그녀는 자신의 정신 조작을 다음과 같이 말로 설명한다.

> 이제, 어… 마치 3을 곱한 것처럼, 그래서 3이 되는, 어… 2가 더 있는, 5분의 3이 되는 것처럼?
>
> (Arnon, 1998, pp. 155~156)

9.4.4 기준 4: 구체적 조작물을 나타내는 언어 사용과 관련된 구어적 지표

Arnon(1998)은 개인이 상상 속에서 구체적 대상을 조작함을 나타내는 지표라 여겨지는 표현에 대한 긴 목록을 제공한다.

구어적 지표들verbal indicators 중 특별한 경우는 '부분'과 '전체'라는 용어의 사용이다. 이 표현들이 반드시 구체적인 의미를 나타내는 것은 아니다. 인터뷰의 어딘가에서 구체적 실체를 상징하기 위해 '부분'과 '전체'라는 용어를 사용한 증거가 있을 때만 이 용어들의 사용이 상상 속에서 Action을 수행한 지표로 간주되었다.

STN 학생인 Effi는 자신의 단위 분수 비교를 설명할 때 구체적 의미를 가리키지 않고 **부분**parts과 **전체**the whole라는 용어를 사용하였다. 그러나 인터뷰에서 나중에 두 비(非)단위분수를 비교할 때 다음과 같이 말했다.

Effi: 우리는 4개는 6개 부분 중에 색칠해야 하고, 5개 중에 두 부분을 색칠해야 한다고 배웠어요.(Arnon, 1998, pp. 156~157)

인터뷰의 다른 부분에서 나왔지만 "두 부분을 색칠한다"라는 표현의 사용은 이 학생에게 '부분'이 구체적 대상임을 확신할 수 있게 한다.

9.4.5 기준 5: 제스처 지표

다음은 제스처 지표gestural indicators의 몇 가지 예이다. 다음 발췌문에서 Yulia는 반보다 더 크고 작은 분수를 나타내기 위해 손 제스처를 사용한다.

I: $\frac{4}{10}$나 $\frac{3}{4}$ 중에 어느 것이 더 큰가요?

Yulia: 4분의 3.

I: 왜요?

Yulia: …

I: 어떻게 아나요?

Yulia: 왜냐하면 (180도보다 작은 호를 몸짓으로 그리며) 10분의 4는 이 정도이고 (180도보다 큰 호를 몸짓으로 그리며) 이것은 이 정도이기 때문입니다.(Arnon, 1998, p. 155)

EXP 학생인 Maya는 7분의 1의 구성에서 다음과 같이 제스처를 사용한다.

Maya: (손가락으로 공중에 원을 하나 그리며) 1은 전체를 뜻해요.

…

Maya: (공중에 손가락으로 상상 속 원의 반지름을 '그리며') 1을 일곱 부분으로 나눠요.

기준 1~5는 상상 속 Action을 식별하기 위해 피아제와 인헬더 Inhelder가 분류한 3개 기준(구어적 표현, 그림, 제스처)에 해당한다(Piaget & Inhelder, 1966/1971). 이 연구에서는 아래의 기준 6을 추가하였다.

9.4.6 기준 6: 프롬프팅

인터뷰에서 면접관은 학생이 수업에서 사용한 구체적 대상을 언급하도록 자주 독려하였다. 아르논은 이러한 유형의 개입을 **프롬프팅** prompting이라고 하였다. 상상 속 Object에 상상의 Action을 했다는 증거는 그 증거와 프롬프트의 여러 발생 순서 관계를 고려하여 증거로 간주되었다(Arnon, 1998). APOS 기반 연구에서 프롬프트의 역할에 대한 자세한 내용은 6장에 제시되어 있다.

총 44명 또는 인터뷰한 학생(EXP와 STN 모두)의 70%가 형식적으로 표현된 문제를 해결할 때 상상 속에서 구체적 Object를 조작한다는 증거를 제공하였다. 이는 그 학생들이 이러한 Action들을 내면화했다는 지표이다.또한 실험했던 네 가지 개념 모두에 대한 올바른 Action을 내면화한 학생 모두는 이러한 증거를 제공하였다(Arnon, 1998).

이러한 결과들은 구체적 Object에 대한 Action에서 Process로의 발달에서 상상의 역할을 뒷받침한다. 이 Process가 집약화될 때 그 결과로 구성된 Object는 추상적 Object이다. 또한 상상 속에서 구체적 Object를 조작하는 학생들의 높은 비율은 위에서 정의된 수준들이 어느 정도 일반성을 가질 수 있다는 희망을 준다.

성인의 비슷한 행동에 대한 논문에서 증거를 찾을 수 있다. 예를 들어, Hatano et al. (1977)는 주판 전문가의 수행을 연구하였는데, 주판 없이 문제를 해결할 때 중급 사용자들은 모방 손가락 움직임을 사용하는 반면 고급 사용자들은 이전에는 손가락 움직임을 사용하였으나 더 이상 그럴 필요가 없다고 증언하였다. 이와 유사하게 아르논의 연구에서도 "전문가"들이 비슷한 행동을 보였다. 실험의 네 가지 개념 모두에 대해 올바른 Action을 내면화한 학생 모두는 상상 속에서 구체적 Action을 수행한다는 증거를 제공하였다.

9.5 초등학교 5학년의 분수 동치류

이 절에서는 초등학교 수준에서 고등 수학의 형식적 개념을 가르치는 데 APOS 이론을 사용하는 것을 조사하기 위해 설계된 실험에 대해 논의한다. 여기서는 5학년에서 동치류[4]로서 분수 개념에 대한 경우이다(Arnon et al., 1999, 2001). 이 개념을 가르치기 위해 구체적 (그래프) 표상을 제공하는 소프트웨어 프로그램을 특별히 개발하였다. 이 표상은 데카르트 좌표계에서 점과 직선으로 구성되어 있다. 이는 9.5.2절에서 자세히 설명한다.

이 연구는 다음과 같은 이유에서 APOS 기반 연구이다. 다시 말해, 수학 개념의 학습을 구체적 Objects(그림)에 대한 Action으로 시작했다. 수업은 소그룹 활동, 교실 토론, 그리고 추가적 연습으로 구성되었다. 수업 후 (30명 중) 20명의 학생이 개별 인터뷰에 참여하였다. 인터뷰 자료를 APOS 이론을 사용하여 분석하였다. 학생들은 먼저 분수, 류, 그리고 이항 연산의 표상을 단계적 방식으로 구성하는 방법을 배웠고, 이러한 표상을 구성하는 Action을 내면화한 후에야 활동에서 이미 만들어진 표상을 사용하도록 소프트웨어를 설계했고 수업을 구성하였다(분수 연구에서 EXP 수업과 유사). 그리고 수업에서 이항 연산에 대한 알고리즘은 가르치지 않았다. 이 연산들은 Process에서 Object로의 집약화를 촉진하는 데 사용되었다. 동치류 Process의 증거에 대한 조사에서 Arnon et al.(1999, 2001)는 학생들이 '비교'와 같은 산술 문제를 해결할 때 상상 속의 직선과 점을 사용하는 상황을 발견하였다. 이는 9.2~9.4절에 설명된 분수 연구 결과와 비슷했다.

9.5.1 문헌에서 분수의 동치류

여러 연구가 동치류 학습에서 중등 학생, 예비 교사, 대학생들이 겪는 어려움을 다루었다(예 Asghary & Tall, 2005; Chin & Tall, 2001; Hamdan, 2006; Mills, 2004). Moreira & David(2008)는 동치류로서 분수에 관한 연구가 학교 교육과정에 포함되어 있지 않지만, 예비 교사들의 실수[real numbers] 이해에 중요하다고 주장한다. 비록 Chin & Tall(2001)은 동치류의 표상으로 이산 격자 위의 점과 직선을 사용하는 것에 대해 보고했지만, 중학교 이후 학생들에게도 너무 복잡하다고 판단하여 그 표상을 수업에 사용하지 않았다. Arnon et al.(1999, 2001)는 이 표상을 사용하여 분수의 동치류에 대해 학습한 5학년을 대상으로 한 교수 실험에 대해 보고하였다.

4 동치류와 가환환의 상체인 $Q(R)$로서 분수의 정의는 이 장의 마지막에 있는 부록을 참조 바람.

9.5.2 교수 실험

소프트웨어는 분수 관련 개념의 시각적 표상에 대한 활동을 할 수 있는 구체적 환경을 제공하도록 설계되었다. 이 환경은 데카르트 좌표계로 구성되었다. 이 시스템에서 한 분수 $\frac{a}{b}$는 분모 b를 수평 좌표, 분자 a를 수직 좌표로 하는 하나의 이산점으로 표상된다. (분모가 0이기 때문에)원점과 수직축 전체는 사용할 수 없다.

[그림 9.10]은 예시 화면이다. 왼쪽에는 형식적인 수식이 있다(여기서 초록색으로 표시된 하나의 분수 $\frac{2}{3}$와 노란색으로 표시된 $\frac{1}{5}$의 동치류와 보라색으로 표시된 $\frac{1}{3}$의 동치류). 그리고 오른쪽에는 각 수치 대상에 대한 그래프 표상이 같은 색으로 표시되어 있다.[5] 하나의 분수는 격자 위의 한 이산점으로 표시되고 그 분수의 동치류는 원점과 그 점을 지나는 직선으로 표현된다. 이 직선은 동치류의 점만 모두 지난다. 수업 초반에는 학생들은 화면의 수치 부분을 사용할 수 없다. 학생들은 그래프를 그리는 그래프창(화면 오른쪽)에서 작업한다. 여기서 학생들은 분수를 나타내는 점과 동치류를 나타내는 직선을 구성할 수 있고, 그에 따라 화면의 왼쪽에 자동으로 나타나는 대응되는 산술 표현을 볼 수 있다. 학생들은 그래프창에서 분수를 비교하고 산술 연산을 수행할 수 있다. 이 소프트웨어와 활동은 학생들이 산술 및 비교 연산이 선택된 동치류 표상과 독립임을 알 수 있도록 설계되었다. 이 교수 실험에서도 원 조각을 사용한 분수 연구(Arnon, 1998)의 수업과 비슷하게 산술 연산 알고리즘을 가르치지 않았다. 오히려 비교, 덧셈, 뺄셈과 관련된 컴퓨터 활동은 동치류 형성 Process의 집약화를 촉진하기 위한 것이었다.

비록 이 소프트웨어는 음의 분모나 분자를 가진 분수를 표현할 수 있으나 이 연구에 참

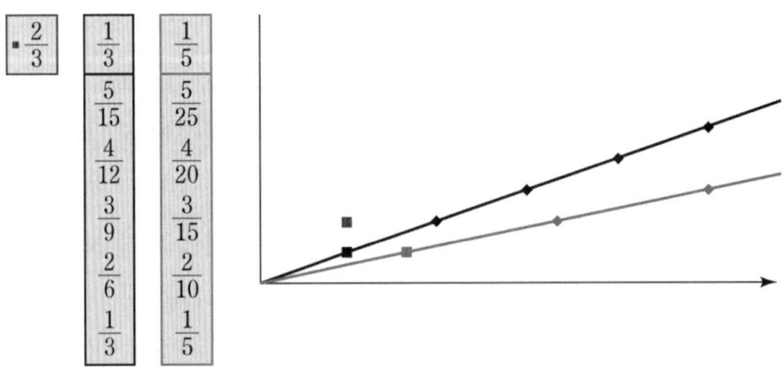

| 그림 9.10 | 구체적 환경(Arnon et al., 1999, p. 35)

5 색깔은 전자책 버전에 나타나 있다.

여한 초등학교 5학년 학생들은 양의 분모와 음이 아닌 분자를 가진 분수만 다루었다.[6]

5학년(11~12세) 30명이 실험에 참여하였다. 수업이 끝난 후 이 학생 중 20명이 개별 인터뷰에 참여하였고 인터뷰는 오디오로 기록되었다. 인터뷰 문제는 형식적 언어나 그림으로 제시되었다. 학생들은 컴퓨터를 사용하지 않고 문제를 해결한 다음 소프트웨어로 그 결과를 확인할 수 있게 했다. 이 연구는 인터뷰에서 학생들의 응답과 행위를 자세히 서술하고 APOS 이론에 따라 그것들을 분석한다.

데이터는 인터뷰 참여자의 대부분이 동치류에 대해 Action 또는 Process를 구성했거나 Process에서 Object로 전이되는 중임을 보여준다. 수업에서 학생들은 수치 알고리즘 대신 동치류와 소프트웨어 도구를 사용하여 전통적 분수 문제(덧셈, 뺄셈, 비교)를 해결하였다. 이는 [그림 9.11]과 [그림 9.12]에 제시된 학생 활동의 예에 나타나 있다.

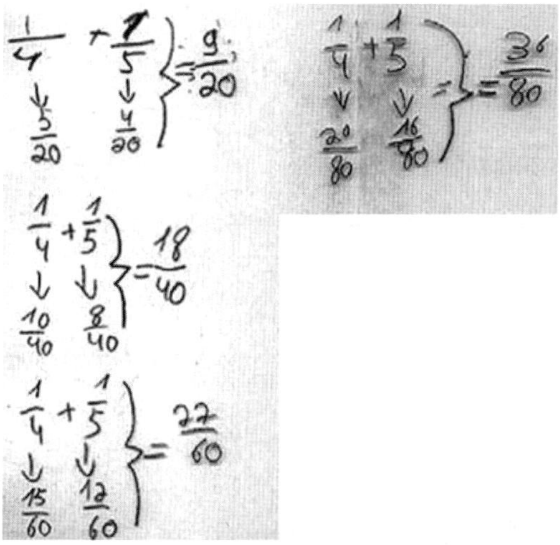

❙ 그림 9.11 ❙ 낮은 성취 학생인 Dora는 관련 동치류의 다른 숫자를 가지고 덧셈 문제를 해결하였다.

6 위에 설명된 분수의 표상은 Kalman(1985), Kaput & Hollowell(1985), Kieren (1976), Lemerise & Côté(1991) 연구에서도 다루었다.

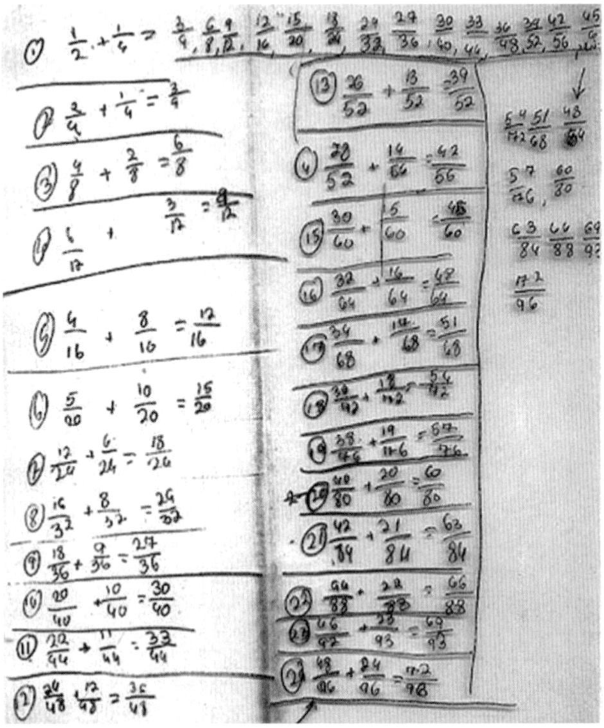

▌그림 9.12▐ 높은 성취 학생인 Limor는 관련 동치류의 다른 숫자를 가지고 덧셈 문제를 해결하였다.

이 실험은 초등학교에서 **분수의 동치류**equivalence classes of fractions 개념과 다른 고등 수학 개념을 가르칠 수 있다는 가능성을 입증하였다. 이 개념에 한정해서 볼 때, 이 개념에 대한 예비 발생적 분해를 완성하기 위해서는 더 많은 연구가 필요하다. 이 예비 발생적 분해는 Asiala et al.(1996) 연구에서 설명한 APOS 프레임워크에 따라 적절한 발생적 분해를 생성하는 연구의 시작점 역할을 할 것이다.

9.6 초등학교에서 APOS 이론 사용에 대해 알려진 것

이 절에서는 이 장에 보고된 연구에서 초등학교에서의 APOS 이론 사용에 관하여 배운 것을 요약한다. 이미 만들어진 구체적 표상에 대한 Action으로 학습을 시작한 학생보다 분수의 부분 · 전체 해석에 대응하는 분수 표상을 만드는 Action으로 분수 학습을 시작한 학생이 분수 Process를 더 잘 구성하였다. 예를 들어, 9.2절에 논의된 분수 연구에서 STN 학생의 27%만 연구된 네 가지 개념 모두에 대해 적절한 Action을 내면화시켰다. 반면

EXP 학생은 43%였다. Arnon(1998)의 연구에서 수학 개념에 대한 구체적 표상을 생성하는 Action이 이미 만들어진 표상보다 더 효과적임을 보여주었다.

분수의 경우, Action에서 Process로의 전이에서 여러 수준[7]이 존재할 수 있다. 예를 들어, 연구 데이터에 따르면 비(非)단위분수 개념에 대한 Action과 Process 사이 **완전히 옳지 않은 행동의 내면화와 부분적으로 옳지 않은 행동의 내면화**라는 두 전이 수준이 존재함을 보여주었다. 수준은 일반적으로 각 개념에 따라 다르다.

구체적 Object에 수행된 행동의 내면화에 대한 기준이 확립되었다. Action에서 Process로 또는 Process 단계 내에서 이동할 때 학습자는 형식적으로 표현된 문제를 해결할 때 자신의 상상 속에서 그 Action을 수행한다. 연구 데이터에 따르면 Arnon(1998)의 연구에서 인터뷰에 참여한 학생(EXP와 STN 모두)의 70%가 그러한 증거를 제공하였음을 보여주었다.

9.3절에서 제스쳐, 언어 사용 또는 그림 사용 등 상상 속에서 Action이 발생한 시기를 결정하기 위한 기준을 제시하였고 초등 분수 개념과 동치류로서 분수에 대한 두 연구 모두에서 확인되었다(Arnon, 1998; Arnon et al., 1999, 2001). 이러한 기준들은 향후 연구에서 유용할 것으로 기대한다. 분수의 동치류 같은 고등 수학 개념은 적절한 구체적 Object와 Action을 통해 초등학교 수준에 적용될 수 있다. 학생들을 위해 수학 주제에 대한 의미 있는 개념을 발달시킬 수 있는 수업을 구성하는 데 APOS 이론이 사용되었다.

부록

분수 동치류의 정의

R을 영인자가 없는 가환환이라 하자.

(a) $R \times (R \setminus \{0\})$에서 관계 relation)는 $(a, b) \sim (c, d) \Leftrightarrow ad = bc$로 정의된다.

이 관계는 동치 관계를 말한다. (a, b)의 동치류 equivalence class는 $\frac{a}{b}$로 정의된다.

(b) 연산 $\frac{a}{b} + \frac{c}{d} := \frac{ad+bc}{bd}$와 $\frac{a}{b} \cdot \frac{c}{d} := \frac{ac}{bd}$로 정의되는 동치류의 집합 $Q(R) := \left\{ \frac{a}{b} \mid a \in R, b \in R \setminus \{0\} \right\}$은 체이다. 이 체를 R에서의 **상체** 또는 **몫체** quotient field라 한다(Spindler, V, II, p. 40).

7 수준과 단계의 차이에 대한 것은 8장 참조 바람.

CHAPTER

10

자주 묻는 질문

10장은 출판물이나 저자와의 개인적 의견 교환에서 여러 연구자들이 물었던 APOS 이론에 관한 질문에 대한 답변으로 구성되어 있다. 이 장은 인터뷰 형식으로 구성되어 있다. 질문이나 진술이 있고 그 뒤에 저자들의 답변이 있다. 질문에 대한 답변에는 그 답변에 적절한 이 책의 장들에 대한 참조가 포함되어 있다.

10.1 구조, 메커니즘, 그리고 피아제 연구와 APOS 이론 사이의 관계에 관한 질문

Q: Process는 그에 대응되는 Action의 일반화인가?

A: Process는 일반화가 아니라 더 높은 단계로, 즉 외부적, 물리적 변환(Action)의 단계에서 정신적 변환(Process)의 단계로 Object의 변환을 재구성한 것이다. 이런 의미에서 변환의 재구성은 내면화 메커니즘을 통해 외부 Action을 내면화하는 학습자의 능력을 말한다. 이렇게 해서 학습자는 변환을 완전히 제어하게 된다.

Q: 정신 구조와 정신 메커니즘의 차이는 무엇인가?

A: 정신 구조는 개인이 수학적 상황을 이해하는 데 사용하는 (발달은 가능하나) 상대적으로 안정적 변환이다. 정신 메커니즘은 개인의 마음속 정신 구조를 구성하는 수단이다.

APOS 이론에서 정신 구조는 Action, Process, Object, 그리고 Schema이다. 이들 정신 구조는 내면화, 협응, 집약화, 주제화 같은 정신 메커니즘을 통해 구성된다. 구체적으로 Action은 정신 Process로 내면화된다. 두 정신 Process는 협응하여 새로운 하나의 Process를 구성할 수 있다. Process는 집약화되어 정신 Object를 구성하며, Schema는 정신 Object로 주제화된다. 정신 구조와 이를 구성하는 메커니즘에 대해 더 자세한 것은 3장을 참조한다.

Q: 수학 개념이 정신에서 발달하려면 학습자는 APOS의 모든 단계를 거쳐야 하는가? 만약 그렇다면 반드시 각 단계를 선형적으로 구성해야 한다(또는 거쳐야 한다)는 것을 의미하지는 않는가?

A: Process는 (내면화를 통한) Action의 재구성과 관련되고 Object는 한 Process에 Action이나 Process를 적용할 필요에 의하여 (집약화를 통해) 발생하기 때문에 수학 개념이 완전히 발달하려면 각 단계를 구성해야 할 필요가 있다.

이는 정신 구조가 항상 선형적으로 발달함을 시사하는 것으로 보인다. 하지만, 항상 그런 것은 아닐 수 있다. 특히 학습자에게 낯선 상황에 개념을 적용하라고 했을 때는 그러하다. 학습자는 먼저 그 새로운 상황을 동화시키려고 하는데, 즉, 기존 구조를 사용하여 그 상황을 이해하려고 하는데, 이것이 불가능할 수도 있다. 이런 경우, 기존 구조를 재구성해야 한다. 즉, 학습자는 새로운 학습 상황을 동화시키기 위해 기존 구조를 조절해야 한다. 재구성에는 일반적으로 Action–Process–Object 순서를 통한 비선형 진보가 포함된다. 예를 들어, 학습자는 이항 연산에 대한 정신 Object를 이미 구성했을 수도 있다. 새로운 상황을 제시했을 때 학습자에게 낯선 집합에 정의된 함수를 제시하면 그 학습자는 이항 연산 Object를 탈집약화시켜 원래 Process로 되돌리고 새로운 맥락을 동화시키기 위해 Process를 재구성해야 한다.

Q: 학습자가 "잘못된" Process를 집약화할 수 있는가?

A: 일반적으로 모든 정신 Process는 집약화될 수 있다. 예를 들어, 순환소수에 대한 정신 구성에서 무한 Process로서 순환소수를 구성한 학습자는 유한 Process를 집약화한다. 순환소수 Process를 아직 Totality로 구성하지 못했을 때 이러한 일이 발생한다. 순환소수에 Action을 적용하려는 노력에서 학습자는 유한 Process를 집약화한다. 순환소수 $0.\dot{9}$에 대해 무한소수를 Totality로 보지 못하는 학습자는 $0.\dot{9}$을 1과 같지는 않지만 1에 무한히 가까워지는 소수로 보려고 한다(순환소수에 대한 구성에 대한 더 자세한 내용은 5장과 8장 참조.)

Q: Actions 또는 Processes를 정신 Object에 적용할 수 있다고 종종 말한다. Object에 적용된 Process의 예를 제시할 수 있는가? 이는 Object에 적용된 Action과 어떻게 다른가?

A: Process는 내면화되어 학습자의 통제 아래에 있는 Action이므로 Process 단계는 명시적으로 수행될 필요가 없다. 따라서 학습자가 Object에 적용하는 모든 내면화된 Action은 반드시 Object에 적용된 Process이다. 예를 들어, Object로 구성된 두 명제 A와 B가 주어졌을 때 개인은 두 명제에 함의를 적용할 수 있다. 즉, A가 참이면 B가 참이다. 이러한 사고는 A나 B 중 어느 것이 참인지 아니면 둘 다 참인지를 알 필요는 없으므로 어떤 알고리즘에 따라 명시적으로 수행되지 않는다. 정의에 의하면 이는 Process이다.

다른 예로는 잉여류에 대한 연산이 있을 수 있다. 학습자에게 잉여류 집합을 제시하고 잉여류에 대한 연산을 정의하는 일반적인 방법을 묻었을 때 명시적 식을 사용하지 않고 주어진 연산을 수행한다면 그 연산은 Process로 간주된다.

Q: APOS 이론을 비함수적 맥락에 적용하기는 가끔 어렵다. Process와 함수를 어떻게 구별할 수 있는가?

A: 어떤 의미에서 Action과 Process는 모두 Objects에 대한 변환이기 때문에 APOS 이론이 적용될 수 있는 거의 모든 것은 함수라 할 수 있다. 그러나 각 개념은 명시적으로 고려해야 하는 고유한 특징이 있다. 그래서 모든 것을 함수로만 생각하는 것은 유용하지 않을 수 있다. 또한 수학자들이 (편의상) 항상 Process와 함수를 구별하지는 않지만, 차이점을 인식하고(즉, Process는 함수의 한 부분일 뿐이다) 적절한 경우 이를 유지할 필요가 있다. 함수 개념과 명백한 관련성이 없는 다양한 개념들에도 APOS 이론이 성공적으로 적용되었다는 점에 주목하는 것도 중요하다(4, 5, 7~9장 및 Weller et al., 2003 참조).

Q: APOS 이론과 피아제의 관계에 대해 어디서 더 자세히 알 수 있는가?

A: APOS는 고등 수학적 사고에 적용된 피아제의 반영적 추상화를 확장한 것이다. 만약 수학이 정신 대상과 그 대상의 변환에 관한 연구라는 생각을 받아들이면, 개인이 이러한 대상을 구성하고 변환하는 방법, 그들을 구성하는 메커니즘, 학생들의 그러한 구성을 돕는 수업의 역할을 설명하는 용어와 연구 방법론을 APOS는 제공한다. 피아제의 반영적 추상화와 APOS 이론의 관계는 2장에 자세히 논의되었다.

Q: APOS 이론은 물리적 대상에 적용되는 Action도 고려하는가?

A: 이는 9장에서 논의되었다.

10.2 발생적 분해와 관련된 질문

Q: 서로 다른 발생적 분해가 동일 개념에 대한 서로 다른 이해를 가져오는가?

A: 발생적 분해는 개인이 수학 개념을 이해하기 위해 구성해야 하는 정신 구조에 대한

설명이다. 4장에서 논의한 것처럼 한 개념에 대한 발생적 분해는 유일하지 않을 수 있다. 즉, 개인이 이해를 구성하는 여러 경로가 존재할 수 있다는 뜻이다. 여기서 문제는 특정 경로를 경험적으로 검증할 수 있는가이다. 만약 학생의 데이터가 특정 발생적 분해와 일치하는 정신 구조의 증거를 보인다면 그 설명은 검증된다. 4장에서 지적했듯이 APOS 기반 연구는 예비 발생적 분해의 경우를 제외하고는 한 개념에 대한 서로 다른 발생적 분해의 많은 예를 찾지 못했다.

Q: 어떤 수학 대상에 대해 발생적 분해를 언급하는 것은 관심 있는 수학적 대상은 분해할 수 있지만, 그렇다고 해서 많은 수학적 대상을 분해하는 것을 불가능함을 의미한다. 인지적 Process를 단계로 분해하는 것이 어떻게 가능한가?

A: APOS 이론에서, 분해되는 것은 Processes가 아니라 인지 개념들이다. 발생적 분해는 수학 개념을 학습하기 위해 개인이 구성해야 하는 정신 구조를 설명하는 모델이다. 이는 발생적 분해가 Object나 Process를 분해하는 것이 아님을 의미한다. 오히려 이론에 따르면 인지적 Object의 구성은 알고 있는 물리적 또는 정신적 Object에 대한 Action에서 시작된다. 개인이 이들 Action을 반성할 때 Action이 정신 Process로 변환됨에 따라 새로운 구성이 발달한다. Process에 대한 반성과 Process에 Action을 수행할 필요성이 Process에서 인지적 Object로의 집약화를 초래한다. 따라서, Actions, Processes, 그리고 Objects는 수학적 대상을 분해한 일부가 아니다.

Schema의 경우, 여러 Action, Process, Object, 그리고 Schema 사이에 관계의 구성이 새로운 Schema의 구성을 가능하게 한다. 즉, 어떤 Schema는 그 구성 요소 사이의 관계 관점에서 발달한다. Schema가 이러한 구성 요소로 구성되어 있고, Schema를 그 구성 요소로 분해할 수 있다고 생각할 수 있는 것은 사실이지만, 그 구성 요소 사이의 관계는 그 구성 요소 자체만큼이나 중요하다.

10.3 수업과 성과에 대한 질문

Q: APOS 이론은 어디에나 적용 가능한가? 모든 주제와 개념에 대해 적용 가능한가?

A: APOS 기반 수업은 대학 학부 교육과정에 있는 다양한 개념을 위해 설계 및 시행되

었다. APOS 이론은 수학적 귀납법, 정량화, 미분적분학, 함수, 선형대수, 추상 대수, 무한, 순환소수에 대한 영역에서 수업 설계 및 학생의 사고에 관한 연구에 사용되었다. 또한 K-12 수준의 분수와 대수적 사고에도 적용되었다. 지금까지 APOS 이론은 적용된 모든 개념에 대해 효과적이라는 사실이 입증되었다(Weller et al., 2003).

수학은 정신적 Object를 다루며 정신적 대상들에 관한 연구는 이 대상들의 변환과 관련되므로 APOS 이론은 모든 수학 개념의 인지 및 수업 연구에 적용될 수 있다고 생각한다. APOS가 수학 이외의 개념에도 적용될 수 있는가는 열린 질문이다. 현시점에서 APOS가 컴퓨터 과학의 개념에 대한 인지 및 수업에 관한 질문에 적용될 수 있는지를 알아보고 있다.

Q: 주어진 개념에 관한 과제 수행에서 Action을 넘어서지 못하는 것은 무조건 어려움을 시사하는 반면 Object가 구성된 것은 과제 수행에서 성공을 의미하는가?

A: Action, Process, Object는 정신 구조이지 수학적 수행의 수준을 나타내지는 않는다. 그렇지만 이러한 아이디어들을 융합하는 것은 가능하다. Action으로 제한된 학습자는 Process나 Object를 요구하는 과제에서 어려움을 겪을 것이다. 예를 들어, 함수 Action 단계에 머무르는 학습자는 분명한 공식으로 주어지지 않은 두 함수의 합성에서 어려움을 겪을 것이다. 마찬가지로 함수 Process 단계에 제한된 학습자는 함수 집합의 상한을 결정하는 데 어려움을 겪을 것이다. 그래서 Action을 넘어서지 못했다는 것은 학습자가 Action 이상을 요구하지 않는 과제에 국한된다는 것을 의미한다. 반면 Process를 구성한 학습자는 더 다양한 과제를 수행할 수 있다.

Q: 전통적이고 개혁 지향적 수업방식은 APOS 기반 수업 방식과 어떻게 다른가?

A: 전통적 수업방식은 보통 주요 수업 전략으로 강의에 중점을 두고 정보의 전달을 강조한다. 교사의 역할은 개념과 관련된 아이디어들을 조직한 다음 이러한 아이디어들을 가능한 한 명확하게 제시하는 것이다.

개혁 지향적 수업방식은 강의식이 아닌 수업 전략에 중점을 두고 참여를 통한 학습을 강조한다. 교사의 역할은 경험을 통해 개념을 학습할 수 있도록 학생을 돕는 개별 및 협력 활동을 설계하는 것이다.

APOS 기반 수업방식은 어떤 개념 학습에 필요한 정신 구조 구성을 강조한다. 교사의 역할은 개념 학습에 필요한 정신 구조를 확인하고 제안된 정신 구조를 학생들이 구성하도록 돕는 활동을 설계하는 것이다.

전통적 수업과 개혁 지향적 수업의 구성 요소는 APOS 기반 수업 활동을 설계하는 데 사용될 수 있다. 이러한 활동 설계에는 일반적으로 ACE 교수 사이클이 사용된다. 이는 5장에서 자세히 다루었다.

Q: 여러 APOS 논문에서는 "협력 학습을 사용하고 컴퓨터에서 수학 개념을 구현했다"고 말한다. APOS 기반 수업이 반드시 협력 학습 및 프로그래밍 활동과 연계될 필요는 없으므로 APOS 이론의 수업 적용을 위해 다른 교수법을 사용해도 되는가?

A: 예를 들어, 초등학생을 대상으로는 다른 교수법이 시도되었으나(9장 참조) 대학생 수준의 학생에게는 Process와 Object를 나타내는 프로그램을 작성하고 실행하는 것과 더불어 협동학습이 사용되었을 때 가장 좋은 결과를 얻었다.

10.4 수학교육에서 논의된 주제와 관련된 질문: 표상, 인식론, 메타인지, 은유, 맥락

Q: 메타인지와 반성에서 APOS 이론의 역할은 무엇인가?

A: APOS 이론은 피아제의 반영적 추상화 개념에 기반한 이론이다(Dubinsky, 1991). 피아제는 반영적 추상화에 두 가지 측면이 있다고 하였다. 하나는 사고의 더 높은 차원에서 개념에 대한 반성(및 가능한 재구성)이다. 다른 하나는 개념에 대한 개인의 사고에 대한 반성이다. 반성과 메타인지의 관계는 두 번째 측면에 포함된다.

Q: APOS 이론은 수학 개념의 표상을 고려하는가? 만약 그렇다면 APOS 이론은 어떻게 표상을 다루고 있는가?

A: 표상에 관한 수학교육 문헌의 대부분은 한 표상에서 다른 표상으로의 전환과 관련된 문제에 관한 것이다. APOS 이론은 표상과 표상들 사이 전환을 다소 독특한 방식으로 본다(다음 페이지에 첨부된 함수 개념에 대한 그림에 설명된 것처럼). [그림 10.1]에는 위에서 아래로 향하는 여러 개의 화살표가 있다. 가장 위에 있는 것은 발

생적 분해를 나타낸다. 위에서 아래를 향하는 화살표는 다른 표상을 가리킨다. 핵심 아이디어는 학생이 발생적 분해를 통해 그 개념을 구성한다는 것이다. 어떤 개념의 특정 표상을 요구하는 문제 상황을 다루면서 학습자는 그 표상의 관점에서 그 개념을 생각한다. 위에서 그 개념의 한 표상으로의 화살표는 이를 설명한다. 학생이 표상을 바꿔야 한다면, 즉 표상 A에서 표상 B로 변환해야 한다면, 학생은 표상 A에서 위로 이동한 다음 위에서 표상 B로 이동해야 한다. 아래에 설명된 함수 Process를 예로 들어 설명하면, 학생은 주어진 표상을 사용하여 표상된 함수 Process를 파악한다. 그런 다음 Process를 사용하여 원하는 새로운 표상에 대응된 직선을 따라서 아래로 이동(아마도 무의식적으로)하여 새로운 표상의 관점에서 그 Process를 나타낸다. 이러한 아이디어에 기반한 고등학교 수업에서 상당히 좋은 결과를 얻었다(Dubinsky & Wilson, 2013).

APOS 이론에 따르면 학생들이 한 표상에서 다른 표상으로 변환에서 많은 어려움을 겪는 이유는 (발생적 분해에 제시된) 개념의 인지적 의미를 거치지 않고 한 표상에서 다른 표상으로 바로 이동하기 때문이다. APOS 이론에서 제시된 관점이 유용한가를 판단하기 위한 더 많은 연구가 필요하다.

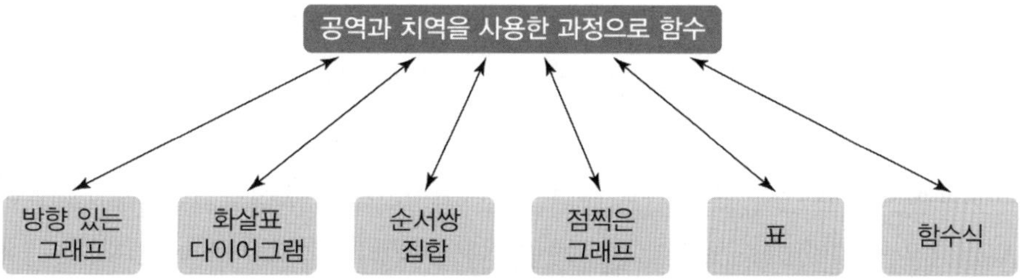

| 그림 10.1 | 함수 표상 사이의 변환

Q: APOS 이론은 수학 개념의 인식론을 고려하는가?

A: 대답은 '예'이다. 사실 발생적 분해는 피아제의 발생적 인식론과 일맥상통하는 인식론적 분석이다. 그 안에서 수학 개념의 본질은 정신 구조와 이를 구성하는 메커니즘을 통해 나타난다.

Q: APOS 이론에서 수학 개념에 대한 이해를 구성한다는 것은 무엇을 의미하는가?

A: APOS 이론은 수학 개념을 수학이라는 건물을 짓는 벽돌이라고 생각한다. APOS 이론의 관점에서 수학 개념에 대한 이해를 구성한다는 것은 학생들이 그 개념과 관련된 익숙하거나 익숙하지 않은 문제 상황을 다룰 수 있음을 의미한다. 개인이 다룰 수 있는 문제 상황의 유형에 따라 APOS 이론을 사용한 분석은 정신 구조와 그들 사이 관계의 관점에서 이해를 설명한다. 그러나 특정 정신 구조가 구성되었다는 것만으로 그 학생이 그 구조가 필요한 문제 해결 상황을 성공적으로 다룰 수 있음을 의미하지는 않는다. 오히려 특정 구조가 구성되었다는 것은 그 학생이 그 구조의 구성이 필요한 문제 상황을 다룰 수 있는 능력이 있음을 시사한다. 한 개념을 깊이 이해한 것으로 보이는 개인은 그 개념을 사용하여 익숙하지 않은, 심지어 새로운 문제 상황을 다룰 수 있다. 이 문제와 관련된 논의는 5, 6, 8, 9장에 제시되어 있다.

Q: APOS 연구는 주체와 수학 개념의 맥락적 상호작용에는 특별한 주의를 기울이지 않는 것으로 보인다. 그 이유는 무엇인가?

A: APOS 이론은 수학 지식의 발달에 필요한 정신 구조의 구성을 다룬다. APOS 이론은 개인이 어떤 개념과 관련된 수학적 맥락을 다루기 전에 특정 정신 구조를 구성해야 한다고 암묵적으로 가정한다. 수학 개념 학습에서 맥락의 중요성은 더 깊이 탐구할 가치가 있지만 맥락 속에서 수학을 공부하는 것이 학습을 향상시킨다는 증거가 거의 없고 심지어 역효과를 낳을 수 있다는 일부 징후도 있는 것 같다.

Q: APOS 이론은 은유 또는 기본 개념(단순 아이디어)의 구성도 고려하는가?

A: 새로운 인지적 Object의 구성이 더 단순한 아이디어에 기반한 이미 구성된 Object로부터 시작한다는 의미에서 APOS 이론이 단순 아이디어 또는 기본 개념도 고려하고 있다고 볼 수 있다. APOS 이론에서 은유는 고려되지 않는다. APOS 이론은 새로운 지식의 구성을 설명하는 수단으로서 일종의 또 다른 은유라고 할 수 있다.

10.5 직관에 관한 질문

Q: APOS 이론에서 직관은 어떤 역할을 하는가?

A: 피아제에 따르면 직관은 모든 사고와 마찬가지로 구성된다(Beth & Piaget, 1965/1974). 일반적으로 말해, 직관의 유용성은 이론적 분석에서 요구하는 구체적 정신 구조를 구성하는 학생의 능력에 직관이 미치는 영향에 따라 다르다. APOS 이론에서 어떤 개념에 대한 수업은 그 개념의 학습을 위해 학생이 구성해야 하는 정신 구조를 설명하는 발생적 분해를 기반으로 한다. APOS 이론에 따르면, 학생은 필요한 정신 구조를 구성한 모든 개념을 이해할 수 있다. 이러한 맥락에서 제안된 정신 구조의 구성을 지지하거나 방해하는 두 유형의 직관이 있다.

예를 들어, 무한집합의 크기(농도)를 비교할 때 학생들은 흔히 유한집합을 비교하면서 발달된 부분 · 전체 개념을 무한집합으로 확장하려고 시도한다. 유한집합을 다룰 때 학생들은 A가 B의 진부분집합이면 B의 크기가 A의 크기보다 크다고 생각한다. 이 관계가 모든 두 유한집합 A와 B(A가 B의 진부분집합)에 대하여 성립함을 통해 학생은 직관적 Schema를 구성한다. 즉, 학생은 유한집합의 크기를 비교할 때의 이 관계를 자연스럽게 그리고 무의식적으로 생각하고 적용한다. 두 무한집합 A와 B(A가 B의 진부분집합)가 주어졌을 때, 학습자는 유한집합에 대해 성공적으로 적용한 부분 · 전체 비교가 무한집합에도 적용된다고 믿고 구성된 직관을 적용하게 된다. 짝수와 자연수의 비교에서 이러한 경우가 흔히 일어난다. 많은 학생은 짝수가 자연수의 진부분집합이므로 짝수가 자연수보다 작은 크기를 가진다고 생각한다. 이러한 상황에서 APOS 이론의 역할은 직관의 유용성을 무시하는 것이 아니라 직관의 기존 구조의 조절을 강화하는 것이다. 따라서 무한집합을 다르게 다룬다. 큰 유한집합과 무한집합은 물리적으로 열거할 수 없다는 공통 특성을 가지고 있다. 그러나 두 집합의 열거를 상상하는 방법에 차이가 있다. 큰 유한집합은 마지막 원소가 있지만 무한집합은 그렇지 않기 때문이다. 큰 유한집합의 경우 마지막 원소는 완료를 의미하고 두 집합은 셀 수 있고 그 결과를 비교할 수 있다. 하지만 무한집합의 경우 마지막 원소가 없으므로 완료는 마지막 원소가 아니라 Process의 완료로 나타난다. 즉 과거 시제의 열거 Process를 생각하는 능력으로 나타난다. 결과적으로 일반적인 세는 개념은 적용되지 않는다. 유한집합과 무한집합 간의 완료 의미의 차이가 유한집합에 적용하는 부분 · 전체가 무한집합의 비교에 실패하는 이유이고, 그래서 다른 비교 방법이 필요한 이유이다.

두 경우 모두에서 비교는 집합에 적용된 Action이다. 이 Action이 적용되려면 Process가 집약화되어야 한다. 유한집합의 경우 이는 마지막 원소의 열거로 발생한다. 무한집합의 경우 더 복잡해진다. 구체적으로 완료된 열거 Process는 전체적으로, 즉 시간적 제약에서 벗어난 단일 연산으로 보아야 한다. 이러한 Process에서 Object로 전환이 무한집합의 비교를 매우 어렵게 만드는 것이며, 이 전환은 부분·전체 사고가 적용하지 않을 때도 계속해서 지속됨을 설명하는 데 도움이 된다.

반면 직관은 유한에서 무한으로 전이처럼 영역 교차에서도 유용함을 증명할 수 있다. 집합의 구성에서 유한 번째 반복되는 Action(예 폐구간 집합 수열)의 경우, n단계에서 발생하는 원소와 n단계를 넘어서는 모든 연속적인 단계의 원소들이 반복으로 구성된 최종 집합에 포함된다고 결론 내린다(여기서는 "누적의 원리"라고 함). 이 원리는 임의의 유한 집합(예 첫 k개의 숫자를 세는 것)의 반복 구성을 안내하며 자연수 집합 N의 구성에도 적용된다. 일단 한 자연수가 나타나면, 한 번의 반복처럼, 그것은 각 다음 단계에서 구성된 집합과 결과 집합에 나타나는데, 이는 N 그 자체이다. 이 구성은 모든 증분 누적 Process의 기초가 되는 가장 기본적인 수학적 활동 중 하나인 세기에 뿌리를 두고 있다. 따라서 직관적인 개념으로서 누적의 원리를 개인이 구성할 가능성이 높다고 말하는 것은 타당하다.

Radu & Weber(2011)는 완료된 무한 반복 Process에 대한 학생들의 사고에 관한 연구에서 이를 확인하였다. 한 과제에서 학생들에게 다음 벡터 문제에 대해 무한 상태인지 또는 결과 상태인지를 물었다.

> $v=(1,0,0,...)\in N^N$이라 두자. 이 벡터는 다음과 같은 방식으로 수정된다.
> Step 1: $v=(0,1,2,0,0)$
> Step 2: $v=(0,0,1,2,3,0,0)$
> Step 3: $v=(0,0,0,1,2,3,4,0,0)$
> 이 Process가 무한히 계속된다면 모든 단계가 완료된 후 v는 어떤 형태인가요? (p. 167)

사전 교육 없이 학생들은 문제를 올바르게 해결하고 자신의 문제 풀이가 올바른 이유를 설명했으며 관련된 다른 무한 과제를 해결하는 데 자신의 이 활동을 사용하였다. 라두[Radu]와 베버[Weber]는 학생들의 성공이 부분적으로 정확한 직관 구성, 특히 누적의 원리에서 비롯된 것이라고 하였다.

이 학생들은 아래에 언급된 테니스공 문제와 비슷한 문제를 잘 수행하지 못했다.

> 번호가 매겨진 무한개의 테니스공과 큰 테이블이 있다고 가정해보자. 1번과 2번 공을 테이블 위에 놓고 1번을 치운다. 그런 다음 3번과 4번 공을 테이블 위에 놓고 2번을 치운다. 그리고 5번과 6번 공을 테이블 위에 놓고 3번을 치운다. 이 Process를 무한히 계속 반복할 때 모든 단계를 수행한 후에는 어떻게 되는가?(Radu & Weber, 2011, p. 172)

벡터 문제와 테니스공 문제의 차이점은 각 문제의 맥락에 있다. 라두와 베버에 따르면 벡터 문제는 (각 벡터의 표상에서) 자연수의 원소와 위치에만 주의를 집중하는 반면, 테니스공 문제는 크기(각 단계에서 테이블 위에 남아있는 공의 개수가 1개씩 증가함)를 포함한다. 이 크기 문제는 테니스공 문제를 역설적으로 만드는 것이다. 단계마다 공 개수가 1개씩 증가하는 것이 무한한 양을 나타내기 때문에 활동의 마지막에 테이블 위에 얼마나 많은 공이 있는지 결정할 수 없는 것처럼 보인다. 그러나 다른 한편으로는 모든 테니스공이 주어졌을 때 공을 치우면 아무것도 남지 않는다고 정확히 말할 수 있다. 후자의 설명이 정확하다. n번 공은 n단계에서 테이블 위에서 치워진다. 남은 공은 모든 다음 단계에서 치워진다. 따라서 모든 공은 치워진다.

APOS 이론을 사용하여 누적의 원리가 벡터 문제에서는 학생들의 사고를 지원하고 테니스공 문제에서는 역설이 그 효과를 무디게 하는 이유를 설명할 수 있다. Brown et al.(2010)에 따르면 반복 Process는 N을 통한 반복의 이해에 기반한다. 이 Process는 1에서 시작하여 그 다음 각 단계마다 1을 더하여 그 결과 수열 1, 2, 3, ⋯ 생성되며 이는 집합 $\{1\}, \{1,2\}, \{1,2,3\}, \cdots$의 구성으로 이어진다. 이러한 구성에 포함된 아이디어는 일단 한 자연수가 나타나면 모든 후속 단계에서 그 자연수가 나타난다는 것이다. 이 구성은 누적이므로 집약화는 모든 자연수를 포함하는 최종 대상을 생성한다. 따라서 누적의 원리는 집합이 정신에서 구성되는 것을 지원한다. 벡터 문제에서 무한 영벡터 구성 뒤에도 같은 아이디어가 있다. n단계에서 n번째 위치에 숫자 0이 추가되고 모든 후속 단계에서 구성된 모든 후속 벡터에서 나타난다. 그런 다음 누적의 원리에 따라 무한 상태가 무한 영벡터를 구성한다는 결론을 내리게 된다.

반면 크기(농도)는 테니스공 문제를 해결하는 사람의 능력을 혼란스럽게 한다. 단계마다 테이블 위에 있는 공 개수가 하나씩 증가하기 때문에 절차가 완전히 수행되었을 때 테이블 위에 남아있는 공이 무한히 많다고 결론 내리고 싶어진다. 그런데 공을 놓고 치우는 반복 Process가 끝나지 않는다면 그럴 수 있다. 절차에 따른 결과는 반복 Process에 적용되는 Action에 의해 결정된다. 만약 그 Process를 완료된 것으로 보지 않는다면 개인은 유한 Process를 집약화한다. 그 결과, 개인은 공이 여전히 테이블 위에 남아있다고 결론 내리게 된다. 여기서 더 나아가기 위해서는 개인은 무한 Process를 완료된 전체로 보아야 한다. 이렇게 전체로 보게 되면 n단계에서 n개 공을 들어내는 대응은 각각의 공에 적용되는 단일 연산임을 알 수 있게 된다. 비록 벡터 문제와 테니스공 문제는 수학적으로 유사하지만(둘 다 누적 결과로 낳는 자연수의 이동과 관련됨), 테니스공 문제는 더 풀기 어렵게 만드는 방식의 이동을 나타낸다. 이는 무한 비교 과제에 관한 Tirosh & Tsamir(1996)의 연구에서 과제 표상이 과제에 대한 학생들의 추론에 강한 영향을 미친다는 결과와 일치한다. APOS 분석은 테니스공 문제가 어려운 이유를 이론적으로 설명하고, 직관적인 누적 원리가 자연수 N의 정신 구성을 지원하는 이유와 그러한 이유로 벡터 문제가 더 쉬움을 보여준다.

마지막으로 서로 다른 무한 개념에 대한 개인의 Schema는 반드시 그 개념에 대한 서로 다른 직관을 가진다. APOS 이론에서 Schema의 일관성의 역할은 개인이 주어진 문제 상황에서 어떤 직관을 사용할지를 결정하는 메커니즘을 제공한다. 특정 직관이 유용한가는 Schema를 구성하는 다른 정신 구조뿐 아니라 그 구조 사이 관계를 그 직관이 지원하는가에 따라 다르다.

10.6 APOS 이론으로 특정 개념을 연구하는 방법에 관한 질문

Q: Object에 대해 Action을 취할 때, 어떤 연구자들은 많은 학습자가 구체적 조작물에 대한 활동과 형식적 조작을 연결하지 못하는 이유를 궁금해한다. 이 질문은 분수와 관련하여 자주 발생한다(Freudenthal, 1973; Herman et al., 2004; 9장 참조). APOS 이론을 사용하여 이러한 연결이 발생하거나 발생하지 않는 이유를 설명할 수 있는가?

A: APOS 이론은 이러한 연결이 자동으로 발달하는 것이 아니라 Action－Process－Object 단계를 통해 구체적 개념의 발달을 강화하는 구체적 조작물과 학습 순서의 적절한 선택의 결과(APOS 기반 수업에 대한 자세한 논의는 5장 참조)라고 주장한다. 이 두 가지(적절한 조작물과 학습 순서)의 증거 없이는 구체적 조작과 형식적 조작 활동 사이의 연결을 가정할 수 없다.

Q: 집합 S에서 이항 연산 $\circ$은 $a \circ b = c(a,\ b,\ c \in S)$로 정의된다고 하자. 이때 연산의 결과인 원소 c는 a와 b에 이항 연산 $\circ$를 적용하는 Process의 집약화로 구성된 Object인가?

A: 이항 연산의 집약화로 만들어진 Object는 집합의 원소에 이항 연산을 적용한 결과로 생성된 Object와는 같지 않다. 예를 들어,

> 두 수 2와 6의 덧셈에서 수 8은 2와 6을 더하는 Process에서 얻어진다. 그러나 이 수 8은 이항 연산 Process의 집약화로 구성된 대상은 아니다. 대신 집약화는 대상에 덧셈이 가능하게 해 준다. 덧셈 연산을 집약화하면 행동을 가할 수 있는 대상이 된다. 예를 들어, 6+2와 8−2와 같은 다른 Process와 그것을 비교할 수 있다. 다른 자연수처럼 수 8은 기본 연산 이외의 Process의 집약화로 구성된 대상이다. (Piaget, 1952 [sic] [1941/1965]).
>
> (Dubinsky et al., 2005b, p. 260)

수 8이 미리 구성되지 않았다면, 즉 8을 구성하는 Process들의 집약화가 이루어지지 않았다면, 개인은 8이 얻어지는 덧셈 연산을 수행하지 못할 것이다.

Q: 비율 연구에서 분수 $\frac{a}{b}$와 "b에 대한 a"와 같은 비수치적 비(non−numeric ratio)가 나타난다. APOS 이론에서는 이러한 관계를 Action이나 Process가 될 수 있는 a에서 b로의 변환으로 해석한다. 관찰자가 그것이 어느 것인가를 어떻게 결정하는가?

A: 피험자가 그 상황을 다루는 데 있어 어떤 것을 할 수 있는지를 말하기는 쉽지 않다는 것은 사실이다. 따라서 피험자가 그 상황에 대해 어떻게 생각하는지를 알아보기 위해 인터뷰를 해야 한다.

아마도 더 좋은 또 다른 대답은 피험자가 그 관계를 반전하지 못한다면 또는 다른 관계와 그것을 협응하지 못한다면 그 피험자는 Action 개념 수준에 머물러 있다고 보면 된다.

Q: 많은 학생이 집합 A가 집합 B의 원소인 것과 집합 A가 집합 B의 부분집합인 것의 차이를 혼동합니다. 이것은 APOS 이론으로 어떻게 설명 가능한가?

A: 이 학생들은 집합을 Action으로 할 수 있어야 하고 그 이후에는 물건을 상자에 담는

Process로 집합을 다룰 수 있어야 한다. 이를 위해 처음에는 물리적 대상들을 상자나 가방에 넣는 행동을 한다. 이렇게 하다 보면 큰 상자(상자 속 물건만이 아니라)가 작은 상자를 포함하는 상황을 다루게 되어 A는 B의 원소가 되는 행동을 한 것이다. A가 B의 부분집합이라는 의미는 개인이 A의 원소를 선택하고 그것이 B에 포함되는지를 알려고 할 때마다 A가 B에 이미 포함되어 있음을 발견한다. 물건과 상자를 사용한 활동들은 학습자가 원소와 부분집합을 구별하는 데 도움이 될 수 있다. 이러한 유형의 활동으로 원하는 정신 구조가 구성되는지는 향후 연구의 주제이다.

Q: 앞의 질문에서 A가 공집합인 경우에는 APOS 이론으로 어떻게 설명할 수 있는가?

A: 답변은 앞의 질문과 같다. 공집합은 빈 상자로 나타내면 될 것으로 본다.

Q: 많은 학생들이 공집합이 모든 집합의 부분집합이라는 사실을 받아들이는 데 어려움을 겪는다. APOS 이론으로 이 어려움을 어떻게 해결할 수 있는가?

A: 이러한 문제에 도움이 되는 한 가지 방법은 집합에 관한 이야기할 때 항상(적어도 집합에 대한 기본 아이디어가 잘 확립될 때까지) 분명하게 전체집합을 표시하는 것이다. 그러면 공집합은 전체집합의 여집합이 된다.

또 다른 방법은 집합을 Action으로 다루고 그 이후에 물건을 상자에 담는 Process를 이용하는 것이다. 그러면 앞에서 논의된 두 질문처럼 B의 부분집합으로서 A의 의미는 개인이 A의 원소를 선택하고 그것을 B에 넣으려고 할 때마다 그것이 이미 B에 포함되어 있음을 발견하게 된다. A가 공집합이면 이 조건을 항상 만족한다. 그러나 비어 있음이 그것을 더 이해하기 힘들게 할 수 있다. 텅 빈 가방 A의 물건을 가방 B로 비우더라도 B에는 아무것도 변하지 않았음을 확인하는 활동이 이 질문에 도움이 될 수 있다. A가 비어 있다면 조건을 항상 만족한다.

Q: 잉여류 학습에 관한 APOS 연구는 잉여류의 기하적 표상, 즉 기하 공간에서 점 대상을 고려하지 않는 것으로 보인다. 이러한 유형의 표상을 고려하려면 잉여류 개념에 대한 다른 발생적 분해가 필요한가?

A: 잉여류를 기하 공간에서 점으로 고려하는 연구는 없는 것 같다. 이러한 표상의 구성을 다른 발생적 분해로 설명할 수 있는지는 향후 연구의 주제이다.

CHAPTER

11

결론

11장은 이전 장들에서 전개된 세 가지 주제로 결론 내리고자 한다. 개발과 평가의 이분법, 이론에서 사용된 것과 유사한 메커니즘을 통한 APOS 이론의 발달, APOS 이론의 미래에 대해 논의한다. 이 장은 'APOS 이론 요약'을 제공하고 몇 가지 종합적 생각으로 마친다.

11.1 개발적 성격 vs 평가적 성격

사람이 특정 개념(또는 주제 또는 주제 영역)을 어떻게 배울 수 있는지에 대한 연구 질문은 너무 복잡해서 단일 연구에서 다룰 수 없는 것으로 보인다. 과제 활동에서 변수는 너무 광범위해서 때로는 직접 관찰하고 측정할 수 없다. 이에 대한 응답으로 연구자는 학습이 이루어지는 방식을 탐색할 렌즈 또는 필터를 선택해야 한다. 학습 이론 및 관련 연구들은 연구자를 안내하여 더 세밀하고 집중적으로 연구 질문을 탐색할 수 있게 한다. 어떤 연구들은 학습 환경, 교수 전략 또는 사용할 교육과정 자료를 분석한다. 다른 연구들은 문제 상황에서 학생－학생 상호작용 또는 학생－교사 상호작용을 탐구한다. 세 번째 유형의 연구들은 학습이 일어날 때 개인이 만들 수 있는 정신 구조의 유형을 분석한다.

APOS 이론은 주로 이 세 번째 유형인 인지 연구에 속한다. APOS 이론 개념의 구성에 필요한 특정 정신 구조와 그러한 구조를 구성하는 메커니즘을 제안한다. 이러한 측면에서 특정 개념 학습에 필요한 정신 구조뿐만 아니라 이해 수준을 설명하기 위해 설정된 문제 상황에서 개인을 관찰할 때 APOS 이론은 평가 연구들의 역할을 한다. 2장에서는 피아제 연구와 연관성을 자세히 설명했고 개인이 어떤 개념을 학습하는 방법을 분석하기 위해 APOS 이론을 사용하는 배경을 살펴보았다. 3장과 7장은 특정 개인의 학습 상태를 평가하기 위해 APOS 이론에서 사용하는 구조와 메커니즘에 대해 자세히 설명했다. 4장에서는 발생적 분해는 학습자가 개념을 구성하는 데 필요한 것을 나타낸다고 설명하였다. 발생적 분해는 학습이 발생한 정도를 평가하는 데 사용되는 작업 가설의 역할을 한다.

또한 APOS 이론은 수업 자료 및 설정의 설계 및 실행을 위한 개발적 연구들이다. 이러한 교수 전략은 일반적으로 발생적 분해(예비 또는 수정)를 기반으로 구성된다. 이 교수 전략은 컴퓨터 활동을 기반으로 하는 문제 상황을 자주 사용한다. 이 컴퓨터 활동은 학생들이 이전에 알고 있는 아이디어로 새로운 수학을 보게 하는 데 도움 된다. APOS 이론에서 사용하는 ACE 교수 사이클은 5장에서 논의하였다. 6장에서는 어떻게 연구방법론을 사용하여 APOS 기반 교수법의 효과성을 평가하고 교수법 개발에 사용된 이론적 설명을 평가하는지 살펴보았다.

11.2 매크로-수준 일관성

반영적 추상화는 APOS 이론에서 새로운 정신 구조의 구성이 일어나게 하는 메커니즘이다. 3장에서 논의했듯이, 일반화는 학습자가 기존 Process에서 새로운 Process를 구성할 수 있게 한다. 동화와 조절은 모두 일반화의 예이다. 인식 주체는 동화를 통해 기존 구조를 새로운 방식으로 사용하여 새로운 상황을 다룬다. 조절은 익숙하지 않은 상황을 다루기 위해 기존 구조를 재구성하는 것을 포함한다.

2장에서 논의되고 8장과 9장에서 관찰된 APOS 이론의 발달도 동화와 조절이라는 이와 유사한 메커니즘을 통해 진행된 것으로 볼 수 있다. 극한 연구(Cottrill et al., 1996), 연쇄법칙 프로젝트(Clark et al., 1997), 도함수를 통한 그래프 활동(Baker et al., 2000; Cooley et al., 2007)에서 주목할만한 진전이 발견되었다. 연구자들은 극한 연구와 연쇄법칙 연구에서 Object로 집약화될 수 있는 Process들을 확인할 수 없다는 장애물을 만났다. 극한 연구에서 이에 대한 해결책은 두 Process의 협응이었다. 이는 APOS 이론에 대한 기존 이해의 동화였다. 연쇄법칙 연구의 경우에는 조절이라는 재구성이 필요했다. 이 연구에서는 이론적 한계로 인해 Schema가 무엇이며 어떻게 설명될 수 있는지에 대한 심층 탐구가 요구되었다. 따라서 7장에서 논의된 것처럼 APOS 이론은 Piaget & Garcia (1983/1989)의 Triad 단계를 동화하기 위해 조절되었다.

학생들이 도함수 정보를 이용하여 함수 그래프 그리기를 학습하는 방법을 연구한 프로젝트들에서는 관찰을 평가하면서 Triad의 서술이 부족하다는 사실을 발견했다. 첫 번째 연구는 Triad 단계를 확장하여 Schema 사이의 상호작용을 분석했다(Baker et al., 2000). 두 번째 논문(Cooley et al., 2007)에서 연구자들은 Triad를 좀 더 자세한 서술과 주제화 메커니즘과 함께 재구성해야 함을 발견했다. 이는 7장에서 설명되었다. APOS 이론에 대한 이러한 종류의 조절은 8장에서 설명한 순환소수 연구(Dubinsky et al., 2013)의 Totality 도입에서도 볼 수 있다.

따라서 APOS 이론을 수정하게 하는 근본적인 원동력도 반영적 추상화이다. 하나의 가설(발생적 분해)이 검증됨에 따라 수집된 데이터는 (1) 제안된 구성을 뒷받침하고, (2) 이론적 설명을 압박하고 설명을 재작업하여 동화를 요구하는 장애물을 제공하고, 또는 (3) 수집된 데이터를 설명하기 위해서 이론의 조절을 통한 이론의 재구성을 하게 한다.

11.3 APOS의 미래에 대한 관점

8장과 9장에서 보았듯이 APOS 이론은 잠재적인 새로운 구조(Totality)가 나타나고 수학의 다른 영역(초등 수학으로 이동하면서)에 적용됨에 따라 계속 발전하고 있다. 무한에 대한 학생들의 이해를 분석했을 때 Process 및 Object와는 별개의 정신 구조의 필요성이 드러났다.

8장에서 설명한 이 연구들은 Action과 Process 단계들 사이, Process와 Totality 사이, 그리고 Totality와 Object 사이 수준의 필요성을 제시하였다. 이 새로운 단계가 순환소수가 아닌 다른 주제들에도 존재하는지를 명확히 하기 위해서는 후속 연구가 필요하다.

9장에서 초등 수학을 배우는 학생들에 대한 아르논과 동료들의 연구를 설명했다. 이 연구는 구체적 대상을 사용하여 정신 Object의 발달을 시작하는 데 목적이 있었다. 학생들의 분수에 대한 이해를 조사한 연구에서도 단계 사이에 필요한 수준의 개념을 탐구하였다. 그 연구는 형식적 조작기로 넘어가기 전 구체적 조작기 학생들을 대상으로 하였다. APOS 이론은 다른 초등 수학 주제의 학습을 탐구하는 데도 사용될 수 있다.

대학 수학에는 APOS 이론의 렌즈를 통해 조사되지 않은 많은 주제가 남아 있다. Schema의 주제화에 대한 현재의 이해에 앞서 다른 주제들에 대해 연구되었고 결과가 발표되었다. 한 예로 극한에 관한 논문(Cottrill et al., 1996)을 들 수 있는데, 이 논문은 우리의 연구 패러다임(6장에서 논의)을 나타내는 유용한 예였다. 한 점에서 함수의 극한에 관한 연구로부터 얻은 극한 Schema 구성의 관점을 다른 유형의 극한에도 적용해 보는 것은 유익한 연구 주제라 생각한다.

11.4 APOS 이론 요약

APOS 이론은 다음 원리에 기초한다.

> 사회적 맥락에서 문제와 그 해결책을 반성하면서 그리고 그 상황을 다루기 위해 수학적 행동, Process 및 대상을 구성 또는 재구성하고 이들을 Schema로 구성하면서 수학적 문제 상황을 인식하게 하는 것이 개인의 수학 지식이다.(Asiala et al., 1996, p.7)

인용된 위의 논문에서 공식화된 이 진술은 APOS 이론 연구 초기에 더빈스키가 쓴 것이다.

11.4.1 구조와 메커니즘

수학 개념 구성에 관련된 지식의 세 가지 기본 유형인 Action, Process, Object는 Schema라는 구조로 조직된다. Action은 다른 Object를 만들기 위해 해당 Object에 대한 물리적 또는 정신적 조작으로 반복 가능한 모든 조작을 말한다. Action은 개인이 외부적인 것으로 인식하는 자극에 대한 반응인 변환이다.

개인이 Action에 대해 반성하면서 Action은 내면화되어 Process가 된다. Process를 구성한 학습자는 Action을 자신의 일부로 인식하고 이를 제어할 수 있다. Process를 수행하려고 할 때 이 Process를 구성하는 Action을 다시 끄집어내어 수행할 수 있다면 그 개인은 이 Process를 집약화하여 Object로 만든 것이다. 필요에 따라 이 Object를 다시 탈집약화하여 원래 Process로 돌아갈 수도 있다. Process는 또한 반전 및 협응 메커니즘에 의해 구성되기도 한다.

Schema는 새로운 수학적 문제 상황을 다룰 때 불러내는 일관성[1]있는 Actions, Processes, Objects와 이 상황과 관련된 여러 다른 (또는 하위) Schemas의 조직체를 말한다. Schema는 주제화를 통해 Action 및 Process를 적용할 수 있는 또 다른 유형의 인지적 Object가 될 수 있다. Schema를 의식적으로 해체하여 Schema가 구성된 원래의 Process, Object 및 다른 Schema로 돌아갈 수 있다(7장).

Piaget & Garcia(1983/1989)가 도입한 Triad는 Schema의 발달은 Intra-, Inter-, Trans-의 세 단계로 설명된다. APOS 이론에서 Intra-단계는 모든 다른 Actions, Processes, Objects와 별개로 단일 Object에 초점을 둔다. Inter-단계는 서로 다른 Actions, Processes, Objects, Schemas 사이의 관계에 초점을 둔다. Inter-단계의 모임을 편의상 pre-schema라 부른다. 마지막으로 Trans-단계는 Inter-단계에서 발견된 관계의 기초가 되는 전체적인 구조를 구성하는 데 초점을 둔다.

APOS 이론에서는 Trans-단계에 도달했을 때만 진정한 Schema라 부를 수 있다는 점에 주목해야 한다. 그 이유는 Trans-단계에 도달해야만 이전 단계에서 구성된 다양한

1 일관성의 정의는 두 단락 아래에 있다.

Actions, Processes, Objects, Schemas 사이의 관계에 대한 반성을 통해 기반 구조가 구성되기 때문이다. 이 구조는 Schema를 하나의 전체로 인식하기 위해 필수적인 일관성을 제공한다. 이러한 일관성 여부에 따라 Schema인 것과 아닌 것을 구별할 수 있게 한다.

11.4.2 연구방법론

발생적 분해는 학생이 특정 수학 개념을 학습하기 위해 구성해야 할 정신 구조와 메커니즘을 설명하는 하나의 가설적 모델이다. 발생적 분해는 일반적으로 연구자가 그 개념을 학습하고 가르친 경험, 연구자의 APOS 이론에 대한 지식 및 수학 지식, 그 개념에 대한 선행연구, 그 개념의 역사적 발달에 기초하여 예비 발생적 분해라고 불리는 가설로 시작한다(4.1절 참조).

발생적 분해는 (1) 교수 자료 및 설정을 개발하는 데 또는 (2) 모델을 검증하기 위해 수집한 데이터를 위한 가설로 사용된다. 첫 번째 경우, 수업 후 데이터 수집을 진행한다. 그런 다음 이 데이터 탐색을 통해 수업 방법을 평가하여 학습이 어떻게 이루어졌는지를 결정할 뿐만 아니라 발생적 분해를 검증한다. 두 번째 경우, 발생적 분해는 경험적 데이터에 의해 검증될 연구 가설의 역할을 한다(6장 참조).

APOS 이론에서 데이터는 설문지, 반구조화된 인터뷰(오디오, 비디오 촬영), 시험, 컴퓨터 게임 등의 도구를 사용하여 수집된다. 이때 설문지와 인터뷰 과제 등 모든 서면 활동 자료를 수집한다. 여러 다른 연구자와 데이터 분석을 서로 협의하는 공동연구를 통해 관찰에 대한 삼각검증이 향상된다. 6장에서는 인터뷰 녹취록을 작성하고 출현한 경향을 분석하는 Process를 설명하였다.

11.4.3 교수법

수업의 설계와 실행은 APOS 기반 연구 패러다임의 세 구성 요소 중 하나다. 이 구성 요소에는 ACE 교수 사이클과 협력 학습 기법이 있다. 이 구성 요소들은 이 절의 시작 부분에서 더빈스키가 쓴 것으로 언급했던 원리에 나오는 "인식된 수학적 문제 상황"과 "사회적 맥락"을 제공한다.

ACE 사이클은 학생들에게 공유된 경험 바로 너머에 있는 문제를 고려하도록 하는 활동(일반적으로 컴퓨터 프로그래밍 경험이 포함된)으로 시작된다. 이 활동은 알고리즘을 통해 학생들을 이전 경험 또는 상황을 확장하게 한다. 교실 토론은 이 활동의 공유된 경험을 기반으로 한다. 토론은 학생들이 다 함께 그 경험을 분석하고 활동의 중요한 측면을 반성할 수 있도록 한다. 사이클의 세 번째 구성 요소는 활동과 토론에 대한 반성을 지속하고 학생들이 당면한 주제에 대한 경험을 확장할 수 있는 연습 과제로 구성된다.

학생들은 토론을 통해 수학 개념의 학습이 일어나도록 협력 활동을 한다. 그룹 활동을 하기 때문에 개인이 감당할 수 있는 상황보다 더 복잡한 상황이 이 활동에 포함될 수 있다. 또는 의미에 대한 협의를 하도록 하여 학습 중인 수학에 필요한 반성이 일어나도록 이 활동을 모호하게 진술할 수도 있다.

11.4.4 통합된 이론

APOS 이론은 겉으로 보이는 어떤 개념에 대한 학생의 학습을 설명하는 데 필요한 정신 구조와 메커니즘에 대한 설명을 제공한다. 이러한 정신 구조와 메커니즘을 도구로 사용하여 학생에 대한 개념의 발생적 분해를 구성할 수 있다. ACE 사이클에 기반한 수업 설계를 위해 발생적 분해를 사용하면 그 수업 모델의 가치가 향상된다. 교실에서 협력 학습과 활동들을 사용할 수 있으나 그 수업 전개를 안내하는 모델이 없으면 원하는 학습 유형으로 이어지지 않을 수 있다. APOS 연구를 위한 구성 요소는 모델의 타당성과 수업의 효과를 테스트하기 위한 경험적 증거를 제공한다. 수업 분석은 발생적 분해에 기반하여 이루어지며 동시에 그 분석을 통해 발생적 분해에 대한 정보를 얻게 된다. 이 모델이 정교화됨에 따라 활동, 토론 및 연습이 수정되고 개선된다. 따라서 연구 및 교육과정 개발 사이클의 세 구성 요소인 이론적 분석, 수업 설계 및 실행, 데이터 수집 및 분석(6.1절)은 모두 APOS 이론에 필수다.

11.5 맺는말

이 책의 목적은 APOS 이론을 이해하거나 사용하려고 노력하는 독자나 학생들에게 가끔 명확하지 않은 문제를 더 잘 설명하기 위함이다. 특히 2, 4, 7장에서는 여러 간행물의 아이디어들을 수집하고 종합했다. 2장에서는 이 책 전체를 쓰고 그 역사를 살아온 사람들이 쓴 가능한 한 완벽한 APOS의 역사를 제공한다. APOS 이론은 여전히 살아 있고 이 여행은 끝날 기미가 보이지 않기 때문에 필연적으로 불완전하다.

4장에서는 발생적 분해가 실험 데이터에 의해 반박되거나 뒷받침될 수 있는 예측 모델임을 강조한다. 또한 데이터는 발생적 분해의 정교화에 사용되는데, 이는 그 모델에 대한 경험적 근거를 제공한다. APOS 이론을 적용하여 학생들의 수학 개념 이해에 관한 연구를 하고 수업을 할 때 가장 어려운 일 중의 하나가 발생적 분해의 설계이다.

7장에서는 어떻게 Schema 개념에 대한 연구들은 학생들이 특정 개념을 사용하여 어려운 수학 문제도 해결할 수 있지만 학생들의 이해는 (아마도 오랜 기간 동안) 분리된 영역으로 구성되며 이들 사이 관계와 변환의 발달이 수학을 깊이 이해하는 데 기본임을 일관되게 보여주는지를 입증한다. 또한 이러한 연구들은 Schema 발달 메커니즘이 더 풍부한 Schema를 발달시키기 위해 학생들에게 필요한 것이 무엇인지를 이해하는 데 유용한 도구임을 말해준다. 이러한 이해를 통해 다른 Schema와 유연하게 상호작용할 수 있고 주제화될 수 있는 풍부한 Schema를 학생들이 구성하도록 돕는 데 필요한 과제를 개발할 수 있다.

이 책을 통해 알 수 있듯이 APOS 이론은 개발적이고 평가적인 방법으로 다양한 수학 개념의 학습에 관한 연구 질문에 답하고 학습을 일으키는 교수법을 설계하고 실행하는 데 유용하다. APOS 이론은 자체적으로 지속적인 발달을 하는 살아있는 이론으로서, 연구에서 나온 피드백은 새로운 구성 요소를 시사하고 이는 다시 새로운 연구를 가능하게 한다. 이 책 12장의 참고문헌 목록에 나열된 수많은 간행물과 진행 중인 여러 다른 많은 연구를 통해 수학교육 공동체는 이러한 APOS 이론의 성장에 기여했고 앞으로도 계속 되기를 기대한다.

CHAPTER

12

추가된 참고문헌

12장에는 APOS 이론에 관한 120개 이상의 논문이 포함되어 있다. 이러한 논문들은 전 세계에서 지난 25년 이상 동안에 수행된 연구들이다. 이들 연구 목록이 완전하지는 않지만 대표적인 연구들로 몇몇 논문들은 본 책에서 제시된 내용과 약간 다른 시각을 제시하기도 한다. 이 장에 주어진 주석들은 해당 연구의 저자들에 의해 작성되었거나 Dubinsky & McDonald(2001)에서 발췌한 내용들이다.

12.1 A에서 B까지

Arnon, I. (1998). In the mind's eye: How children develop mathematical concepts—Extending Piaget's theory. Unpublished doctoral dissertation, School of Education, Haifa University.

Arnon, I., Nesher, P., & Nirenburg, R. (1999). What can be learnt about fractions only with computers. In O. Zaslavsky (Ed.), Proceedings of the 23rd Conference of the International Group for the Psychology of Mathematics Education (Vol. 2, pp. 33~40). Haifa, Israel.

Arnon, I., Nesher, P., & Nirenburg, R. (2001). Where do fractions encounter their equivalents? Can this encounter take place in elementary school? International Journal of Computers for Mathematical Learning, 6, 167~214.

아르논과 동료들의 연구는 초등학교 아이들의 수학 개념 발달에 관련되어 있다. 저자들은 APOS 이론의 대학교 수준에서의 활용과 초등학교 수준에서의 활용의 차이를 설명하고자 했다. APOS 이론과 Nesher의 학습 시스템(Learning Systems) 이론을 결합한 프레임워크를 사용하여, 수학적 개념의 도입을 구체적 대상에 대한 행동으로서의 도입과 미리 만들어진 구체적 표상으로서의 도입으로 조사했다. 여기에 더해 Yerushalmy의 다중 표상 관련 아이디어(1991)는 동치 분수에 대한 개념 학습에 적용된 소프트웨어 개발을 위해 활용되었다. 이러한 연구에서 특정 분수 개념의 발달 경로가 밝혀졌다. 구체적 대상으로서의 행동으로 분수가 도입된 교수법을 받은 학생들은 준비된 구체적 표상으로 도입된 교수법을 받은 학생들보다 이러한 경로를 더 잘 따라갔다. 연구 결과는 또한 구체적 대상에 대한 행동의 발달이 추상 대상으로의 발달로 이어지는 특성을 밝혔다. 구체물의 속성을 버린 후 추상적 수준을 달성하기 전에, 이들 아이들은 상상 속에서 행동을 수행했다. 이는 APOS 이론에서 행동에서 Process로의 내면화에 해당한다고 볼 수 있다.

Artigue, M. (1998). Enseñanza y aprendizaje del análisis elemental: ¿qué se puede aprender de las investigaciones didácticas y los cambios curriculares? Revista Latinoamericana de Investigación en Matiemática Educativa, 1(1), 40~55.

이 논문의 첫 부분에서 저자는 APOS 이론을 포함한 다양한 학습 이론을 사용하여 여러 학생들의 어려움에 대해 논의했다. 학생들이 일반적으로 0.999…와 1이 같다는 사실을 받아들이기 어려워 하는데, 이는 전자를 Process로, 후자를 대상으로 인식하기 때문이었다. 이 동등성을 받아들이기 위해서는 0.999…와 1 모두가 대상으로서 이해되어야 했다. 그러나 아르티그[Artigue]가 지적한 대로, 필요한 집약화를 학생들이 실제로 이해하기는 매우 어려웠다. 논문의 두 번째 부분에서는 저자가 20세기 동안 프랑스에서 이러한 어려움을 극복하는 데 도움이 된 조치들에 대해 논의했다.

Asiala, M., Brown, A., DeVries, D., Dubinsky, E., Mathews, D., & Thomas, K. (1996). A framework for research and curriculum development in undergraduate mathematics education. In Research in Collegiate mathematics education II. CBMS issues in mathematics education (Vol. 6, pp. 1~32). Providence, RI: American Mathematical Society.

이 논문에서 저자들은 당시의 APOS 이론에 대한 완전한 설명을 제공하며, APOS 기반 교수법의 주요 전략인 ACE 교수 사이클의 설명과 APOS 기반 연구에서 사용된 방법론을 소개했다. 이 세 가지의 조합은 "APOS 연구 프레임워크"로 알려지게 되었다.

Asiala, M., Brown, A., Kleiman, J., & Mathews, D. (1998). The development of students' understanding of permutations and symmetries. International Journal of Mathematical Learning, 3, 13~43.

저자들은 추상 대수학을 배우는 학생들이 유한집합의 순열과 정다각형의 대칭성에 대한 이해를 어떻게 발전시키는지를 조사했다. 그들은 APOS 이론을 활용하여 이러한 주제에 대한 초기 이론적 분석을 제시하고, 이론적 분석에서 가정한 정신적 구성물의 발전을 촉진하기 위해 설계된 교수법적 접근 방식을 설명하며, 개별 인터뷰 및 지필 시험에 대한 결과를 논의한다. 본 연구 결과에 따르면 본 연구에서 설계한 교수법적 방식이 학생들의 순열과 대칭성에 대한 강력한 개념을 발전시키는 데 상당히 효과적이었음을 나타냈다. 또한 저자들은 본 연구의 데이터를 활용하여 순열과 대칭성에 대한 수정된 인식론적 분석을 제안하고 교육적 제언을 제시했다.

Asiala, M., Cottrill, J., Dubinsky, E., & Schwingendorf, K. (1997a). The development of students' graphical understanding of the derivative. Journal of Mathematical Behavior, 16, 399~431.

이 연구에서 저자들은 APOS 이론을 활용하여 미분적분학을 배우는 학생들의 함수와 그 함수의 도함수에 대한 그래프 관련 이해를 탐구했다. 연구자들은 이 개념의 발전을 위한 인지 구성물에 대한 초기 이론적 분석을 제시하고, 제안된 정신적 구성물 형성을 촉진하기 위해 설계된 교수법 개요를 설명하며, 교수법적 처치 후 수행한 인터뷰 결과를 논의하고 본 연구의 데이터 분석을 기반으로 수정된 인식론적 분석을 서술했다. 이론적 분석을 기반으로 한 교수법으로 수업한 학생들이 전통적인 교수법으로 수업한 학생들보다 함수와 그 도함수에 대한 그래프 관련 이해를 더 성공적으로 발전시킨 것으로 나타났다.

Asiala, M., Dubinsky, E., Mathews, D., Morics, S., & Oktac, A. (1997b). Development of students' understanding of cosets, normality and quotient groups. Journal of Mathematical Behavior, 16, 241~309.

Dubinsky et al.(1994)의 초기 인식론적 분석을 활용하여, 저자들은 APOS 이론이 학생들의 부분군, 정규성 및 상환군 개념에 대한 정신적 구성을 얼마나 설명하는지를 설명하고자 했다. 그들은 학생들의 정신적 구성을 촉진하기 위해 개발된 교수 처치의 효과를 평가하고, 이 교수 처치를 받은 학생들과 전통적인 교수를 받은 학생들의 성취도를 비교했다.

Asiala, M., & Dubinsky, E. (1999). Evaluation of research based on innovative pedagogy used in several mathematics courses. Unpublished report, available from the authors.

1997년 가을부터 2000년 봄까지의 세 학년 동안 APOS 이론이 조지아 주립대학교에서 여러 수학 과목을 가르치는 데 사용되었다. 본 연구는 이 수업 방식의 효과를 학생들의 학습 향상 및 수학에 대한 학생들의 태도 개선 측면에서 평가하고자 했다. 이 논문에는 다른 대학에서 시도한 유사한 시도를 설명하는 문헌 개요가 포함되었다. 본 연구 결과는 학생들의 태도 및 학습력이 때로는 시간이 지남에 따라 개선되는 것을 보여주었다.

Ayers, T., Davis, G., Dubinsky, E., & Lewin, P. (1988). Computer experiences in the teaching of composition of functions. Journal for Research in Mathematics Education, 19, 246~259.

대학 수학 실험실의 두 반을 대상으로 컴퓨터 환경을 제공하여 반성적 추상화를 촉진한 학생들이(n=13) 다른 반에서 전통적인 방법을 사용하여 가르친 다른 반 학생들(n=17)보다 함수와 함수의 합성에 대한 이해를 평가하는 시험에서 더 높은 점수를 받았다. 이 비교 실험은 반성적 추상화가 일어났는지 여부를 나타내는 질문들을 기반으로 하였다.

Badillo, E., Azcárate, C., & Font, V. (2011). Análisis de los niveles de comprensión de los objetos f′(a) y f′(x) en profesores de matemáticas. Enseñanza de las Ciencias, 29(1), 191~206.

본 논문은 콜롬비아의 다른 학교에서 16~18세 학생들을 가르치는 다섯 명의 수학 교사들 사이에서 특정한 점에서 함수의 미분계수와 임의의 점에서의 도함수 간의 관계에 대한 이해 수준을 기술했다. 이 분석은 기호학적 측면을 추가한 APOS 이론을 기반으로 했다. 교사들은 미분계수와 도함수 사이의 관계에 대한 이해를 설문지로 조사했고 추가로 설문에 대한 인터뷰를 했다. 연구 결과에 따르면 미분계수와 도함수에 대한 이들 두 대상에 대한 이해가 그래프 및 대수적 구조, 그리고 관련된 기호학적 충돌과 관련될 수 있다는 점을 밝혔다.

Baker, B., Cooley, L., & Trigueros, M. (2000). A calculus graphing schema. Journal for Research in Mathematics Education, 31, 557~578.

저자들은 정의역의 특정 구간에 함수의 그래프를 그리는 복잡한 미분적분 그래프 문제에 대한 학생들의 이해를 분석하기 위해 APOS 이론을 사용했다. 데이터 분석 결과에 따르면, 'Schema 개발의 삼중조합'으로 알려진 Schema의 3단계 발전 및 문제 해결 때 상호작용하는 두 가지 Schema가 발견되었다. 하나는 구간을 포함하는 Schema이며, 두 번째는 분석적 특성을 다루는 Schema였다. 또한 저자들은 이 두 가지 다른 Schema의 상호작용이 많은 학생들로부터 알려진 어려움의 설명에 중요한 단서를 제공한다는 점을 보였다.

Baker, B., Trigueros, M., & Hemenway, C. (2001). On transformations of functions. In Proceedings of the Twenty−Third Annual Meeting, North American Chapter of the International Group for the Psychology of Mathematics Education (Vol. 1, pp. 91~98).

본 연구는 변환 개념에 대한 학생의 이해를 분석하는 데 초점을 두었다. APOS 이론이 변환 개념의 발생적 분해를 위한 이론적 틀로 사용되었다. 이 발생적 분해는 함수의 변환에 관한 기초 미분적분학 수업을 듣는 대학생 24명의 수업 자료와 인터뷰를 분석하는 데 사용되었다. 이 수업에서는 글쓰기를 했으며 그래픽 계산기를 사용하였다. 본 논문은 변환 개념과 글쓰기 및 그래핑 계산기의 교육 도구로서의 효과 및 학생들의 어려움을 분석하였다. 연구 결과에 따르면, 학생들이 함수를 시각화하기 위해 계산기에 강한 의존성을 가지는 경향이 있으나, 계산기를 글쓰기 과제와 함께 사용하는 경우 변환 개념의 발달에 도움이 되는 것으로 나타났다. 또한 함수의 변환 개념은 학생들에게 어려움을 준다는 점도 지적하였다.

Barbosa Alvarenga, K. (2003). La enseñanza de inecuaciones desde el punto de vista de la teoría APOE. Revista Latinoamericana de Investigación en Matemática Educativa, 6(3), 199~219.

이 연구는 APOS 이론을 기반으로 하며, 대학생들이 부등식 개념을 이해하려고 할 때 형성할 수 있는 정신 구성에 대해 논의했다. 이 개념은 실수의 순서, 인수분해, 함수, 함수의 근, 실수와 수직선 간의 일대일 대응, 방정식, 그래프, 그래프를 통한 함수의 분석, 그리고 동치성과 관련된 여러 개념들이 함께 조율되어야 했다. 부등식에 대한 Schema의 구성을 기반으로, 저자들은 부등식의 교수와 학습을 개선할 수 있는 교수법에 대해 설명했다.

Baxter, N., Dubinsky, E., & Levin, G. (1988). Learning Discrete Mathematics with ISETL. New York: Springer.

이 책은 컴퓨터 프로그래밍과 APOS 이론을 함께 활용한 첫 번째 교과서이다. 이 교과서는 ACE의 교수학적 구조가 개발되기 전에 출간되었다. 주요 내용으로는 대학 Process에 포함되는 이산 수학의 내용으로, 명제 논리와 술어 논리, 집합과 튜플, 함수, 조합론, 행렬, 행렬식, 수학적 귀납법, 그리고 관계와 그래프 등이 있다. 저자들은 각 개념마다 그 개념에 대한 발생적 분해를 했다. 발생적 분해는 학생들이 짧은 컴퓨터 프로그램을 작성하는 데 사용한 수학 프로그래밍 언어인 ISETL을 사용하는 실험 활동의 디자인을 안내하는 데 도움이 되었다. 프로그래밍 활동의 목적은 학생들이 적절한 입력에 대한 작업을 수행하는 프로그램을 작성함으로써 내면화와 같은 반영적 추상화를 촉진하고, 또한 학생들이 프로그램을 다른 프로그램의 입력 및 출력으로 사용함으로써 집약화를 촉진하는 데 있다.

Bayazit, I. (2010). The influence of teaching on student learning: The notion of piecewise function. International Electronic Journal of Mathematics Education, 5(3), 146~164.

이 논문은 교실 수업이 조각 함수의 학생 이해에 미치는 영향을 조사했다. 연구 참여자는 두 명의 경력 수학 교사와 그들의 9학년 학생들이었다. APOS 분석에서 나타난 이론적 틀을 사용하여, 저자는 교사들이 조각 함수의 본질에 대한 접근 방식이 현저하게 다르며, 이것이 다시 학생들의 이해에 상당한 영향을 미친다는 사실을 보였다. 저자는 행동 지향(Action oriented) 교수법은 규칙, 절차 및 사실적 지식의 전달로 특징지어졌는데 학생들의 이해를 행동 개념으로 제한시킨 반면, 과정 지향(Process oriented) 교수법은 개념적 발전을 우선시하며 다양한 표상의 사용을 우선시했는데 학생들의 함수 개념의 Process 개념 발달을 촉진했다는 결론을 도출했다.

Bayazit, I., & Gray, E. (2008). Qualitative differences in the teaching and learning of the constant function. Mediterranean Journal for Research in Mathematics Education, 7, 147~163.

이 논문은 두 명의 경력이 풍부한 터키 교사가 상수함수를 가르치는 Process와 그 결과로 학생들이 얻게 된 이해를 조사했다. APOS 이론을 기반으로 한 이론적 틀을 사용하여 저자들은 교사들이 상수함수의 개념적 본질에 접근하는 방식에서 현저한 차이가 있음을 보였다. 두 교사들의 수학적 내용 지식과 함수 개념의 획득 Process와 관련된 어려움과 오해에 대한 이해 정도는 비슷했으나, 유사 과제에 대해 두 교실 활동은 상수함수 개념의 질적으로 다른 측면에 초점을 맞추었다. 이는 학생들의 상수함수의 지식 구성에 상당한 영향을 미쳤다.

Bodí, S., Valls, J., & Llinares, S. (2005). El análisis del desarrollo del esquema de divisibilidad en N. La construcción de un instrumento. Números, 60, 3~24.

이 연구의 목적은 APOS 이론을 활용하여 나눗셈의 이해력 발달을 평가하는 도구를 검증하는 것이다. 본 논문에는 다양한 교과서의 활동과 문제들을 분석하고, 나눗셈의 이해력에 관한 선행 연구를 검토하여 중등 교육과정의 수학 내용을 포함한 설문지를 개발하는 데 사용되었다. 임상 인터뷰에 의해 검증된 후속 심리측정 분석을 통해 설문지의 난이도를 분석하였다. 이 분석은 중등 학생들이 나눗셈 개념을 이해하는 다양한 방법을 식별하는 데 도움이 되었다.

Breidenbach, D., Dubinsky, E., Hawks, J., & Nichols, D. (1992). Development of the process conception of function. Educational Studies in Mathematics, 23, 247~285.

저자들은 APOS 이론이 함수 개념에 적용되는 방식을 제시하며, 컴퓨터를 활용한 교수법이 학생들의 함수 개념 이해를 상당히 향상시켰다는 연구 결과를 제시했다. 데이터 분석에 따르면, 학생들이 특정한 수학 과제를 수행하는데 Process 개념의 함수 개념을 발달시켜 사용했음이 나타났다.

Brown, A., DeVries, D., Dubinsky, E., & Thomas, K. (1997). Learning binary operations, groups, and subgroups. Journal of Mathematical Behavior, 16, 187~239.

APOS 이론이 학생들의 이항 연산, 군, 그리고 부분군 학습을 연구하는 데 사용되었습니다. 저자들은 이러한 주제들에 대한 초기 발생적 분해를 제안하고, 제안된 정신 구성물의 발달을 촉진하기 위해 설계된 교수법을 설명하며, 인터뷰 결과와 시험 성취도에 대한 결과를 논의하였다. 데이터 분석을 통해 발생적 분해의 수정안을 제안하고 교수학적 제언을 제시하였다. 본 연구 결과는 Dubinsky & Leron(1994)의 연구에 기반한 한 교수법이 학생들이 이항 연산, 군, 그리고 부분군에 강한 개념을 형성하는 데 상당히 효과적이었다는 것을 시사했다.

Brown, A., McDonald, M., & Weller, K. (2010). Step by step: Infinite iterative processes and actual infinity. In Research in Collegiate mathematics education VII. CBMS issues in mathematics education (Vol. 16, pp. 115~141). Providence,

RI: American Mathematical Society.

추상 수학의 기초 강좌를 수강하는 학생들을 대상으로 집합 $\bigcup_{k=1}^{\infty} P(\{1,2,\ldots,k\})$과 집합 P(N)이 같은 집합인지 판별하는 과제에 대해 인터뷰를 했다. 여기서 N은 자연수 집합을 나타내며, P는 멱집합 연산자를 나타낸다. APOS 분석을 통해 무한 반복 Process와 그들의 무한 상태에 대한 발달에 있어 내면화, 협응 및 집약화의 역할이 필요함을 밝혔다. 이론적 분석은 일련의 사례 연구를 통해 이론적 분석이 설명되어 있고 Lakoff & Nunez(2000)의 무한에 대한 은유와 본 연구의 이론적 분석이 서로 비교되어 있다.

Brown, A., Thomas, K., & Tolias, G. (2002). Conceptions of divisibility: Success and understanding. In S. Campbell & R. Zazkis (Eds.), Learning and teaching number theory: Research in cognition and instruction (pp. 41~82). Westport: Ablex Publishing.

저자들은 예비 초등 교사들의 배수 개념에 대한 이해를 조사한 결과를 보고하였는데, 특히 최소공배수에 초점을 맞추었다. 학생들의 이해도는 APOS 이론과 피아제의 Piaget(1978). *Success and Understanding*에서 채택한 단계 모델을 결합하여 조사되었다.

12.2 C에서 D까지

Carlson, M. (1998). A cross-sectional investigation of the development of the function concept. Research in Collegiate mathematics education III. CBMS issues in mathematics education (Vol. 7, pp. 114~162). Providence, RI: American Mathematical Society.

이 연구에서 저자는 학생들의 함수 개념의 발달을 조사했다. 함수 개념의 주요 측면에 대한 학생들의 이해를 측정하는 시험을 개발하여 대학 대수학 과목에서 A 학점을 받은 학생들, 고급 미분적분학 과목을 이수한 학생들, 또는 대학원 1학년 수학 과목을 이수한 학생들에게 이 시험을 실시했다. 각 그룹에서 다섯 명의 학생들과 후속 인터뷰를 진행했다. APOS 이론은 학생들의 함수에 대한 개념적 관점을 분류하는 데 사용된 여러 이론적 틀 중 하나였다. 저자는 다양한 결론을 도출했는데, 그중에는 Breidenbach et al. 연구(1992)와의 일치된 결론으로, 학생들이 특정 유형의 구성 활동에 참여함으로써 함수의 이해가 개선되었다는 결론이 도출되었다.

Cetin, İ. (2009). Students' understanding of limit concept: An APOS perspective. Doctoral Thesis, Middle East Technical University, Turkey.

이 연구의 주요 목적은 대학 1학년 미분적분학을 수강하는 학생들을 대상으로 형식적 극한 개념에 대한 이해를 조사하고, APOS 이론에 기반하여 연구자가 설계한 교수법을 적용한 후의 이해 변화를 조사하는 것이었다. 이 연구는 사례연구 방법을 활용하여 연구 문제를 탐구했다. 터키의 중동부 지역의 공과대학교에서 1학년 미분적분학을 수강하는 25명의 수학 전공 학생들이 본 연구에 참여했다. 이 학생들은 2007~2008년 가을 학기에 5주 동안 수업을 받았다. 매주 그룹으로 2시간 동안 컴퓨터 실습실에서 모여 공부하고, 그 후 4시간 동안 강의를 들었다. 컴퓨터 실습실에서 학생들은 형식적인 강의를 듣기 전에 극한 개을 반영하기 위해 프로그래밍 활동을 했다. 개방형 질문을 포함하여 극한에 관한 설문지로 사전 사후테스트를 실시하여 학생들의 극한에 대한 이해 변화를 확인했다. 수업이 끝난 후 연구자가 개발한 반구조화 인터뷰로 모든 학생을 대상으로 설문지에 대한 학생들의 반응을 더 깊이 탐구했다. 학생들의 설문조사 반응은 질적 및 양적으로 분석되었으며, 인터뷰 결과는 APOS 틀을 사용하여 분석되었다. 연구 결과에 따르면, 학생들의 사고가 초기 발생적 분해에서 예측한 바와 일치함을 보여주었다. 연구자가 설계한 교수법은 극한 개념의 이해를 촉진하는 데 긍정적인 역할을 한 것으로 나타났다.

Clark, J. M., Cordero, F., Cottrill, J., Czarnocha, B., DeVries, D. J., St. John, D., Tolias, G., & Vidaković, D. (1997). Constructing a schema: The case of the chain rule. Journal of Mathematical Behavior, 16, 345~364.

연쇄법칙 개념에 대한 예비 발생적 분해를 기반으로, 저자들은 APOS 이론을 피아제 및 가르시아의 Schema 발달 관련 아이디어와 결합하여 연쇄법칙에 대한 학생들의 이해를 해석하고 그들의 반응을 분류하는 구조를 제공하는 Schema 발달의 삼중체를 개발했다. 데이터 분석 결과는 연쇄법칙의 인식론적 분석을 수정하는 데 기여했다.

Clark, J., Hemenway, C., St. John, D., Tolias, G., & Vakil, R. (1999). Student attitudes toward abstract algebra. Primus, 9, 76~96.

저자들은 추상 대수 강의에서 학생들의 태도에 대한 비교 연구를 실시했다. 한 그룹의 학생들은 컴퓨터 프로그래밍 활동과 협력 학습을 포함한 APOS 기반 수업 활동을 받았다. 다른 그룹의 학생들은 전통적인 수업을 받았다. 두 그룹의 학생들은 강의 종료 시 개별 인터뷰에서 강의와 추상 대수에 대한 느낌을 공유했다. 학생들의 반응은 APOS 기반 수업 방식을 여러 면에서 선호했으며, 심지어 APOS 강의의 내용은 전통 강의의 엄격함과 요구 수준에 부족함이 없었다.

Cooley, L., Trigueros, M., & Baker, B. (2007). Schema thematization: A theoretical framework and an example. Journal for Research in Mathematics Education, 38, 370~392.

Schema의 주제화 개념은 APOS 이론의 초기 개발 단계에서(Dubinsky 1986b) 출현하였지만, 이와 관련된 연구는 본 연구 및 이와 관련된 연구(Baker et al., 2000)가 이루어질 때까지는 광범위하게 연구되지 않았다. 이러한 연구에서 저자들은 '미분적분 그래프 Schema'의 발달을 Schema 발달의 삼중체를 통해 연구했다. 본 연구는 이전 연구를 기반으로 Schema의 주제화에 초점을 맞추고 있다. 미분적분학 강의에서 좋은 성적을 받은 학생들을 인터뷰했는데, '미분적분 그래프 Schema'가 서로 다른 발달 단계에서 작동한 것으로 나타났다. Schema를 주제화한 학생은 한 명뿐이었습니다.

Cordero, F. (1998). El entendimiento de algunas categorías del conocimiento del cálculo y análisis: el caso de comportamiento tendencial de las funciones. Revista Latinoamericana de Investigación en Matemática Educativa, 1, 56~74.

학교 교육 관점에서 저자는 학생들이 제기한 함수의 그래프에 관한 여러 가지 논쟁을 마주했다. 연구자는 이러한 논쟁을 "함수의 추세적 행동"이라고 불렀다. 저자는 학생 참여자들이 만든 이 논쟁의 몇 가지 구성을 APOS 이론을 사용하여 데이터를 분석했다.

Cordero, F., & Miranda, E. (2002). El entendimiento de la transformada de Laplace: una epistemología como base de una descomposición genética. Revista Latinoamericana de Investigación en Matemática Educativa, 5(2), 133~168.

본 논문에서는 라플라스 변환과 관련된 교수학적 수학적 담론과 인식론적 기반으로 재정의될 수 있는 발생적 분해 개념에 대한 이론적 질문이라는 두 가지 문제를 다루고 있다. 이 연구는 이 개념의 의미와 구성을 가능하게 하는 조건의 기원과 관련된 참조 프레임의 부재를 지적했다. 이 사실은 학생들을 위한 학습 모델과 정신 구성에 의한 발생적 분해의 정의에 대해 의문을 제기했다. 그리고 라플라스 변환의 인식론을 정립하고 이 변환 개념의 확장을 위한 발생적 분해의 역할이 논의되어 있다.

Cottrill, J. F. (1999). Students' understanding of the concept of chain rule in first year calculus and the relation to their understanding of composition of functions. Unpublished doctoral dissertation, Purdue University, West Lafayette.

이것은 Clark et al. 연구(1997)의 후속 연구이다. 저자는 삼중체 메커니즘이 학생들의 관찰된 행동을 설명하며 특정한 정신 구성을 돕는 수업 활동을 개발하는 데 사용될 수 있다는 점을 발견했다. 이 연구에서는 연쇄법칙 Schema의 내부, 상호 및 전이 수준의 발달에 대해 Clark et al.(1997)에서 제시된 내용보다 더 자세한 설명을 제시하고 있다.

Cottrill, J., Dubinsky, E., Nichols, D., Schwingendorf, K., Thomas, K., & Vidaković, D. (1996). Understanding the limit concept: Beginning with a coordinated process schema. Journal of Mathematical Behavior, 15, 167~192.

이 논문은 APOS 약어가 이론의 이름으로 사용된 첫 번째 출판물이다. 저자들은 극한 개념에 관한 문헌에서 몇 가지 점을 재해석하고, 동적 또는 Process 개념과 정적 또는 형식 개념 간에 여러 저자들이 말한 이분법의 새로운 변형을 제안하고 있다. 또한 학생들이 이러한 개념을 구축하는 것이 왜 어려운지에 대한 설명을 제시하고 있다. 저자들은 극한 개념을 위한 발생적 분해를 제시하고, 그 후 미분적분학 강의를 수강한 25명의 학생들과의 인터뷰 분석 예시를 사용하여 발생적 분해의 진화를 설명한다.

Czarnocha, B., Dubinsky, E., Prabhu, V., & Vidaković, D. (1999). One theoretical perspective in undergraduate mathematics education research. In O. Zaslavsky (Ed.), Proceedings of the 23rd Conference of the International Group for the Psychology of Mathematics Education (Vol. 1, pp. 95~110). Haifa, Israel.

이 연구의 핵심은 대학 수학교육 연구가 한편으로는 교육과정 개발 및 교수 실제와 긴밀하게 연결되어야 하며, 또한 다른 한편으로는 하나 이상의 학습 이론에 대한 경험적 데이터의 원천으로 활용되어야 한다는 점이다. 본 연구는 또한 중학교와 K-12 수준의 APOS 기반 연구에서 어떻게 이러한 핵심이 주요한 역할을 하는지를 설명하고 있다. 본 연구는 APOS 이론에 대한 대안적 시각을 제시하고 있다.

Davis, G., & Tall, D. (2002). What is a scheme? In D. Tall & M. Thomas (Eds.), Intelligence, learning and understanding in mathematics: A tribute to Richard Skemp (pp. 141~160). Flaxton, QLD: Post Pressed.

이 장은 Schema에 대한 리처드 스켐프 Richard Skemp의 개척자적 연구에 헌정하며 본 연구에 근본적으로 영향을 주었다. 저자들은 Schema 형성의 예시, Schema와 기호, 정신적 객체로서의 Schema, 지각적, 사회적 및 개념적 범주화, 그리고 APOS 이론과의 연관성에 대해 논의하였다.

DeVries, D., & Arnon, I. (2004). Solution—What does it mean? Helping linear algebra students develop the concept while improving research tools. In M. Hoines & A. Fuglestad (Eds.), Proceedings of the 28th Conference for the International Group for the Psychology of Mathematics Education (Vol. 2, pp. 55~62). Bergen, Norway.

선형대수학을 수강하는 학생 12명을 대상으로 연립방정식의 해 개념에 대해 인터뷰를 했다. 이 인터뷰는 APOS의 발생적 분해를 사용하여 분석되었다. 인터뷰 분석 결과에 따르면, 해에 대한 여러 오해가 드러났으며 (이 중 일부는 문헌에서 보고된 등호 기호에 관한 오해와 관련이 있을 수 있음) 인터뷰에 사용된 설문지의 단점도 드러났다. 이 설문지는 연립방정식에 대한 지식이 전혀 없음과 부분적인 지식 있음을 구별하지 못했다. 본 연구를 통해 연구 도구(발생적 분해, 수업 자료에 대한 제안, 그리고 설문지)가 개선되어 후속 연구에 적용 가능하게 되었다.

12.3 Dubinsky (주저자)

Dubinsky, E. (1984). The cognitive effect of computer experiences on learning abstract mathematical concepts. Korkeakoulujen Atk−Uutiset, 2, 41~47.

이 논문은 더빈스키의 아이디어에 관한 첫 번째 논문으로, 피아제의 반영적 추상 개념을 대학 수학에 통합하는 아이디어에 관한 것이다. 이 발표에서 저자는 함수를 "과정(Process)"으로서와 "대상(Object)"으로서 생각하는 차이에 대해 논하며, 컴퓨터 프로그래밍 경험을 활용하여 학생들이 그 차이를 이해하는 데 도움이 된다고 한다. 또한 정신적 대상에 "행동(Action)"을 적용하는 방법을 설명하며, 수학적 귀납법으로 증명을 하기 위해 Pascal 프로그램의 예를 들며, 학생들이 이러한 프로그램을 작성하고 디버그하는 동안 귀납에 대한 이해력이 향상될 것이라는 견해를 제시했다. 이 논문에서 더빈스키는 처음으로 "행동", "과정", "대상"을 언급했으며, 외부 행동이 내부 과정으로 어떻게 변환되는지, 그리고 행동이 과정이나 정신 대상에 어떻게 작용하는지를 다루었다.

Dubinsky, E. (1985, March). Computer experiences as an aid in learning mathematics concepts. Working paper for the Conference on the Influence of Computers and Informatics on Mathematics and its Teaching, Strasbourg.

프로세스를 정신 대상으로 변환하는 정신적 메커니즘으로서의 "집약화(encapsulation)" 용어가 처음 소개되어 있다.

Dubinsky, E. (1986a). On teaching mathematical induction I. Journal of Mathematical Behavior, 5, 305~317.

이 연구는 수학적 귀납법을 지도하기 위한 그 당시(1986년) 혁신적 접근법의 프로토타입 버전을 소개하고 있다. 컴퓨터 활동을 활용한 수업 처치가 8명의 대학생으로 이루어진 소규모 수업에서 도입되었다. 이 수업 처치는 APOS 이론으로 발전될 초기 버전을 기반으로 하여, 학생들이 반영적 추상화를 통해 특정한 정신적 구성을 만들 수 있도록 돕기 위해 설계되었다. 컴퓨터 활동은 이미 반영적 추상화를 향상시키는 데 사용되고 있었다. 이 수업 처치는 상당히 효과적이었다.

Dubinsky, E. (1986b, September 25~27). Reflective abstraction and computer experiences: A new approach to teaching theoretical mathematics. In Proceedings of the Eighth Annual PME-NA Meeting, East Lansing, MI.

이 논문은 행동(Action)을 정신 과정(Process)으로 변환하는 내면화(interiorization) 메커니즘을 소개하고 있다. 또한 Schema를 다른 Schema가 작용할 수 있는 대상(Object)으로 변환하는 아이디어도 논의된다. 이 논문에서는 Schema를 대상으로 변환하는 것을 집약화(encapsulation)의 한 예로 다루었으며, 이후에 나타날 개념인 주제화(thematization)와 대조되는 개념으로 제시하고 있다.

Dubinsky, E. (1989). On teaching mathematical induction II. Journal of Mathematical Behavior, 8, 285~304.

이 논문에서는 Dubinsky & Lewin(1986) 그리고 Dubinsky(1986a)의 연구에 대한 후속 연구로서 ISETL과 ISETL을 활용한 이론적인 기반의 교수법(아직 APOS로 불리지는 않았음)을 사용한 두 가지 수업 실험에 대한 세부 내용을 다루고 있다. 데이터 분석에 따르면, 학생들이 더 긍정적인 태도를 보였으며 간단한 귀납적 문제를 해결하는 데 완전히 성공했다. 더 어려운 낯선 문제가 제시되었을 때, 학생들은 대부분 문제를 올바르게 설정하고 귀납법을 사용하는 방법을 알고 있었으며, 그렇게 할 의향도 있었지만 증명을 완성하는 데는 여전히 어려움을 겪는 것으로 나타났다.

Dubinsky, E. (1991a). The constructive aspects of reflective abstraction in advanced mathematics. In L. P. Steffe (Ed.), Epistemological foundations of mathematical experience. New York: Springer.

저자는 수학적 지식 및 습득을 설명하기 위해 개발 중인 APOS 이론(아직 이렇게 명명되지 않음)에 대한 간단한 논의를 하고 있다. 또한 학생들로부터 관찰된 정신 구성의 방법을 설명하고 있다. 이 관점에 따라 귀납법, 수량화, 그리고 함수의 연구에 대한 분석을 제시하고 있다.

Dubinsky, E. (1991b). Reflective abstraction in advanced mathematical thinking. In D. Tall (Ed.), Advanced mathematical thinking (pp. 95~123). Dordrecht, The Netherlands: Kluwer.

저자는 반영적 추상의 개념이 고급 수학적 사고 연구에 강력한 도구가 될 수 있으며,

이러한 사고가 무엇인지를 이해하는 데 기여하고 지원하는 이론적 기반이 될 수 있다는 주장을 하고 있다. 또한 어떻게 학생들에게 이러한 유형의 사고를 개발하는 능력을 키울 수 있는지에 대해 제안하고 있다.

Dubinsky, E. (1992). A learning theory approach to calculus. In Z. Karian (Ed.), Symbolic computation in undergraduate mathematics education. MAA Notes 24 (pp. 48~55). Washington, DC: Mathematical Association of America.

저자는 APOS 이론(아직 이렇게 명명되지 않음)의 개요를 설명하며, 이 이론에서 도출할 수 있는 수업 활동에 관한 몇 가지 사항을 논의한다. 특히, 컴퓨터가 교수와 학습에 어떻게 활용될 수 있는지에 대해 논의하고 있다.

Dubinsky, E. (1994). A theory and practice of learning college mathematics. In A. Schoenfeld (Ed.), Mathematical thinking and problem solving (pp. 221~243). Hillsdale: Erlbaum.

수학 교육에는 많은 이분법적인 요소들이 존재한다. 저자는 상반되는 이분법적 개념들에 대한 통합에 관심을 두고 있다. 구체적으로, 여러 상반되는 개념들이 있다. 이론과 실제, 연구와 개발(여기서 개발은 교육과정 개발을 의미), 그리고 신념과 선택. 이러한 통합에 대해 논의하는 것 외에도, 저자는 이론의 시작과 그 응용에 대해 설명하며, 이론에서 파생된 교수 처치의 몇 가지 예시를 설명한다(APOS라는 용어가 아직 등장하지 않은 시기). 이러한 교수 처치를 통한 연구 결과에 따르면, 컴퓨터 활용을 포함하는 학습 이론에 기반한 교수 처치를 설계할 수 있는 가능성을 제시한다.

Dubinsky, E. (1995). ISETL: A programming language for learning mathematics. Communications in Pure and Applied Mathematics, 48, 1~25.

저자는 대학 수준에서 학생들이 수학적 개념을 배우는 데 도움이 되는 교수학적 전략의 발전 Process에 대해 간략히 설명한다. 이 방법은 APOS 이론(아직 이렇게 명명되지 않음)을 기반으로 설계된 수업을 ISETL을 통해 구현하는 것이었다. ISETL에 대해 상세히 설명되어 있으며, 추상 대수학, 미분적분학, 그리고 수학적 귀납법에서 교육 도구로서의 활용 예시가 제시되어 있다.

Dubinsky, E. (1996a). Applying a Piagetian perspective to post-secondary mathematics education. Second International Workshop on Mathematics Education for Engineers (pp. 25~29). Havana.

저자는 피아제의 교육에 관한 아이디어에 대한 간략한 소개한다. 이러한 아이디어가 교육과정 개발 활동의 이론적 기반을 형성하고 특정 수업 전략의 전반적인 구조를 결정하는 방식에 대해 설명한다. 학생 데이터 분석에 따르면, 이 구성주의적 접근법이 수학적 지식 발전에 필요한 정신 구조를 결정하고, 컴퓨터 활동이 이러한 구조를 구축하는 데 도움이 되는 방법을 설명하고 있다.

Dubinsky, E. (1996b). Aplicación de la perspectiva piagetiana a la educación matemática universitaria. Educación Matemática, 8(3), 24~41.

이 보고서는 대학 수준에서 교육과정 개발에 관한 더빈스키의 연구를 설명하고 있다. 이는 아동이 학습하는 데 교육이 어떻게 도움이 될 수 있는지에 관한 피아제의 아이디어를 기반으로 한다. 이 글은 피아제의 아이디어에 대한 간단한 소개로 시작하며, 이 아이디어가 더빈스키의 교육과정 개발 활동의 기반이 되는 방식을 보여준다. 저자는 이론적인 관점이 군의 원소 순서에 관한 인터뷰 질문에 대한 학생들의 반응을 설명하는 데 이론적인 관점이 어떻게 활용될 수 있는지를 보여준다. 또한 이 논문에는 이 수업 활동에 있는 컴퓨터 과제의 예시도 포함되어 있다.

Dubinsky, E. (1997a). On learning quantification. Journal of Computers in Mathematics and Science Teaching, 16(2/3), 335-362.

본 연구에서 저자는 Dubinsky, Elterman & Gong(1988)의 수량화에 대한 이론적 분석을 기반으로 특별히 설계된 Process에서 학생들의 보편적 및 실질적 수량화 학습을 조사하였다. 이 수업 활동은 학생들이 컴퓨터 프로그램 ISETL을 사용하여 정신 구성을 만드는 데 도움을 되도록 설계되었다. 학생들의 설문에 응답을 분석한 결과, 본 연구에서 설계한 수업 활동이 학생들이 어려운 문제를 해결할 때에도 수량화의 이해를 발전시키는 데 도움이 되었다고 한다.

Dubinsky, E. (1997b). Some thoughts on a first course in linear algebra on the college level. In D. Carlson, C. Johnson, D. Lay, D. Porter, A. Watkins, & W. Watkins (Eds.), Resources for teaching linear algebra. MAA Notes 42 (pp. 85~106).

Washington, DC: Mathematical Association of America.

본 장은 선형대수를 가르치기 위한 두 프로그램의 권고사항 및 APOS 이론에 기반한 대안 교수법의 제안에 대한 반응에 관한 내용이다. 이 제안은 ISETL 활동이 제안된 수업 활동 순서에 어떻게 통합될 수 있는지에 대한 구체적인 설명을 하고 있다. 이 연구에는 세 가지 접근 방식에 대한 자세한 설명이 포함되어 있다.

Dubinsky, E. (2000a). Mathematical literacy and abstraction in the 21st century. School Science and Mathematics, 100(6), 289~297.

본 논문에서 저자는 21세기 시민으로서 중요한 구성 요소인 추상화에 대한 점진적인 필요성을 설명한다. 추상화가 어떻게 발생하는지 그리고 왜 그 발달이 가르쳐져야 하는지를 언급한다. 국가 부채의 변화하는 변화율과 같은 경제 · 정치적 문제를 고려하는 데 있어 함수 개념의 교육을 예로 들면서 자신의 관점을 주장한다. 저자는 대학 교육에서 추상화를 촉진하기 위한 가능한 교육 도구로 APOS를 제안하고 K−12 수준에서 유사한 도구를 개발할 필요성에 대해 제안하고 있다.

Dubinsky, E. (2000b). Meaning and formalism in mathematics. International Journal of Computers for Mathematical Learning, 5, 211~240.

본 글은 수학적 아이디어의 가능한 심리적 근원에 대한 탐구를 다루고 있다. 특히 의미와 형식 간의 관계에 초점을 맞추고 있다. 이 둘에 대해 두 가지 가능한 관계를 제안한다. 의미를 구축하기 위한 형식의 사용은 학생들에게 매우 어려운 Process지만, 저자는 이것이 고등학교 상급과 대학 수준에서는 수학의 큰 부분을 배우는 유일한 경로일 수 있다는 가능성을 제시한다. 학생들이 형식을 다루는 데 도움을 주는 교수 전략으로 APOS를 제안하고 있다.

Dubinsky, E., & Harel, G. (1992). The nature of the process conception of function. In G. Harel, E. Dubinsky (Eds.), The concept of function: Aspects of epistemology and pedagogy. MAA Notes 25 (pp. 85~106). Washington, DC: Mathematical Association of America.

저자들은 ISETL을 활용한 APOS 기반의 함수 개념 교육을 받은 13명의 학생들을 인터뷰했다. 학생들의 사고를 여러 다양한 관점에서 조사한 결과, 학생들이 구성의 복잡성으로 인해 'Process 개념'을 구축하는 데 어려움을 겪는다는 사실을 발견했다.

Dubinsky, E., & Leron, U. (1994). Learning abstract algebra with ISETL. New York: Springer.

이 책은 추상 대수학 강의용 교재이다. 이 당시에는 아직 APOS라는 명칭을 사용하지 않았지만 추상 대수학을 지도하기 위한 구성주의적 접근으로(수학적 의미가 아니라 인식론적 의미에서) APOS 이론을 적용해보는 데 목적이 있다. 저자들은 서문에서 구성주의 접근 방식을 '학생들은 스스로 수학적 개념을 구성한다', '교재의 아이디어는 완성된, 다듬어진 형태로 제시되지 않는다' 등으로 제시했다. 이 책은 ISETL 및 ACE 교수 사이클을 사용하여 추상 대수학 강의와 관련된 문제들을 다루고 있다.

Dubinsky, E., & Lewin, P. (1986). Reflective abstraction and mathematics education: The genetic decomposition of induction and compactness. Journal of Mathematical Behavior, 5, 55~92.

저자들은 피아제의 인식론, 특히 평형화와 반영적 추상화를 해석하여 APOS 이론의 핵심을 구성하였다. 수학적 귀납법 및 조밀성에 대한 발생적 분해를 설명하기 위해 피아제의 인식론을 적용하였다.

Dubinsky, E., & McDonald, M. (2001). APOS: A constructivist theory of learning in undergrad mathematics education. In D. Holton (Ed.), The teaching and learning of mathematics at the university level: An ICMI study (pp. 273~280). Dordrecht, The Netherlands: Kluwer.

저자들은 수학교육 이론이 연구에 기여할 수 있는 여섯 가지 방법을 제시하고, 이러한 방법을 이론을 평가하는 기준으로 활용하는 방법을 제안한다. 그런 다음 RUMEC (대학 수학교육 연구 커뮤니티) 구성원 및 기타 사람들이 APOS 이론을 활용하여 교수 설계, 교육과정 개발, 연구 수행에 어떻게 활용되는지를 설명한다. 그리고 이 이론이 학습에 관한 아이디어를 전달하는 언어로서 어떻게 활용되는지도 설명하고 있다. 이 장에는 이론과 대학 수학교육 연구에서의 활용에 관한 자세한 내용을 제공하는 주석이 달린 참고문헌 목록이 포함되어 있다.

Dubinsky, E., & Schwingendorf, K. (1990). Calculus, concepts, and computers–Innovations in learning calculus. In T. Tucker (Ed.), Priming the calculus pump: Innovations and resources. MAA Notes 17 (pp. 175~198). Washington, DC: Mathematical Association of America.

본 보고서는 미국 국립과학재단의 지원을 받아 퍼듀대학교에서 개발된 세 학기 동안의 혁신적인 미분적분학 강좌에 대해 설명한다. 해당 자료는 1990년대 동안 퍼듀대학교 및 미국 및 기타 국가의 다른 대학에서 사용되었다. 이 강좌는 본 보고서 작성 시점에도 일부 대학에서 사용되고 있다.

이 강좌의 설계는 APOS 이론에 기반하며, 학생들이 수학적 프로그래밍 언어로 프로그램을 작성하고 실행하며 기호계산 시스템을 사용하여 컴퓨터에서 계산을 수행하는 활동을 포함하고 있다. 교수 전략은 학생들이 협력 학습으로 컴퓨터실에서 활동하도록 하는 것으로, 학생들이 학습할 수학 내용에 대한 이론적 분석에서 제안된 정신 구조를 구성하도록 했다. 또한 교실에서는 소그룹 문제해결 활동을 하도록 했는데 여기서는 컴퓨터실에서 습득한 수학 개념에 대한 이해를 구성하도록 설계된 정신 구조를 사용하는 문제 상황들이 제시되었다. 또한 학습 이해를 강화하기 위해 표준 미분적분 문제에 대한 과제 문제도 포함되어 있다.

이 보고서는 APOS 이론과 해당 이론이 강좌 설계에 어떻게 활용되는지를 설명한다. 그래프와 함수, 미분적분학의 기본정리, 무한 수열 및 무한 급수에 대한 세부적인 예시가 제시되어 있다. 이 논문에는 학생들에게 작성하라고 했던 컴퓨터 프로그램 일부와 미분적분 학습에 관한 학생들의 비교 데이터, 그리고 학생 및 관리자의 의견 등이 포함되어 있다.

Dubinsky, E., & Schwingendorf, K. (1991a). Constructing calculus concepts: Cooperation in a computer laboratory. In C. Leinbach, J. R. Hundhausen, A. M. Ostebee, L. J. Senechal, & D. B. Small (Eds.), The laboratory approach to teaching calculus. MAA Notes 20 (pp. 47~70). Washington, DC: Mathematical Association of America.

Dubinsky, E., & Schwingendorf, K. (1991b). Calculus, concepts, and computers: Some laboratory projects for differential calculus. In C. Leinbach, J. R. Hundhausen, A. M. Ostebee, L. J. Senechal, & D. B. Small (Eds.), The laboratory approach to teaching calculus. MAA Notes 20 (pp. 197~212). Washington, DC: Mathematical Association of America.

이는 Dubinsky & Schwingendorf(1990)의 연구를 확장한 두 편의 논문으로, 첫 번째 논문에서는 실험실 접근법의 이론적 배경에 대한 풍부한 논의와 협동학습 환경을 설명한다. 두 번째 논문에서는 14쪽에 걸쳐 실험실 예시 활동과 과제 과제를 제공하고 있다.

Dubinsky, E., Schwingendorf, K. E., & Mathews, D. M. (1995a). Calculus, concepts & computers (2nd ed.). New York: McGraw－Hill.

이 책은 ISETL 활동을 활용한 ACE 교수 사이클을 적용한 미분적분학 1학년 강좌에 관한 책이다. 앞에서 언급한 Dubinsky & Schwingendorf(1990, 1991a, b)의 강좌에 사용된 교재이다. 이 교재는 한 학기 동안 극한, 미분 및 적분, 수열 및 급수, 그리고 극좌표 및 매개변수 곡선을 다룬다.

Dubinsky, E., & Schwingendorf, K. E. (1995b). Calculus, concepts, and computers: Multivariable and vector calculus (Revised Preliminary Version). New York: McGraw－Hill.

이것은 Dubinsky et al.(1995a)에서 설명한 두 학기 Process에 대한 세 번째 학기 후속 강좌에 사용되었던 교재이다. 후속 강좌는 여러 실변수 함수의 미분적분을 다루며, 처음 두 학기에서 사용된 모든 이론적 배경과 교수 전략을 활용했다.

Dubinsky, E., & Wilson, R. (2013). High school students' understanding of the function concept. Journal of Mathematical Behavior, 32, 83~101.

이 논문은 학업 성취도와 사회 경제적 지위에서 가장 낮은 25%에 해당하는 고등학교 학생들을 대상으로 한 대안 대수학 프로젝트의 일부이다. 이 연구는 함수 개념을 학습하는 데 초점을 맞추고 있으며 여기에서 APOS 이론은 분석적 평가 도구로 사용되었다. 프로젝트의 대상 학생들 중 15명의 고등학교 학생들이 이 연구에 참여했다. 프로젝트 후 즉시 설문이 실시되었고 몇 주 후 심층 인터뷰가 실시되어 이들 데이터는 APOS 기반 도구를 사용하여 분석되었다. 연구 결과에 따르면, 적절한 교수 방법을 사용한다면 프로젝트 대상 학생들이라도 고등학교 수준에서 상당히 복잡한 수학을 배울 수 있다는 사실이 밝혀졌다.

Dubinsky, E., & Yiparaki, O. (1996, July 25~26). Predicate calculus and the mathematical thinking of students, international symposium on teaching logic and reasoning in an illogical world (Report). Centre of Discrete Mathematics and Theoretical Computer Science, Rutgers University.

이 보고서는 두 가지 관련 프로젝트를 기반으로 작성되었다. 첫 번째 프로젝트는 피아제의 아이디어를 활용하여 학생들이 미분적분학을 이해하는 방법과 이 분석을 교수 설계와 실행에 어떻게 적용할 수 있는지를 분석한 시도였다(Dubinsky et al., 1988; Dubinsky, 1997a). 두 번째 프로젝트는 APOS 이론(Asiala et al., 1996)이라 불리는 이론을 적용하려는 시도였다. 이 보고서는 저자들이 미분적분학의 역할에 대한 의견을 기술하며, 이 역할이 많은 학생들에게 작동하지 않는다는 주장으로 마무리하고 있다. 저자들은 APOS 기반 교수에 참여한 학생들이 수량화에 대한 어느 정도의 이해와 그것을 활용하는 능력을 개발했음을 발견했다. 이것은 실험에서 학생들의 전반적인 성취도에서 검증되었다.

Dubinsky, E., Dautermann, J., Leron, U., & Zazkis R. (1994). On learning fundamental concepts of group theory. Educational Studies in Mathematics, 27, 267~305.

이 논문은 군, 부분군, 코르셋, 정규성 및 가환군 개념에 대한 학생들의 정신 구성을 APOS 이론을 활용한 체계적인 조사이다. 저자들은 이러한 주제들의 학습에 대해 관찰을 하고 이해의 복잡한 성질과 오류와 실수의 역할에 대해 논의한다.

Dubinsky, E., Elterman, F., & Gong, C. (1988). The student's construction of quantification. For the Learning of Mathematics—An International Journal of Mathematics Education, 8, 44~51.

이산수학 Process의 일부로, 저자들은 SETL(현재의 ISETL의 전신)을 활용한 컴퓨터 활동을 통해 수량화에 대한 단원을 설계했다. 해당 단원을 완료한 학생들로부터 수집한 데이터를 사용하여 저자들은 수량화 개념을 위한 발생적 분해를 제안하고 있다.

Dubinsky, E., Weller, K., & Arnon, I. (2013). Preservice teachers' understanding of the relation between a fraction or integer and its decimal expansion: The Case of 0.999⋯ and 1. Canadian Journal of Science, Mathematics, and Technology

Education, 13(3).

이 논문은 같은 실험에서 수집된 데이터를 기반으로 한 연구 중 세 번째로, 이전에 수행된 두 연구(Weller et al., 2009, 2011)와 함께 연계되는 연구의 일부이다. 저자들은 학생들이 소수점 0.9와 1과의 관계를 이해하는 Process를 발생적으로 분해했다. 발생적 분해는 연구 참여자의 높은 퍼센트에 유효했으며, APOS 이론의 창시 이후 첫 번째 실질적 변화의 가능성을 제시했다(Dubinsky & Lewin, 1986). 이 분석은 다른 연구나 학생 학습의 평가에 유용하게 사용될 수 있을 정도로 객관적이고 매우 효율적인 방법론이었다. 이 연구에 대한 추가 분석은 이 논문 목록에서 Weller et al. (2009, 2011)를 참조하기 바란다.

Dubinsky, E., Weller, K., McDonald, M. A., & Brown, A. (2005a). Some historical issues and paradoxes regarding the concept of infinity: An APOS analysis: Part 1. Educational Studies in Mathematics, 58, 335~359.

이 논문은 APOS 이론을 적용하여 인간들이 무한 개념에 대해 어떻게 생각할 수 있는지에 대한 새로운 설명을 제시한다. 저자들은 무한 개념에 대한 다양한 이분법, 역설 및 수학 문제에 대한 인지적 해석과 경우에 따라 해결책을 제안한다. 이러한 설명은 내면화 및 집약화의 정신 기제로 표현되었다. 인지적 관점을 제시하는 목적은 무한과 관련된 쟁점들이 관심과 논란의 원천이 되었으며 계속해서 학생들에게 어려움을 주고 있는 문제이기 때문이다.

Dubinsky, E., Weller, K., McDonald, M. A., & Brown, A. (2005b). Some historical issues and paradoxes regarding the concept of infinity: An APOS analysis: Part 2. Educational Studies in Mathematics, 60, 253~266.

이 논문은 학생들과 수학자들이 무한 개념을 어떻게 생각하는지에 대한 인지적 설명을 제공하는데 APOS 이론이 어떻게 활용될 수 있는지를 다루는 두 번째 연구이다. 저자들은 무한 Process를 논의하며 내면화와 집약화의 정신 메커니즘을 어떻게 활용하여 무한 Process를 완료된 전체로 인식할 수 있는지 설명하고, 무한 Process와 그로부터 나올 수 있는 대상들 간의 관계를 설명하고, 무한과 관련된 특정 수학 쟁점들에 대한 분석에 이 정신 메커니즘을 적용하고 있다.

Dubinsky, E., Weller, K., Stenger, C., & Vidaković, D. (2008). Infinite iterative processes: The tennis ball problem. European Journal of Pure and Applied Mathematics, 1(1), 99~121.

이 논문에서 저자들은 APOS 이론을 사용하여 세 가지 무한 Process의 협응에 관한 역설적 문제인 테니스공 문제를 이해하고 해결하는 데 필요한 정신 구성을 설명한다. 인터뷰 대상자 15명 중 단 한 명만 문제를 올바르게 해결했다. 그의 응답은 이론적 분석이 요구되는 정신 구성을 완성한 것으로 나타난 반면, 다른 학생들은 해당 구성을 완성하지 못했다. 데이터 분석을 기반으로 저자들은 다양한 교수학적 제안과 미래 연구를 위한 방향을 제시했다.

12.4 E에서 M까지

Ely, R. (2011). Envisioning the infinite by projecting finite properties. Journal of Mathematical Behavior, 30, 1~18.

테니스공 문제 풀이에 참여한 24명의 대학생을 인터뷰했다. 저자는 참가자들의 응답을 이해하는 데 도움이 되는 연구틀을 제시한다. 저자는 이 연구틀이 무한 Process의 학습을 설명하기 위한 보편적이거나 포괄적인 연구틀은 아니지만 BMI와 APOS 같은 기존의 다른 연구틀도 본 연구 참가자들의 응답을 설명하는 데는 여전히 한계가 있다고 제안한다.

Fenton, W., & Dubinsky, E. (1996). Introduction to discrete mathematics with ISETL. New York: Springer.

1학년 또는 2학년 대학생을 대상으로 한 이 이산수학 입문서는 이산수학의 일반적인 주제들을 다루지만, 학생의 적극적인 학습 참여를 촉진하는 구성주의 원리를 적용한 교재이다. 문법적으로 표준 수학 언어에 가까운 ISETL의 문법으로 컴퓨터 프로그래밍 활동을 통해 이산수학 개념들을 정신에 구성하도록 했다. 이 혁신적인 교수 방식은 학생들이 컴퓨터와 "소크라티스적" 대화를 함으로써 개념을 발견하도록 했다. 형식적인 "정의 – 정리" 교수를 버리고 의문을 제기하는 스타일로 독자의 적극적인 참여를 촉진하는 논의를 하고 있다. 이 교재를 사용하는 교수자는 단순한 기호조작 기술보다 깊은 개념적 이해를 발전시키는 생동감 있는 수업을 할 수 있다.

Font, V., Malaspina, U., Giménez, J., & Wilhelmi, M. R. (2011). Mathematical objects through the lens of three different theoretical perspectives. In E. Svoboda (Ed.), Proceedings of the Seventh Congress of the European Society for Research in Mathematics Education. Rzeszow.

이 논문에서는 수학 인지와 교수에 대한 기호학적 접근(OSA), APOS 이론 및 수학 인지의 인지과학(CSM) 등을 연결하여 "수학적 대상"을 다루고 있다. OSA에서 사용되는 대상 개념이 APOS 이론이나 CSM에서 사용되는 대상 개념과 모순되지 않는다는 주장을 한다. 그 이유는 후자 OSA에 따르면 두 이론은 수학적 대상이 수학적 실행으로부터 나타나는 복잡한 Process의 부분적 측면을 강조하기 때문이다.

Gavilán, J. M., García, M. M., & Llinares, S. (2007a). La modelación de la descomposición genética de una noción matemática. Explicando la práctica del profesor desde el punto de vista del aprendizaje potencial en los estudiantes. Educación Matemática, 19(2), 5~39.

발생적 분해의 모델링이라는 개념이 학생들한테서 개발되는 수학적 지식의 구성 관점에서 수학 교사들의 실행을 설명하기 위해 소개되었다. 이 개념은 고등학교 학생들(16~18세)에게 도함수의 개념을 도입할 때 두 교사의 수업을 분석하는 데 사용되었다. 분석 결과를 통해 두 교사의 수업 실행에 나타난 원칙들을 특징화하는 데 도움이 되었다. 그리고 이 개념에 대한 반성도 제시되어 있다.

Gavilán, J. M., García, M. M., & Llinares, S. (2007b). Una perspectiva para el análisis de la práctica del profesor de matemáticas. Implicaciones metodológicas. Enseñanza de las Ciencias, 25(2), 157~170.

이 연구에서 저자들은 수학 교사의 수업 실행에 대한 분석은 학생들의 학습 모델(수학적 지식의 구축)을 명시화하고 선택한 학습 모델과 일관되는 교사의 실행을 설명할 수 있는 분석 도구를 생성하는 것을 강조한다. 이 글에서 다음 개념들이 소개된다. 분석 도구인 "지식 구성 메커니즘의 모델링"은 이 분석을 수행하기 위해 도입되며 "비네트" 개념은 교사 실행을 분석하는 방법으로 소개된다. 이 수업 실행의 설명과 해석은 두 가지 요소에 기반을 두고 있는데, 사회문화적 초점을 제공하는 실행에 관한 개념과 지식 구성의 이론적 모델을 제공하는 APOS 이론이다.

Ha¨hkio¨niemi, M. (2005). Is there a limit in the derivative?—Exploring students' understanding of the limit of the difference quotient. Proceedings of CERME 4, 1758~1767.

5명의 대학생을 대상으로 과제중심 인터뷰를 실시하여 몫의 차 극한(LDQ)에 대한 학생들의 이해를 조사했다. 학생들의 절차적 지식은 APOS 이론을 사용하여 분석되었고, 개념적 지식은 극한 Process의 종류를 어떻게 표상하고 이것을 LDQ와 어떻게 연결하는지를 조사하여 분석되었다. 학생들은 두 종류의 연결을 가지고 있었는데, 하나의 표상에서 다른 표상으로의 변화 또는 한 표상을 다른 표현으로 설명하는 것이었다. 학생들 중 LDQ의 절차적 지식과 개념적 지식이 좋거나 나쁜 여러 경우가 발견되었다.

Hamdan, M. (2006). Equivalent structures on sets: Equivalence classes, partitions and fiber structures of functions. Educational Studies in Mathematics, 62, 127~147.

이 연구는 학생들이 집합 상의 구조들 사이에 의미 있는 연결을 어떻게 만들 수 있는지에 대해 보고한다. 이러한 구조들은 분할, 동치 관계에 의해 결정된 동치류의 집합, 그리고 해당 집합 상의 함수의 구조(즉, 함수의 공역 범위 내의 모든 집합 {b}의 원상의 집합)와의 연결을 포함한다. 저자는 APOS 이론 관점에서 이러한 개념들을 위한 초기 발생적 분해를 제시하고, 제안된 발생적 분해를 반영하는 교수 절차를 제안하고 적용했다. 또한 저자는 이러한 개념을 학습하는 다양한 단계의 학생들과 비공식적 인터뷰를 기반으로 수정된 발생적 분해의 필요성을 언급했다.

Harel, G., & Dubinsky, E. (1991). The development of the concept of function by preservice secondary teachers: From action conception to process conception. In F. Furinghetti (Ed.), Proceedings of the Fifteenth Conference of the International Group for the Psychology of Mathematics Education (Vol.2, pp. 133~140). Assisi, Italy.

22명의 학생들이 APOS라는 이름으로 나중에 명명된 구성주의 이론을 기반으로 한 이산수학 강좌에 참여했다. 이 교수 처치 프로그램은 학생들이 함수 개념을 개선하는데 도움을 주기 위한 것이었다. 학생들의 함수 개념의 시작점은 매우 원시적인 개념에서부터 행동 개념까지 다양했다. 교수 처치 프로그램의 결과, 모든 학생들이 함수의 Process 개념으로 진전이 있었다. 저자들은 완전한 Process 개념으로 진행하는데 영향을 미치는 네 가지 요소를 나열했다.

Hernández Rebollar, L. A., & Trigueros, M. (2012). Acerca de la comprensión del concepto de supremo. Revista educación Matemática, 24(3).

이 연구의 주요 목적은 대학생들이 상한(supremum) 개념을 어떻게 구성하는지를 연구하는 것이었다. 저자들은 이론적 틀로 APOS 이론을 사용하여 상한 개념의 발생적 분해를 제시했다. 발생적 분해를 검증하기 위해 저자들은 국립대학교의 수학 및 물리학 전공 학생들을 대상으로 설문지를 제작하여 APOS 이론으로 데이터를 분석했다. 연구 결과에 따르면, 연구에 참여한 대부분의 학생들이 상한 개념의 행동 구성하지 못했음을 나타냈다. 이 분석은 학생들이 주어진 집합의 상한이 어떤 수인지를 증명하려고 할 때 겪게 되는 어려움을 설명하는 데 유용하다.

Hollebrands, K. F. (2003). High school students' understandings of geometric transformations in the context of a technological environment. Journal of Mathematical Behavior, 22, 55~72.

이 연구는 기하적 변환인 이동, 반사, 회전 및 확대에 대한 학생들의 이해의 본질을 조사했다. 수업은 The Geometer's Sketchpad를 사용하여 이루어졌다. 저자는 상급 기하학 수업에서 기하적 변환에 관한 7주간의 수업을 실시했다. 학생들의 변환 개념을 함수로 분석하기 위해 APOS 이론을 사용했다. 분석 결과, 도메인, 변수 및 매개변수와 같은 핵심 개념들, 그리고 변환의 관계와 특성들에 대한 학생들의 이해가 변환을 함수로서 더 깊이 이해하는 데 결정적인 역할을 한다는 사실을 밝혔다.

Kabael, T. (2011). Generalizing single variable functions to two-variable functions, function machine and APOS. Educational Sciences: Theory and Practice, 11(1), 484~499.

이 연구는 학생들이 일변수 함수에서 이변수 함수로 함수 개념을 어떻게 일반화하는지 조사했다. 저자는 초등 수학 교육 프로그램의 해석학 II 과목에서 23명의 학생들로부터 수집된 데이터를 APOS 이론을 사용하여 분석했다. 데이터 분석 결과, 저자는 이변수 함수 개념의 구성이 일변수 함수 개념의 이해와 3차원 공간에 대한 Schema

발달에 의존한다고 결론 내렸다.

Kú, D., Oktaç, A., & Trigueros, M. (2011). Spanning set and span−An analysis of the mental constructions of undergraduate students. In S. Brown, S. Larsen, K. Marrongelle, & M. Oehrtman (Eds.), Proceedings of the 14th annual conference on research in undergraduate mathematics education (pp. 176~186). Washington, DC: Special Interest Group of the Mathematical Association of America (SIGMAA) for Research in Undergraduate Mathematics Education.

저자들은 선형대수학 개념인 생성집합(spanning set)과 생성(span)의 구성에 대한 발생적 분해를 제시했다. 이들은 발생적 분해를 이용하여 기초 선형대수학 과목을 이수한 11명의 학생들과의 인터뷰 데이터를 분석했다. 저자들은 일반적으로 주어진 집합이 주어진 벡터공간을 생성하는지 여부를 판단하는 것이 주어진 벡터공간을 생성하는 집합을 구성하는 것보다 일반적으로 더 쉬운 것으로 결론 내렸다. 예비 발생적 분해에 대한 일부 수정 사항이 제안되었다.

Kú, D., Trigueros, M., & Oktaç, A. (2008). Comprensión del concepto de base de un espacio vectorial desde el punto de vista de la teoría APOE. Educación Matemática, 20 (2), 65~89.

저자들은 APOS 이론을 활용하여 기저(basis) 개념의 발생적 분해를 실시했다. 선형대수학 과목을 이수한 대학생 6명을 인터뷰하여 발생적 분해를 경험적으로 검증했다. 연구 결과, 주어진 집합이 벡터공간의 기저인지 여부를 판단하는 것이 주어진 벡터공간에 대한 기저를 찾는 것보다 학생들에게 더 쉬웠다는 것을 발견했다. 저자들은 이 차이를 선형 독립과 생성집합의 Process를 조율하는 학생들의 능력 부족으로 보았다.

Llinares, S., Boigues, F., & Estruch, V. (2010). Desarrollo de un esquema de la integral definida en estudiantes de ingenierías relacionadas con las ciencias de la naturaleza. Un análisis a través de la lógica Fuzzi. Revista Latinoamericana de Investigación en Matemática Educativa, 13, 255~282.

이 연구는 정적분 개념에 대한 Schema의 삼중 발달을 서술한다. 연구에 대한 데이터는 퍼지 행렬을 사용하는 지구과학 전공 학생들로부터 수집되었다. 연구 결과에 따르면, 학생들이 정적분의 의미를 형성하는 기초인 리만합과 극한과의 연결에 어려움을 겪는다는 것을 밝혔다.

Mathews, D., & Clark, J. (1997, March). Successful students' conceptions of mean, standard deviation, and the Central Limit Theorem. Paper presented at the Midwest Conference on Teaching Statistics, Oshkosh, WI.

저자들은 대학 신입생들이 초급 통계학 과목을 수강하고 A 학점을 받은 후 진행한 임상 인터뷰를 APOS 기반으로 분석한 연구를 제시했다. 저자들은 APOS가 평균, 표준편차 및 중심극한 정리에 대한 학생들의 이해를 기술하는 유용한 방법임을 발견했다. 또한 전통적인 통계 교육이 이러한 개념의 발달에 적합한 정신 구성을 학생들이 만들 수 있도록 도와주지 않는다고 결론 내렸다. 특히 전통적인 교육은 학생들이 표준편차 개념을 Process에서 대상으로 이동하는 것을 방해하는 것으로 드러났다.

Mamolo, A. (2009). Accommodating infinity: A leap of imagination. In Proceedings of the 31st annual meeting of the North American Chapter of the International Group for the Psychology of Mathematics Education (Vol. 5, pp. 65~72). Atlanta, GA: Georgia State University.

본 논문은 실무한 개념을 수용하는 데 필요한 특징을 확인하려는 연구의 첫 번째 결과를 제시한다. 데이터는 대학 수학 전공 및 졸업생들의 '탁구공 고민' 과제의 해결 Process를 통해 수집되었다. APOS 이론이 데이터 분석에 사용되었다. 실무한과 그와 관련된 도전들을 수용하는 데는 상상적 도약이 필요하다는 점을 지적하고 있다.

Mamolo, A., & Zazkis, R. (2008). Paradoxes as a window to infinity. Research in Mathematics Education, 10(2), 167~182.

이 연구는 서로 다른 수학적 배경(인문대학 학부생들과 수학교육 석사과정의 대학원생들)을 가진 두 그룹의 대학생들의 무한에 접근 방식을 조사했다. 데이터는 학생들이 힐버트의 호텔 역설과 탁구공 고민 과제의 해결 Process에서 수집되었다. 학생들의 반응과 무한에 관한 새로운 아이디어의 해석을 위해 두 가지 연구틀, 즉 추상화 축소(Hazzan, 1999)와 APOS 이론이 사용되었다. 대학원생들은 힐버트의 호텔 역설의 해결을 문제없이 찾아냈으나, 두 그룹 모두 탁구공 고민 과제에 대한 응답은 놀랍게도 비슷한 양상을 보였다. 이 연구 참여자들의 반응은 이전 연구와 일관되었는데, 무한을 완료된 것이 아닌 계속되는 Process로 인식하고 있으며 상충하는 아이디어에 주목하지 못한다는 것이다. 이 연구는 학생들의 무한에 대한 이해에 영향을 미칠 수 있는 이러한 역설의 어려운 특징을 밝혔으며, 다른 연구 방법으로는 드러나지 않았던 학생들의 추론에 영향을 미치는 요소를 밝혀냈다.

Martínez−Planell, R., & Trigueros, M. (2012). Students' understanding of the general notion of a function of two variables. Educational Studies in Mathematics, 81, 365~384.

이 연구에서 저자들은 학생들의 이변수 함수 이해의 다양한 구성 요소에 대한 연구를 소개한다. 특히, 학생들의 정의역, 함수의 임의 가능성, 함수 이미지의 고유성, 그리고 치역 개념에 대한 이해를 다루고 있다(Trigueros & Martínez−Planell, 2010). 13명의 대학생들의 사고를 APOS 이론과 기호 표상이론 이론을 사용하여 분석했다. 저자들은 많은 학생들의 함수 개념이 이전 부르바키(pre−Bourbaki)로 간주될 수 있다는 결론을 내렸다.

McDonald, M., Mathews, D., & Strobel, K. (2000). Understanding sequences: A tale of two objects. In Research in Collegiate mathematics education IV. CBMS issues in mathematics education (Vol. 8, pp. 77~102). Providence, RI: American Mathematical Society.

저자들은 APOS 이론을 사용하여 학생들이 수열 개념을 어떻게 구성하는지를 조사했다. 저자들은 학생들이 두 가지 다른 인지 대상을 구성하고 이를 모두 수열로 생각하는 경향이 있다는 것을 보였다. 저자들은 이 중 하나를 SEQLIST라고 부르며, 이는 수열의 원소나열 표현으로 이해할 수 있다. 다른 하나는 SEQFUNC로 부르며, 이는 수열의 함수적 표현으로 이해할 수 있다. 본 논문에서는 저자들이 SEQLIST와 SEQFUNC에 대한 학생들의 구성을 자세하게 설명하고, Clark et al.(1997)가 소개한 연결 규칙 Schema 삼중체의 발달에 대한 상세한 설명을 사용하여 이들 둘 사이의 연결점을 특징화했다.

Meel, D. (2003). Models and theories of mathematical understanding: Comparing Pirie and Kieren's model of the growth of mathematical understanding and APOS Theory. In Research in Collegiate mathematics education V. CBMS issues in mathematics education (Vol. 12, pp. 132~187). Providence, RI: American

Mathematical Society.

이 논문은 수학에서 학생의 사고를 이해하기 위한 두 가지 이론적 틀에 초점을 두고 있다. 피리 Pirie와 키렌 Kieren의 수학 이해의 성장 모델(양파 모델로도 알려짐) 및 더빈스키의 APOS 이론. 저자는 이 두 관점이 이론으로 분류될 수 있는 기준을 설명하며 이 두 이론 간의 다양한 상호 연결을 논의하고 있다.

Mena, A. (2011). Estudio epistemológico del teorema del isomorfismo de grupos. Doctorate thesis, Cicata－IPN, Mexico.

저자는 집합과 군 구조를 통합하는 군의 동형 정리(isomorphism theorem)에 대한 교수학적 접근을 제시한다. 저자는 Schema 구조의 발달과 관련된 이 정리의 구성에 대한 발생적 분해를 제안한다.

Moreira, R. N., & Wodewotzki, M. L. L. (2004). A perspective on the conceptions of college freshmen regarding absolute value of real numbers. Boletim de Educac¸ão Matemática, 17(22), 63~81.

저자들은 학생들이 절댓값 개념을 이해하려고 시도하는 방식에 대한 논의로 본 논문을 시작한다. 초기 인지 모델을 기반으로 저자들은 APOS 이론을 활용하여 인터뷰 데이터를 해석했다. 분석 결과, 대학 입학생들의 추상화 능력이 절댓값 개념을 적절하게 이해하는 데 도움을 준다는 사실을 밝혔다. 그리고 그래픽 표상과 협력 학습이 학생들의 절댓값 개념 학습과 관련된 요소임을 밝혔다.

12.5 Piaget 연구들

다음 연구들은 APOS 이론을 직접 언급하지는 않지만 APOS 이론의 토대와 발달의 대부분은 피아제 연구로부터 나온 것이다.

Beth, E. W., & Piaget, J. (1974). Mathematical epistemology and psychology (W. Mays, Trans.). Dordrecht, The Netherlands: D. Reidel. (Original work published 1966).

이 책은 두 부분으로 구성되어 있다. 첫 번째 부분은 베스 Beth가, 두 번째 부분은 피아제가 저술했다. 두 번째 부분은 APOS 이론의 기반에 큰 영향을 미치는 주요 자료이다. 피아제는 구성주의 인식론인 발생적 인식론(genetic epistemology)을 주장하며, 이것이 왜 플라토니즘, 경험론, 선험주의, 논리적 환원주의, 그리고 유명론(언어학)과 같은 다른 이론들보다 우수한지를 설명한다. 그는 개인의 수학적 사고의 발달이 상급 수학적 사고뿐만 아니라 어린이의 사고에도 적용되는 방법을 설명한다. 특히 자신의 아이디어를 부르바키의 세 가지 "모 구조"와 연관시켰다. 발생적 인식론의 핵심 구성 요소는 반영적 추상화(reflective abstraction)로, 이는 책 전체에 걸쳐 논의되며 행동, 조작, 그리고 대상과 관련된다.

Piaget, J. (1975). Piaget's theory (G. Cellerier & J. Langer, Trans.). In P.B. Neubauer (Ed.), The process of child development (pp. 164~212). New York: Jason Aronson.

피아제는 이 책에서 자신의 발생적 인식론에 대해 설명한다. 이 인식론은 1980년에 그의 사망 때까지 반 세기 이상에 걸쳐 개발되었다. 이 연구는 인지 기능의 생물학적 기원에 대한 토론으로 시작하여 적응, 동화, 조절, 평형화 같은 여러 생물학적, 인지 메커니즘을 다루고 있다. 피아제에 따르면, 이러한 생물-인지 메커니즘은 모든 지식과 지능을 생성하는 인지 구조의 원천이다. 이 논문은 유아부터 성인의 과학적 사고까지 그 사고 발달의 연속성에 대한 피아제의 신념을 보여준다. 피아제는 이론의 단계에 대한 자세한 설명을 제공하며 초기 단계에서의 사고와 이후 모든 연령에서의 정신 구조의 논리-수학적 측면을 다루고 있다.

Piaget, J. (1976). The grasp of consciousness (S. Wedgwood, Trans.). Cambridge, MA: Harvard University Press. (Original work published 1974).

피아제는 이 책을 자신의 인과관계 연구의 완성체라고 부른다. 주로 논의하는 쟁점은 아이가 과제를 완성하는 능력과 그 과제가 완성되는 방법에 대한 이해 사이의 관계이다. 이러한 능력 사이에는 상당한 시간 지연이 있음이 밝혀졌는데, 이는 이 책에 보고된 많은 실험에서 관찰되었다. 피아제의 설명에 따르면, 주체는 과제 수행의 성공에 대한 이해가 발달함에 따라 정신 구성을 만들기 위한 시간이 걸린다고 한다. 그는 주체들이 과제를 수행하면서 의식하지 않고 성공하는 학생에서 점차적으로 의식 수준이 높아지는 학생으로 이동하면서 주체들이 만드는 정신 구성을 분석했다. 이 책은 15가지 실험에 대한 설명과 분석을 다루며 그 뒤에 결론이 이어진다.

Piaget, J. (1978). Success and understanding (A. J. Pomerans, Trans.). Cambridge, MA: Harvard University Press. (Original work published 1974).

피아제의 학습에 대한 많은 기여는 개인의 마음에서 지식과 지능이 어떻게 발달하는지에 대한 이론적 설명이다. 그러나 그의 연구은 순전히 이론적인 것만이 아니다. 피아제는 몇 권의 책을 쓰며 자신의 경험적 연구 결과를 보고했다. Piaget(1978). *Success and Understanding* 도 이 중 하나다. 이 책은 총 13개의 장으로 구성되어 있는데, 그중 처음 12개의 장은 각기 다른 12개의 실험 결과를 보고하고, 마지막 장에서는 처음 12개의 실험 결과를 요약하고 일반적인 결론을 제시한다. 처음 12개의 장 주변에서 구입한 재료로 만들어진 "장치들"을 사용하여 특정 개념을 표현한 흥미로운 연구를 설계하는 피아제의 뛰어난 능력을 보여준다. 서로 다른 연령대의 아이들이 참여하는 활동을 관찰하고, 그들이 성공한 경우와 그렇지 않은 경우에 대해 보고하고 그 후에는 각 주체를 인터뷰하여 그들의 사고를 이해하고자 했다. 이 책에서 전반적으로 나타나는 흥미로운 주제는 어린 아이들이 종종 자신이 왜 성공했는지를 이해하기 전에 오랜 시간 동안 과제를 성공적으로 수행하는 경우가 많다는 것이다. 아동들과의 인터뷰 내용을 분석한 결과, 많은 것들이 피아제 자신의 이론적 설명과 일치하는 점들이 많다는 사실이 도출되었다. 이 책을 읽으면서 경험적 데이터에서 나온 피아제의 인식론을 더 잘 이해할 수 있으며 여러 가지 다른 것들을 배울 수 있다. 예를 들어, 과제 자체는 아이들의 사고를 분석하는 강력한 도구이다. 인터뷰 발췌문은 다양한 연령의 아이들과 깊이 있는 인터뷰를 어떻게 진행해야 하는지에 대해 많은 것을 시사해준다. 마지막으로 아이들의 구체적 활동을 표현하고 설명하여 종종 미묘하고 불명확한 이론적 부분을 조금 더 쉽게 이해하도록 하고 있다.

Piaget, J., & García, R. (1989). Psychogenesis and the history of science (H. Feider, Trans.). New York: Columbia University Press. (Original work published 1983).

이 책의 주요 목적은 과학적 사고의 역사적 발달을 개인의 마음에서의 인지적 발달과 비교하는 것이다. 저자들의 관심사는 개념의 내용이 아니라 이들이 정신적으로 어떻게 구성되는지의 공통적 메커니즘에 있다. 이들 저자의 분석에 따르면, 과학적 및 인지적 발달 모두 단계의 순서를 정신적으로 구성하는 Process를 통해 진행된다. 어떤 경우에는 역사와 인지에서의 발달 순서가 병행되지만, 다른 경우에는 서로 발달 Process가 다르며 적어도 하나의 경우에는 직접 반대되기도 합니다. 반면에 저자들은 역사와 인지에서의 정신 구성을 위한 기본 메커니즘은 동일하다고 주장하며,

이러한 주장을 경험적 증거를 통해 밝혔다.

이들 메커니즘은 반영적 추상화로, 주체와 대상 사이의 상호작용으로써 경험은 해석과 구성을 통해 발생하는 것, 분화와 통합, '이유'를 찾는 Process로써 현상을 정신 구조나 조정된 Schema와 관련시키는 것, 그리고 각각의 단계가 이전의 단계에 의해 가능하게 되며, 다음 단계를 준비하는 단계의 연속이라는 것이다. 이러한 단계의 연속을 위한 전환 메커니즘은 과학의 역사와 심리 발달 사이에서 공통된 두 가지 특징을 나타낸다.

첫 번째 공통적인 전환 메커니즘은 각 단계가 다음 구조에 통합된다는 것이다. 두 번째는 이 책에서 처음 소개되는 새로운 메커니즘이다. 이는 변증법적 삼단계로 대상 분석에서 관계 또는 변환 분석으로, 그리고 구조 구축의 분석 수준으로 이행된다. 피아제와 가르시아는 이러한 매우 일반적인 생각을 몇 가지 주제에 적용한다. 물리학에서 아리스토텔레스적 사고에서 뉴턴적 사고로의 발달, 기하학 및 대수학 등이다.

12.6 P에서 T까지

Parraguez, M., & Oktac¸, A. (2010). Construction of the vector space concept from the viewpoint of APOS theory. Linear Algebra and its Applications, 432, 2112~2124.

APOS 이론은 벡터공간 개념의 발생적 분해를 제안하는데 사용된다. 대학교 수학 학부생 10명과의 인터뷰 및 설문 데이터를 분석하였다. 이 분석은 벡터공간 구조를 형성하는 두 가지 연산 간의 협응 및 벡터공간 Schema와 선형 독립성 및 이항 연산과 같은 다른 개념들과의 관계에 중점을 두었다.

Pegg, J., & Tall, D. (2005). The fundamental cycle of concept construction underlying various theoretical frameworks. International Reviews on Mathematical Education (Zentralblatt fu¨r Didaktik der Mathematik), 37, 468~475.

본 논문에서 저자들은 수학적 개념의 시간에 따른 발달을 초점을 두었다. 특히 학습자의 주의가 시간 안에 수행되는 단계별 절차에서 지필과 마음속에서 정신적 실체로 다룰 수 있는 상징으로 옮겨지는 Process에 주목한다. 이 분석은 SOLO 모델, APOS 이론 및 다양한 다른 개념 구성 이론을 포함하여 다양한 이론적 관점을 사용했다. 이 분석은 행동으로부터 정신적 실체로 조작할 수 있는 개념으로의 개념적 발달을 주관하는 근본적 주기를 밝혀냈다. 이 주기는 수학 학습 전반에 걸쳐 발생하는 다양한 사고 방식에서 널리 나타난다.

Possani, E., Trigueros, M., Preciado, J. G., & Lozano, D. (2010). Use of models in the teaching of linear algebra. Linear Algebra and its Applications, 432, 2125~2140.

저자들은 모델을 활용한 선형대수학 지도 방법에 대한 결과를 제시한다. 그들의 관심은 수학교육 이론으로 활용되고 있는 모델과 모델링 그리고 APOS 이론의 활용을 분석하는 데 있다. 이 두 이론은 학생들에게 '실생활' 관련 의사결정 문제를 제시하는 교수 순서의 설계에 사용된다. 이 방법론의 가능성은 교실 경험을 분석하고 설명함으로써 증명된다. 교통 흐름과 관련된 문제를 다루는 수업 활동을 통해 선형 연립방정식과 이 방정식의 다양한 매개변수화를 활용하여 교통 제어에 대한 질문에 답하는 문제가 제시되었다. 학생들의 문제해결 Process와 이 접근 방식의 학습 효과에 대한 이점이 기술되었다. 이 접근 방식을 다른 문제 및 선형대수학 개념으로 확장할 수 있는 가능성에 대해서도 논의되었다.

Ramirez, A. (2009). A cognitive approach to solving systems of linear equations. Ph.D. Dissertation, Illinois State University.

본 연구에서 저자는 학생들이 선형 연립방정식을 이해하는 방식을 조사했다. 소규모 선형대수 수업에서 수업 활동 관찰과 이 수업을 수강하는 4명의 학생과의 인터뷰에 사용된 서술형 과제로부터 데이터를 수집했다. 데이터 분석에서 APOS 이론을 사용하여 선형 연립방정식이 동치 시스템의 대상 개념에 속한다는 결론을 내렸다. 이 결과에 따라 저자의 초기 발생적 분해가 수정되었다.

Reynolds, B. E., & Fenton, W. E. (2006). College geometry: Using the geometer's sketchpad. Hoboken, NJ: Wiley.

이 책에서는 유클리드 기하학과 비유클리드 기하학에 대한 대학 수준의 기하 강좌 설계를 위한 학습 이론으로 APOS 이론이 사용되었다. 이 교재는 학생들이 기하학적 도형의 특성과 관계를 탐구할 수 있는 동적 환경을 제공하는 Geometer's Sketchpad의 사용에 관한 책이다.

Reynolds, B. E., Przybylski, J., Kiaie, C. C., Schwingendorf, K. E., & Dubinsky, E.

(1996). Precalculus, concepts & computers. New York: McGraw－Hill.

이 책은 ISETL 활동을 활용한 ACE 교수 사이클을 기초 미분적분학 강좌용이다. 이 강좌는 Dubinsky et al.(1995)와 Dubinsky & Schwingendorf(1995) 연구의 일부분이다.

Roa Fuentes, S. (2012). El infinito: un análisis cognitivo de niños y jóvenes talento en matemá ticas. Doctorate thesis, Cinvestav－IPN, Mexico.

이 연구에서는 인지 관점에서 수학적 재능에 대해 세 가지 근간, 즉 APOS 이론, 수학적 무한의 반복 Process로서의 구성, 그리고 수학적 재능을 극대화하기 위한 콜롬비아와 멕시코의 학문 프로그램을 제시하고 있다.

무한의 발생적 분해가 제시되고 다양한 맥락에서 수학적 무한을 구성하기 위해 개인에게서 발달되는 정신 구조와 메커니즘을 묘사한다. 테니스공 역설, 힐베르트의 호텔 및 코흐 곡선의 구성에 대한 분석이 제시되어 있다. 이 모든 상황에서 반복 Process의 특이성과 무한 개념의 구성에서 맥락의 역할이 분석된다.

Roa－Fuentes, S., & Oktaç, A. (2010). Construcción de una descomposición genética: Análisis teórico del concepto transformación lineal. Revista Latinoamericana de Investigación en Matemática Educativa, 13(1), 89~112.

이 논문에서는 선형변환 개념에 대한 두 가지 예비 발생적 분해가 자세히 제시되어 있다. 하나는 대부분의 교과서에서 이 개념을 다루는 방식과 일치하며, 다른 하나는 벡터공간 간의 (일반적인) 변환 개념의 구성에서 시작하는 방식이다.

Roa－Fuentes, S., & Oktaç, A. (2012). Validación de una descomposición genética de transformación lineal: Un análisis refinado por la aplicación del ciclo de investigación de APOE. Revista Latinoamericana de Investigación en Matemática Educativa, 15(2), 199~232.

이 논문에서는 APOS 이론의 세 번째 구성 요소인 '데이터의 수집 및 분석' 단계가 선형변환 개념에 대해 개발되었다. 저자들은 Roa－Fuentes & Oktac(2010)의 이론적 분석을 기반으로 대학생들을 대상으로 진단 테스트와 인터뷰를 설계했다. 데이터 분석 결과, 학생이 선형변환 개념을 Process로 구성하기 위해서는 벡터의 덧셈 및 스칼라에 의한 벡터의 곱셈 속성을 협응해야 한다는 것을 밝혔다. 더 정교한 발생적 분해와 속성의 구성 및 선형 조합의 보존과 관련된 교수적 제안이 제시되어 있다.

Salgado, H., & Trigueros, M. (2009). Conteo: una propuesta didáctica y su análisis. Educación Matemática, 21, 91~117.

이 논문은 APOS 이론을 사용하여 조합과 순열에 관련된 개념의 학습을 다루고 있다. 저자들은 이러한 개념의 구성을 위한 예비 발생적 분해를 제시하고 대학 수준에서 이를 가르치기 위한 교수 방법을 설계한다. 강의를 진행한 후 발생적 분해와 교수 활동의 순서를 수정하고 다음 학기에 이를 실험했다. 두 학기 동안 학생들의 활동지와 해당 주제에 대한 시험 결과를 분석했다. 결과에 따르면 학생들의 정신 구성이 활동과 함께 학습하는 동안 어떻게 발달하는지를 보여주며, 학생들이 조합과 순열과 관련된 개념을 더 잘 이해한 것으로 나타났다.

Schwingendorf, K. E., McCabe, G. P., & Kuhn, J. (2000). A longitudinal study of the C4L calculus reform program: Comparisons of C4L and traditional students. In Research in Collegiate mathematics education IV. CBMS issues in mathematics education (Vol. 8, pp. 63~76). Providence, RI: American Mathematical Society.

저자들은 APOS 이론을 활용한 개혁 Process로 설계된 '미분적분, 개념, 컴퓨터 그리고 협력 학습' 강좌를 이수한 205명의 학생과 전통적인 미분적분학 강좌를 이수한 4431명의 퍼듀대학교 학생 간의 통계적 비교 결과를 제시한다. 개혁 강좌를 이수한 학생들이 전통적 방식의 강좌를 이수를 학생들과 비교했을 때 더 높은 학점을 획득했고 미분적분학 이후의 수학 과목에 더 잘 준비되었으며 모든 학문 분야의 과목에 대해서도 비슷한 준비 수준을 보였다. 또한 미분적분학 강좌를 더 많이 수강하였으며 비미분적분 수학 과목도 비슷한 수준으로 이수하였다.

Stenger, C., Weller, K., Arnon, I., Dubinsky, E., & Vidaković, D. (2008). A search for a constructivist approach for understanding the uncountable set P(N). Revisto Latinoamericano de Investigacion en Matematicas Educativas, 11(1), 93~126.

본 연구는 개인들이 'N의 모든 부분집합'이라는 구문에 의미를 부여하는 집합 P(N)에 대한 정신 구조를 구축하는가를 다루고 있다. 이 의문이 가지는 기여는 두 가지이다. 첫째로, 무한집합, 특히 자연수 집합 N에 대한 개인들의 사고를 설명하기 위해 '구성주의 관점'이 사용될 수 있다는 점이다. APOS 이론은 고려된 관점 중 하나였다. 둘째로, 개인들의 P(N)에 대한 사고를 이러한 관점으로 해석할 수 있는지 여부를 확인하기 위해 8명의 수학자를 대상으로 인터뷰를 진행했다. 이 수학자들의 N과 P(N)에 대한 아이디어가 선택한 관점에 따라 분석되었다. APOS 이론이 N에 대한 정신 구조를 더 쉽게 설명하는 것으로 나타났다. P(N)에 대해서 동일한 분석을 했는데 개인의 P(N) 집합에 대한 이해가 형식적인 정의를 넘어선다는 점에 대해 의문을 품게 했다.

Tabaghi, S. G., Mamolo, A., & Sinclair, N. (2009). The effect of DGS on students' conception of slope. In Proceedings of the 31st annual meeting of the North American Chapter of the International Group for the Psychology of Mathematics Education (Vol. 5, pp. 226~234). Atlanta, GA: Georgia State University.

이 보고서는 대학생들의 정적 및 동적 기하 개념화를 조사한 연구의 일부분 연구이다. 두 그룹의 학생들의 개념화를 살펴보는 것이 이 연구의 목적이다. 한 그룹은 동적 기하 소프트웨어를 사용하여 가르친 그룹이고 다른 하나는 전통적 방식으로 가르친 그룹이다. APOS 이론과 구체화(reification) 개념을 사용하여 학습자들의 선분의 기울기에 대한 이해를 조사했다. 데이터 분석에 따르면, 동적 기하 소프트웨어를 사용한 학생들에게서 기울기에 대한 강력한 개념적 이해가 발달했으며, 기울기를 개념적 대상으로 간주해야 하는 문제에서 성공적 해결 능력을 보여주었다. 이 보고서는 어떻게 대수 방정식에 대한 다른 기하 표상에서 동적 기하 소프트웨어가 어떻게 학습자들의 Process-Object 개념화에 영향을 주는지를 설명한다.

Thomas, K. S. C. (1995). The fundamental theorem of calculus: An investigation into students' constructions. Unpublished doctoral dissertation, Purdue University, West Lafayette.

이 연구는 '미분적분학의 기본정리'는 어떻게 학습될 수 있으며, "컴퓨터 활동과 특정 유형의 비전통적 미분적분학 강좌의 교수법이 이 학습에 어떤 영향을 미치는가?"라는 질문을 조사하기 위해 설계되었다. 비전통적 미분적분학 강좌는 APOS 이론을 기반으로 ACE 교수 주기를 사용했다. 연구 결과, 연구 참여자들의 함수 Schema에 개념적 오류가 포함되어 있었다. 학생들은 독립변수의 이름이 함수의 중요한 특성이며 미분과 같은 Process가 함수에 적용될 때 변경 가능한 특성인 것으로 잘못 이해하고 있었다.

Tossavainen, T. (2009). Who can solve $2x = 1$?—An analysis of cognitive load related to learning linear equation solving. The Montana Mathematics Enthusiast, 6(3), 435~448.

이 논문은 $2x = 1$ 을 예로 들어, 선형방정식을 풀기 위한 학습과 관련된 인지적 부하에 대해 논의한다. 선형방정식 풀이에 대한 산술과 기하 및 분석적 방법에 요구되는 인지 부하를 인지부하 이론틀을 사용하여 살펴보았다. 이 연구는 수학의 개념적 및 절차적 지식과 APOS 이론의 관점에서 수행되었다. 선형방정식 풀이를 위한 교수 설계가 제시되어 있다.

Trigueros, M. (2004). Understanding the meaning and representation of straight line solutions of systems of differential equations. In D.E. McDougall & J.A. Ross (Eds.), Proceedings of the Twenty-sixth Annual meeting of the North American Chapter of the International Group for the Psychology of Mathematics Education (Vol. 1, pp. 127~134). Toronto.

이 연구의 주요 목적은 학생들이 미분방정식의 직선 해의 의미와 표상에 대한 이해와 관련된 질문에 대한 학생들의 반응을 분석하는 것이다. 선형 미분방정식의 선형성 정리와 직선 해의 기하학적 표상에 대한 학생들의 반응을, 특히 Schema 구조의 발달에 중점을 둔 APOS 이론을 사용하여 분석했다. 학생들의 반응에 분석에 따르면 특정한 해결 방법을 적용할 수 있더라도 서로 다른 수학 분야에서 나온 개념을 연결하는 데 어려움을 겪는 것을 보여주었다. 미분방정식의 성공적인 교수 활동에 대한 제안이 제시되어 있다.

Trigueros, M. (2005). La noción del esquema en la investigación en matemática educativa a nivel superior. Educación Matemática, 17 (1), 5~31.

피아제 연구는 수학교육 연구 분야에서 사용되는 일부 이론들의 인식론적 근원이다. 이 논문에는 이러한 이론 중 하나인 APOS 이론의 기본 아이디어가 제시되어 있다. 대학생들의 고급 수학 개념에 대한 이해를 조사하고 학생들이 특정 문제 상황의 해결을 위해 여러 개념을 통합할 수 있는지 여부를 통해 APOS 이론이 어떻게 지속적으로 발전하는지를 이 논문에서 보여준다.

Trigueros, M., & Campero, J. (2010). Propuesta didáctica en optimización dinámica.

Investigación en el aula. Educación Matemática, 22(3), 87~117.

이 논문의 목적은 동적 최적화, 특히 변이성에 대한 미분적분의 교수학적 제안에 대한 연구 결과를 제시하는 것이다. 이 제안의 설계는 APOS 이론을 기반으로 하였으며 멕시코의 사립대학교에서 실험되었다. 학생들의 질문지와 인터뷰 반응을 분석하여 얻은 결과는 학생들이 관련 개념의 Process 개념과 경우에 따라 Object 개념을 구성한다는 것을 보여준다. 그러나 일부 장애물은 학생들에게 극복하기 어려웠다.

Trigueros Gaisman, M., & Escandón, C. (2008). Los conceptos relevantes en el aprendizaje de la graficación. Un análisis a través de la estadística implicativa. Revista Mexicana de Investigación Educativa, 13, 59~85.

여러 연구에서 학생들이 미분법의 특정 개념을 이해하는 데 어려움을 겪는다는 것이 밝혀졌다. 일부 연구는 학생들이 서로 다른 개념을 통합하여 특정 문제를 해결하는 데 어려움을 겪는다는 점을 강조하며, 여기에는 함수 쓰기가 포함되어 있다. 이 연구는 이전 APOS 연구에서 사용된 발생적 분해를 기반으로 한 도구를 사용했다(Cooley et al., 2007). 40명의 학생 응답을 의미 전이 및 응집 통계를 분석 도구로 사용하여 분석했다. 결과에 따르면 학생들이 이차 도함수와 정의역이 분할되어 있는 경우를 이해하는 것이 중요하다는 것을 보여준다. 본 연구에 사용된 특정한 통계 도구의 사용이 이전의 질적 분석을 사용한 선행 연구와 유사한 결과를 얻는 데 있어 적절하고 유용하다는 사실을 확인했다.

Trigueros, M., & Lage, A. (2006). An analysis of students' ideas about transformations of functions. In S. Alatorre, J. L. Cortina, M. Sáiz, & A. Méndez (Eds.), Proceedings of the 28th annual meeting of the North American Chapter of the International Group for the Psychology of Mathematics Education (pp. 23~30). Mérida, México: Universidad Pedagógica Nacional.

이 연구는 함수의 변환에 대한 학생들의 어려움을 이해하는 데 목적이 있다. 함수 변환을 다루는 문제를 해결하는 동안 학생들을 인터뷰했다. APOS 이론을 사용하여 분석한 결과, 함수 변환과 관련된 문제에 자신감을 가진 학생들은 매우 적었다. 분석 결과, 함수 변환에 관한 행동을 Process로 내면화하거나 그 Process를 대상으로 집약화한 학생들은 제한적이었다.

Trigueros, M., & Martínez-Planell, R. (2010). Geometrical representations in the learning of two-variable functions. Educational Studies in Mathematics, 73, 3~19.

이 연구는 학생들이 수학과 응용분야에서 중요한 주제인 이변수함수에 대한 학생들의 풀이를 분석한 연구의 일부이다. 학생들의 카테시안 3차원 공간의 부분집합 개념과 이변수함수의 그래프 이해 사이의 관계를 조사했다. APOS 이론과 Duval의 기호학적 표상 이론을 분석에 사용했다. 다변수 미분적분학 수업을 들은 9명의 학생들을 대상으로 인터뷰를 진행했다. 학생들의 이해는 R^3 의 Schema 구조와 다양한 표상의 유연한 사용과 관련이 있을 수 있음을 보여준다.

Trigueros, M., & Oktaç, A. (2005). La théorie APOS et l'enseignement de l'Algèbre Linéaire. Annales de Didactique et de Sciences Cognitives. Revue internationale de didactique des mathé matiques (Vol. 10, pp. 157~176). IREM de Strasbourg, Université Louis Pasteur.

저자들은 APOS 이론을 사용하여 학생들의 선형대수학 개념의 정신 구성을 설명한다. 특히 벡터공간 개념을 강조하고 있으며 이는 선형대수학의 기본 개념 중 하나이며 입문 Process의 시작을 구성하는 개념이다.

Trigueros, M., Oktaç, A., & Manzanero, L. (2007). Understanding of systems of equations in linear algebra. In D. Pitta-Pantazi & G. Philippou (Eds.), Proceedings of the 5th Congress of the European Society for Research in Mathematics Education (pp. 2359~2368). Larnaca, Cyprus: University of Cyprus.

이 연구에서는 APOS 이론을 기반으로 한 Process를 수강 중인 여섯 명의 학생들을 대상으로 선형방정식 개념의 발생적 분해에 대한 제안의 타당성을 조사하기 위해 학기 시작과 끝에 인터뷰를 진행했다. 이 연구는 또한 학생들의 어려움, 추론 패턴 및 Schema 발달의 진화에 초점을 맞추었다(APOS 이론에서 정의된 바와 같이). 연구 결과에 따르면 학생들의 진전은 변수에 대한 Schema 발달에 강하게 의존하는 것을 보여주었다. 데이터는 또한 APOS 이론을 기반으로 한 수업이 학생들의 방정식에 대한 Schema 발달에 도움이 된다는 것을 보여주었다.

12.7 V에서 Z까지

Vidaković, D. (1996). Learning the concept of inverse function. Journal of Computers in Mathematics and Science Teaching, 15, 295~318.

이 보고서는 퍼듀대학교의 1992년 가을 학기 실험 미분적분학 수업의 첫 번째 Process에서 개별 학생 5명과 5개 그룹을 대상으로 수행한 연구의 일부이다. 이 연구의 목적은 역함수 개념이 어떻게 학습되며 따라서 가르칠 수 있는지를 '발견'하고 그 특정 개념에 대한 개별 학생과 학생 그룹의 정신 구성 사이의 차이를 조사하는 것이다. 이 연구는 APOS 연구 패러다임을 따랐다. 본 연구는 역함수 개념에 대한 발생적 분해를 얻기 위해 데이터를 사용했다. 발생적 분해를 기반으로 교수 처치가 제안되었다. 이 교수 처치는 학생들의 역함수에 대한 Schema 발달을 촉진하기 위해 설계된 컴퓨터 활동으로 구성되었다.

Vidaković, D. (1997). Learning the concept of inverse function in a group versus individual environment. In E. Dubinsky, D. Mathews, & B. E. Reynolds (Eds.), Cooperative learning for undergraduate mathematics. MAA Notes 44 (pp. 175~196). Washington, DC: Mathematical Association of America.

이 연구는 학습 활동에 함께 참여한 5개의 학생 그룹과 동일한 과제를 혼자서 수행한 5명의 개별 학생을 대상으로 수행되었다. 연구 주제는 함수 개념이었으며 특히 역함수와 합성함수였다. 저자는 이러한 개념의 인지 발달의 기반이 되는 정신 구조에 관한 지식, 그리고 그룹 및 개별 학습 사이의 차이에 관심을 가졌다. 데이터에 대한 APOS 분석을 통해 역함수 개념을 위한 발생적 분해와 이에 대한 교수 처치가 개발되었다. 또한 학생들의 정신 구성은 개별이나 협력적 환경에서 활동하든 상관없이 유사하다는 사실을 발견했으나, 학습의 질과 양은 다른 학생들과 협력하여 작업하는 경우 향상된다는 점을 밝혔다.

Vidaković, D., & Martin, W. O. (2004). Small-group searches for mathematical proofs and individual reconstructions of mathematical concepts. Journal of Mathematical Behavior, 23, 465~492.

저자들은 협력 학습 상황을 조사하는데, 특히 개별적인 아이디어가 사회적 맥락에서 어떻게 발전하는지에 대해 다루고 있다. 그룹 상황에서 증명을 수행한 경험이 있는 학생들이 수학적 명제 세 개에 대해 협력적으로 활동하는 모습을 비디오로 녹화했다. 그 후 학생들에게 그룹 활동의 비디오를 보여주고 그룹 활동을 해석하고 반영하도록 했다. 저자들은 개별 학생들이 사회적 맥락에서 아이디어를 병렬적이고 연속적으로 내면화하고 외재화하는 Process를 통해 이해에 변화가 있음을 관찰했다.

Vizcaíno, O. (2004). Evaluación del aprendizaje del cálculo desde una perspective constructivista. Doctorate Thesis, CICATA, Instituto, Politécnico Nacional, Mexico.

이 학위 논문은 교수와 학습 과정의 평가는 매우 중요하지만 매우 복잡하고 어려운 일임을 가정하고 있다. 게다가 단순한 방법은 오히려 역효과를 낼 수도 있다. 학생의 능력에 숫자를 부여하는 전통적인 평가 방법은 학습의 실제 여부나 미래에 일어날 학습을 왜곡된 형태일 수 있다. 결과적으로 이러한 평가 방법은 교수 방법과 학습 결과를 향상시키기 위한 신뢰할 수 있는 안내를 제공하지 못할 수 있다. 전통적 평가 방법에 대한 대안으로 학생 개별 인터뷰 방법이 있다. 그러나 불행히도 이 평가 방법은 대부분 교사에게 너무 많은 시간과 노력을 요구한다.

이 학위 논문에서 저자는 APOS 이론과 ACE 교수 사이클을 기반으로 하는 세 번째 평가 방법을 테스트한다. 이 접근 방식에서 평가는 수업의 정상적 진행 내에서 설계, 실시 및 채점할 수 있는 일련의 도구를 통해 이루어진다. 이 방법을 테스트하기 위해 저자는 APOS와 ACE 교수 사이클을 사용하여 미분적분 Process를 가르쳤다. 학생들의 최종 성적(0에서 100까지의 척도)은 APOS와 ACE에서 제안된 평가 방법을 사용하여 결정되었다. 그런 다음 각 학생과 인터뷰를 진행하여 최종 성적(동일한 척도를 사용하여)이 결정되었다. 따라서 비교 대상은 실용적으로 사용 가능한 평가 방법과 매우 정확하지만 사용하기 매우 불편한 방법 간의 비교였다. 두 세트의 성적 간의 상관관계는 매우 높았으며(약 0.87), 이는 실용적인 평가 방법이 적어도 APOS와 ACE를 기반으로 교수가 이루어진 경우 높은 평가의 질을 얻기 위해 사용될 수 있음을 시사했다.

Weller, K., Arnon, I., & Dubinsky, E. (2009). Preservice teachers' understanding of the relation between a fraction or integer and its decimal expansion. Canadian Journal of Science, Mathematics, and Technology Education, 9, 5~28.

이 논문은 0.9와 1 사이의 관계를 포함한 순환소수 학습을 위해 특별히 설계된 단원을 수강한 예비 초중등 교사들의 수학 성취도를 조사했다. 교수 순서는 APOS 이론을 기반으로 하며 ACE 교수 사이클을 사용하여 구현되었다. 양적 결과에 따르면 실험적 교수를 받은 예비 교사들은 0.9와 1 사이의 동치 및 어떤 유리수와 그 소수 확장 간의 동치에 대한 이해의 발달에서 상당한 진전이 있었다. 이 동일 주제에 대해 전통적인 처치를 받은 통제그룹의 예비 교사들은 현저히 낮은 진전이 있었다. 이 연구에 대한 추가 분석은 이 논문의 참고문헌 중 Weller et al.(2011) 및 Dubinsky et al.(2013)을 참조 바란다.

Weller, K., Arnon, I., & Dubinsky, E. (2011). Preservice teachers' understanding of the relation between a fraction or integer and its decimal expansion: Strength and stability of belief. Canadian Journal of Science, Mathematics, and Technology Education, 11, 129~159.

예비 초중등 교사들의 순환소수에 대한 신념에 관한 이전 연구에서, 동일한 저자들은 APOS 기반 교수 처치를 완료한 77명의 예비 교사와 전통 수업을 받은 127명의 예비 교사의 수학 성취도를 비교한 보고서를 발표했다. 이 연구는 그 처치 후 4개월 후에 47명의 예비 교사들과의 인터뷰를 기반으로 하고 있다. 인터뷰 결과, APOS 기반 교육을 받은 학생들은 순환소수에 대한 신념과 순환소수와 다른 유리수 표현 사이의 연결에 대해 더 강하고 안정적인 신념이 발달한 것으로 나타났다. 저자들은 분석에서 다양한 지표와 범주를 개발했는데, 이는 많은 예비 교사들의 인터뷰와 설문 조사 데이터를 활용한 다른 비교 연구에서 유용할 수 있다. 본 연구의 추가 분석은 이 논문의 참고문헌 중 Weller et al.(2009) 및 Dubinsky et al.(2013)을 참조바란다.

Weller, K., Brown, A., Dubinsky, E., McDonald, M., & Stenger, C. (2004). Intimations of infinity. Notices of the AMS, 51, 741~750.

이 논문의 목적은 APOS 이론이 수학을 이해하는 방법에 관한 이론으로서 초보자와 전문가가 무한의 개념에 대처하는 Process에서 어떻게 생각하는지를 이해하는 데 도움이 될 수 있는지를 보여주는 것이다.

Weller, K., Clark, J. M., Dubinsky, E., Loch, S., McDonald, M. A., & Merkovsky, R. (2003). Student performance and attitudes in courses based on APOS theory and the ACE teaching cycle. In Research in Collegiate mathematics education V. CBMS issues in mathematics education (Vol. 12, pp. 97~131). Providence, RI:

American Mathematical Society.

저자들은 미분적분, 추상 대수, 함수 개념, 수량화, 귀납 및 정성적 영역에 대한 14개의 선행 연구에서 얻은 데이터를 사용하여 APOS 이론과 ACE 교수 사이클에 기반한 교육의 효과를 조사했다. 결과는 APOS 이론에 기반한 교육이 학생들이 수학적 개념을 배우는 데 효과적인 도구일 수 있다는 것을 시사하고 있다.

Weller, K., Montgomery, A., Clark, J., Cottrill, J., Trigueros, M., Arnon, I., & Dubinsky, E. (2002). Learning Linear Algebra with ISETL. Available from http://homepages.ohiodominican.edu/~cottrilj/datastore/linear-alg/LLAWI-P3.pdf. Accessed 9 Jan 2013.

이 교재는 ISETL 활동을 활용한 ACE 교수 사이클을 적용한 선형대수의 초급 Process이다. ISETL에서 행렬 환경을 구현하여 유한체와 행렬 대수의 학습을 하도록 했다. 이 교재는 벡터공간, 연립방정식의 해, 벡터공간의 기저, 선형변환 등을 다룬다. 확장 주제로는 행렬의 변환, 기저 변환, 대각화 및 고유벡터와 고윳값이 포함된다. 이 교재에는 23개의 섹션이 있어 1학기 강의나 2학기 연속 강의에 따라 맞춤화할 수 있다.

Zazkis, R., & Campbell, S. (1996). Divisibility and multiplicative structure of natural numbers: Preservice teachers' understanding. Journal for Research in Mathematics Education, 27, 540~563.

이 연구는 교사들의 수학의 내용 지식에 관한 연구 분야에 기여하는 데 목적이 있다. 연구 주제는 초등 수론이었다. 본 연구의 주요 초점은 나눗셈, 곱셈, 소수와 합성수, 인수분해, 나눗셈 가능성 개념 및 소인수 분해와의 관계에 관한 것이었다. APO (Action-Process-Object) 연구틀을 사용하여 예비 교사들과의 임상 인터뷰에서 얻은 데이터를 분석하고 해석했다. 질문과 과제에 대한 연구 참여자들의 반응은 어느 정도 개념적 이해가 가능할 때도 절차적 지식에 의존하는 경향성을 나타냈다. 이 연구 결과는 초등 수론의 인지 구조에 대한 예비 분석을 제공한다.

Zazkis, R., & Gunn, C. (1997). Sets, subsets and the empty set: Students' constructions and mathematical conventions. Journal of Computers in Mathematics and Science Teaching, 16, 133~169.

이 연구는 예비 초등 교사들의 집합 이론의 기본 개념에 대한 이해를 조사했다. ISETL을 사용한 수업 후 이들 교사들의 이해 정도를 분석했다. APOS에 기반한 데이터 분석(이 때까지는 이렇게 불리지 않았음)을 통해, 예비 초등 교사들이 집합을 집합의 원소로서 이해하는 아이디어와 공집합의 아이디어에 어려움을 겪는 것으로 나타났다.

Zazkis, R., & Khoury, H. (1994). To the right of the "decimal" point: Preservice teachers' concepts of place value and multidigit structures. In Research in Collegiate mathematics education I. CBMS issues in mathematics education (Vol. 4, pp. 195~224). Providence, RI: American Mathematical Society.

이 연구는 예비 초등 교사들의 APOS 관점을 통한 자릿수와 관련된 개념의 이해를 알아보는 데 목적이 있다. 특히 인터뷰에서 사용된 변환 과제를 통해 탈집약화에 특별한 강조를 두었다. 비십진수 구성을 위한 발생적 분해가 제시되었다.

INDEX

ㅇ

ㅈ

ㅊ

ㅌ

ㅍ

ㅎ

저자와의
합의하에
인지를
생략합니다.

APOS 이론

지은이 Ilana Arnon · Jim Cottrill · Ed Dubinsky · Asuman Oktaç · Solange Roa Fuentes
María Triguerous · Kirk Weller
옮긴이 조정수 · 이승아 · 劉雯婷
펴낸이 조경희
펴낸곳 경문사
펴낸날 2024년 3월 4일 1판 1쇄
등 록 1979년 11월 9일 제1979-000023호
주 소 04057, 서울특별시 마포구 와우산로 174
전 화 (02)332-2004 팩스 (02)336-5193
이메일 kyungmoon@kyungmoon.com

값 26,000원

ISBN 979-11-6073-665-6